国家社科基金项目成果（17CTY012）
北京体育大学科研基金后期资助项目（2023HQZZ004）

马拉松赛事与城市文化的耦合共生

THE COUPLING SYMBIOSIS OF
MARATHON EVENTS
AND URBAN CULTURE

杨占东 著

社会科学文献出版社
SOCIAL SCIENCES ACADEMIC PRESS (CHINA)

目 录

绪 论 ………………………………………………………… / 001

第一章 国内马拉松赛事与城市文化融合状况测度及分析 ………… / 056
  第一节 基于感知形象：国内马拉松赛事与城市文化
        融合机制分析 ……………………………………… / 056
  第二节 案例研究：国内马拉松赛事与城市文化融合
        状况测度 …………………………………………… / 063
  第三节 国内马拉松赛事与城市文化融合分析 ……………… / 145
  本章小结 ……………………………………………………… / 148

第二章 马拉松赛事与城市文化耦合共生关系 …………………… / 150
  第一节 基于系统论：马拉松赛事与城市文化耦合共生解析 …… / 150
  第二节 共生单元及能量生产 ………………………………… / 155
  第三节 共生界面及能量传输 ………………………………… / 161
  第四节 共生环境及动力分析 ………………………………… / 163
  第五节 共生模式及互惠机制 ………………………………… / 169
  第六节 共生生命周期动态演化过程分析 …………………… / 175
  本章小结 ……………………………………………………… / 180

第三章　马拉松赛事与城市文化耦合协调度评价 ······ / 181
第一节　耦合评价指标体系构建原则 ······ / 181
第二节　耦合评价指标选取及确定 ······ / 182
第三节　指标权重的确定 ······ / 192
第四节　马拉松赛事与城市文化耦合度及耦合协调度
模型构建 ······ / 196
第五节　扬州鉴真半程马拉松与扬州市城市文化
耦合实证分析 ······ / 198
第六节　上海马拉松与上海市城市文化耦合实证分析 ······ / 202
第七节　北京马拉松与北京市城市文化耦合实证分析 ······ / 207
本章小结 ······ / 211

第四章　国外马拉松赛事与城市文化融合发展的经验借鉴 ······ / 212
第一节　波士顿马拉松与城市文化发展经验 ······ / 212
第二节　伦敦马拉松与城市文化发展经验 ······ / 230
第三节　东京马拉松与城市文化发展经验 ······ / 247
第四节　国外赛事经验借鉴 ······ / 259

第五章　马拉松赛事与城市文化耦合共生的发展路径 ······ / 267
第一节　推动产业升级，城市联动共振 ······ / 267
第二节　推动城市设施建设，彰显城市文化特色 ······ / 270
第三节　推动文化融合，打造赛事品牌 ······ / 273

第六章　研究结论与展望 ······ / 277
第一节　研究结论 ······ / 277
第二节　研究展望 ······ / 281

参考文献 ······ / 283

附　录 ……………………………………………………………… / 294
　　附录 A　成都·都江堰双遗马拉松赛参赛者行为意向研究
　　　　　　调查问卷 ………………………………………… / 294
　　附录 B　城市马拉松参赛者体验和城市旅游形象认知关系的
　　　　　　调查问卷 ………………………………………… / 298
　　附录 C　专家访谈提纲 …………………………………… / 302
　　附录 D　德尔菲问卷 ……………………………………… / 302

绪　论

第一节　研究背景与问题的提出

一　研究背景

(一) 体育产业在国民经济中逐渐发挥支柱性作用

1. 体育产业发展轨迹

自改革开放以来，我国综合实力逐步提升，国内发展大环境趋于稳定，国家对体育产业的探索也随之拉开帷幕，尤其是近十年，作为国民经济体系中尤为重要的一环，体育产业受到相关利好政策（见表0-1）的大力推动，开始呈现快速发展态势，从国民经济的消耗者转变为生产者，并在国民经济中逐渐发挥支柱性作用。

(1) 起步阶段（1978~1992年）

改革开放初期，受计划经济的影响，我国体育产业的发展主要依靠国家财政拨款，为了缓解国家财政压力，解决体育发展经费不足的问题，政府开始提出社会参与的思路，内容主要包括体育场地租赁和体育有形资产的简单开发等，体育产业的发展道路由此开启。

(2) 稳步发展阶段（1993~2013年）

1993年，国家体委印发了《关于深化体育改革的意见》，为体育产业的发展提供了政策导向。1994年，国家体委正式对体育产业的概念进行了界定，即本体产业、体办产业和体育相关产业。1995年，国家体委出台了《体育产业发展纲要（1995—2010年）》，对体育主体产业和相关产业的内容做了界定。这些政策的出台为体育产业的发展奠定了坚实的理论基础。2000年底，国家体育总局制定了《2001—2010年体育改革与发展纲要》，建议将体育产业培育成新的经济增长点，逐步缩小体育产业与国外的差距，进一步提升我国体育产业的国际竞争力。① 我国体育产业进入可持续发展阶段。总体而言，1993~2013 年我国体育产业得到稳步发展。

表 0-1　2014 年以来体育产业相关利好政策

年份	主管部门	政策文件	基本思想
2014	国务院	《关于加快发展体育产业促进体育消费的若干意见》	我国体育产业整体规模较小、活力不足，应加快发展体育产业，使其成为国民经济发展的重要力量
2016	国家体育总局	《体育发展"十三五"规划》	在经济发展新常态和供给侧结构性改革的推动下，新形势对体育与经济社会的协调发展提出更高的要求，体育产业完全有能力成为未来我国经济发展新的增长点
2016	国家体育总局	《体育产业发展"十三五"规划》	以体育产业供给侧结构性改革为主线，以优化体育产业结构为重点，推动体育产业发展，为新常态下拉动经济增长提供强有力支撑
2016	国务院	《国务院办公厅关于加快发展健身休闲产业的指导意见》	从完善健身休闲服务体系、培育健身休闲市场主体、优化健身休闲产业结构和布局等方面，推动健身休闲产业发展
2018	国务院	《国务院办公厅关于加快发展体育竞赛表演产业的指导意见》	从丰富赛事活动、壮大市场主体、优化产业布局等方面，推动竞赛表演产业发展
2019	国务院办公厅	《体育强国建设纲要》	加快发展体育产业，培育经济发展新动能。到 2035 年，体育产业成为国民经济支柱性产业
2019	国务院	《国务院办公厅关于促进全民健身和体育消费推动体育产业高质量发展的意见》	从深化"放管服"改革、完善产业政策、促进体育消费等方面，推动体育产业成为国民经济支柱性产业
2021	国家体育总局	《"十四五"体育发展规划》	体育产业高质量发展取得显著进展，产品和服务供给适应个性化、差异化、品质化消费需求，基本形成消费引领、创新驱动、主体活跃、结构更优的发展格局
2021	国务院	《全民健身计划（2021—2025 年）》	以满足人民群众日益增长的健身需求为出发点，坚持政府引导、社会参与，推动全民健身向更高水平迈进，助力健康中国建设
2024	国家体育总局办公厅、商务部办公厅、文化和旅游部办公厅	《关于开展"体育赛事进景区、进街区、进商圈"活动的通知》	推动完善配套设施，提升服务水平，加强安全管理，培育赛事活动品牌，将赛事活动带来的"流量"转换为经济的"增量"，促进体育产业与旅游、商业等产业的融合发展

---

① 武晓甜、王玉侠：《我国体育产业发展历程的研究综述》，《安徽体育科技》2020 年第 1 期。

续表

年份	主管部门	政策文件	基本思想
2024	国家发展改革委等部门	《关于打造消费新场景培育消费新增长点的措施》	培育文旅体育消费新场景，深化旅游业态融合创新、推动城乡文旅提质增效、提升入境旅游便利水平、拓展文娱体育消费空间等4项重点任务，拓展文娱体育消费空间

资料来源：根据相应主管部门官网发布文件编制。

（3）快速发展阶段（2014~2019年）

2014年10月，国务院印发了《关于加快发展体育产业促进体育消费的若干意见》（国发〔2014〕46号），将"全民健身"上升为国家战略，把体育产业作为绿色产业、朝阳产业进行扶持，要求各地将发展体育产业、促进体育消费纳入国民经济和社会发展规划。[①] 这一政策的出台使得之后五年体育产业呈快速发展态势，国家统计局公布的数据显示，体育产业增加值由2014年的4040.98亿元增长至2019年的11248.1亿元，增幅达到178.35%，年均增长率达到22.7%。相比2006~2013年的体育产业发展状况可以发现，体育产业增加值从2006年的983亿元增长至2013年的3563亿元，年均增长率为20.2%，低于2014~2019年的体育产业年均增长率。可以认为，2014~2019年体育产业处于快速发展阶段。[②]

（4）高质量发展阶段（2019年至今）

2019年9月，《国务院办公厅关于促进全民健身和体育消费推动体育产业高质量发展的意见》出台，文件中首次提出"体育产业高质量发展"的理念，引导我国体育产业由快速发展进入高质量发展阶段，真正实现由数量到质量的转变，这一转变是产业发展的必然，也是推动体育产业成为国民经济支柱性产业的重要力量。

2. 体育产业发展现状

（1）体育产业规模迈上新台阶

近年来，我国开始高度重视体育产业的健康可持续发展，陆续出台了许多利好政策，其中包括促进特色体育健康发展、加快健身休闲及相关产

[①] 《国务院印发〈关于加快发展体育产业促进体育消费的若干意见〉》，中国政府网，2014年10月20日，http://www.gov.cn/xinwen/2014-10/20/content_2767791.htm。

[②] 任波：《体育产业与城市化耦合发展机理及其效应研究》，博士学位论文，上海体育学院，2021。

业融合、优化健身休闲产业结构布局。同时，推进健康中国建设，将健康中国纳入各项政策，进一步优化体育产业市场环境，培育多元主体，并积极发展健身休闲产业。我国始终以新发展理念为指导推进体育产业高质量发展，逐步取得了丰硕的成果。我国体育产业规模进一步扩大，体育产业结构不断升级，体育服务业、体育场馆和体育制造业等都有相应的巨大提升。

通过体育产业总规模和体育产业增加值，我们可以发现相关单位或组织生产的体育产品或服务的总体价值和新增价值，从而可以看出体育产业的发展趋势。通过查阅相关数据可以发现，2020年我国体育产业总规模为27372亿元，增加值为10735亿元。从增长速度来看，受新冠疫情影响，体育竞赛表演活动业、体育健身休闲活动业等部分聚集性产业的总规模和增加值有所下降。但是，以非接触性、非聚集性为主的体育服务业并未受到太大影响，降幅较小。其中，体育传媒与信息服务业的增长速度排在首位，增速为18.9%，其次是体育教育与培训业，增速为5.7%。从内部构成看，体育服务业增加值为7374亿元，占体育产业增加值的比重为68.7%，并且超过了体育用品及相关产品制造业的增加值。除体育服务业与体育用品及相关产品制造业之外，规模最大的是体育用品租售与代理业。体育场地设施建设业快速发展，增加值为217亿元，占体育产业增加值的比重为2.0%，比上年提高0.1个百分点。[①] 整体来看，新冠疫情之前，我国体育产业的发展势头强劲，远远高于同期GDP的增长速度。同时，体育产业的法人单位和从业人员也明显增多，产业结构不断优化，体育与相关产业进一步深度融合。近两年体育产业虽然受到新冠疫情影响，但是以非接触性为主的体育服务业也迎来新的机遇，体育产业规模依旧不断壮大，相较于其他产业，体育产业的发展势头仍然十分强劲。[②]

自《"十四五"体育发展规划》发布以来，我国体育产业持续深化供给侧结构性改革，通过强化要素创新驱动，打造现代体育产业体系，培育壮大体育市场主体，扩大体育产品和服务供给等举措，深挖体育消费潜力。

---

① 《2020年全国体育产业总规模与增加值数据公告》，国家统计局网站，2021年12月30日，http://www.stats.gov.cn/xxgk/sjfb/zxfb2020/202112/t20211230_1825764.html。

② 《体育总局关于印发〈"十四五"体育发展规划〉的通知》，国家体育总局网站，2021年10月25日，https://www.sport.gov.cn/n315/n9041/n9042/n9168/n9178/c23655706/content.html。

2023 年全国体育产业总规模为 36741 亿元，增加值为 14915 亿元（见表 0-2），占国内生产总值比重为 1.15%，比上年提高 0.07 个百分点。[①] 此外，体育服务业增加值占体育产业增加值的比重持续上升，体育用品及相关产品制造业增加值占比则有所下降，体育产业结构持续优化。

表 0-2　2023 年全国体育产业状况

单位：亿元，%

产业类别	总规模 总量	总规模 占比	增加值 总量	增加值 占比
体育产业	36741	100.0	14915	100.0
体育服务业	21046	57.3	10849	72.7
体育管理活动	1454	4.0	689	4.6
体育竞赛表演活动	752	2.0	300	2.0
体育健身休闲活动	2760	7.5	1378	9.2
体育场地和设施管理	3381	9.2	1289	8.6
体育经纪与代理、广告与会展、表演与设计服务	676	1.8	239	1.6
体育教育与培训	2851	7.8	2278	15.3
体育传媒与信息服务	1359	3.7	502	3.4
体育用品租赁与代理	5429	14.8	3159	21.2
其他体育服务	2384	6.5	1015	6.8
体育用品及相关产品制造	14696	40.0	3832	25.7
体育场地设施建设	999	2.7	234	1.6

注：根据《体育产业统计分类（2019）》，体育产业核算采用两级核算分类：第一级分类为体育服务业、体育用品及相关产品制造和体育场地设施建设三大类，第二级分类是进一步细化的国民经济行业小类。

资料来源：国家统计局网站。

（2）体育消费市场增长空间广阔

扩大体育消费市场是实现体育产业可持续健康发展的关键。体育消费是经济内部循环的重要组成部分，也是体育产业融入新发展模式的关键。我国体育产业的发展必须始终抓住扩大内需的战略基础，加快体育产业从

[①]《2023 年全国体育产业总规模与增加值数据公告》，国家统计局网站，2024 年 12 月 31 日，https://www.stats.gov.cn/sj/zxfb/202412/t20241231_1958124.html。

投资向消费转型。体育产业得到了国家和政府的高度重视,快速吸引了一批社会资本进入体育领域。促进体育消费,进一步优化产业结构,可以帮助体育产业获得政府、企业和资本的青睐,为体育产业的发展创造良好的金融和资本环境。

近些年,随着国民健康意识和健身热情的不断高涨,我国的体育消费市场规模迅速扩大。2023年我国经常参加运动的人数比例达到37.2%。截至2023年底,我国人均体育场地面积达到2.89平方米,提前超过《"十四五"体育发展规划》的人均2.6平方米标准。此外,体育消费增势迅猛,2023年通过全民健身信息服务平台上传的群众身边的赛事活动达24.6万个,活动参与人数超7183万人次。2023年累计上线190余个赛事活动,直接参赛人数达2198万余人,参赛证书发放超过1731万份。[①] 我国体育消费市场逐渐向社会化和平民化转变,不仅实物类体育消费增加,观赏类等消费金额也在增加。当前,体育消费主要分为三种类型。第一种是实物类体育消费,例如运动服装、体育装备器材等,因具备显著的实用性、不受场地空间的限制、类型繁多且体积较小等特点,所以这些体育商品能够满足不同类型消费者的物质需求,刺激人们的体育消费心理,从而增加体育实物类商品的消费量。第二种是观赏类体育消费,例如购买体育比赛的门票和入场券等,通过观看各种类型的体育比赛,观众为自己喜爱的运动员、团队加油助威。随着我国体育比赛类型的不断丰富,这类消费者群体的规模不断扩大,从而激发体育产业的经济活力。第三种是参与型体育消费,即人们购买非实物类的体育服务,如体育培训、健身指导等体育知识内容。新冠疫情期间,大量线上体育平台的粉丝数量和视频播放量呈指数级增加,线上体育产业的新模式迅猛发展,体育消费需求规模不断扩大。同时,国家鼓励将体育产业和其他产业深度融合,积极培育和发展体育产业新业态和新模式,助力体育产业提升人们的生活质量和水平。为了满足人们更高层次的体育消费需求,以体育表演及展览为主的活动越来越多,使人民群众在满足物质需求的基础上追求精神享受,在很大程度上带动了体育产业的发展。

---

① 《这些数字告诉你,2023年全民健身成效几何》,中国政府网,2024年3月21日,https://www.gov.cn/lianbo/bumen/202403/content_6940805.htm。

(3) 体育产业的地位逐步提升

作为朝阳产业，体育产业随着科技的发展和人们生活水平的提高逐步在国民经济中发挥越来越重要的作用。在一些发达国家，体育产业的总产值甚至高于汽车制造行业。与发达国家相比，我国体育产业所占比重相对较低，仍处于较低层次的发展阶段。由此可见体育产业在国民经济发展中的巨大潜力和市场。

体育产业有望成为我国国民经济发展的支柱性产业。近年来，在国民生活水平提高和健康意识不断增强的社会背景下，我国体育产业抓住机遇迅速发展，规模不断扩大，呈现良好的发展势头，体育消费明显增长。尽管受新冠疫情影响，体育产业发展增速放缓，但2020年我国的体育产业总规模仍然保持了约3万亿元的良好态势，我国经常参加体育锻炼的人数比例也接近40%。[1] 并且，人均用于体育消费的金额也在持续稳步提升。截至2023年，我国的体育总产业规模保持超过36000亿元的良好态势。[2]

体育产业属劳动密集型产业，能够吸纳较多的劳动力，为国家创造大量的就业岗位，对于国民经济发展和社会安定意义重大。在英国、美国等发达国家，体育产业为国家创造的就业岗位数量在整个就业环境中占据相当高的比例。与国外体育产业结构相比，我国体育用品及相关产品制造业总规模占比相对较高，体育服务业总规模占比相对较低。由于我国体育产业生态基数大，体育用品及相关产品制造业总规模在整个体育产业中所占比重较高，可提供的就业岗位也就较多。因此，加快发展体育产业对于促进国民经济发展的意义重大，也有助于国家稳定。此外，体育产业的发展促使从生产到消费完整的体育产业生态链形成。因此，其发展在提供就业的同时也能从根本上促进体育消费，促进国民经济发展。

体育产业发展潜力巨大，体育需求持续增长。2020年底，我国经常参加体育锻炼的人数比例接近40%。随着体育需求的不断增长，一些小众项目例如冰雪运动、户外运动和电子竞技产业等迅猛发展，得到了众多年轻人的喜爱。同时，参与型体育消费的相关赛事也十分火爆，国内知名马拉

---

[1] 《体育总局关于印发〈"十四五"体育发展规划〉的通知》，国家体育总局网站，2021年10月25日，https://www.sport.gov.cn/n315/n9041/n9042/n9168/n9178/c23655706/content.html。

[2] 《2023年全国体育产业总规模与增加值数据公告》，国家统计局网站，2024年12月31日，https://www.stats.gov.cn/sj/zxfb/202412/t20241231_1958124.html。

松赛事报名人数突破十万人大关,即使在新冠疫情期间,线上马拉松赛事依旧受到人们的喜爱。大众多样化的体育消费需求随着各类项目的发展而得到满足,体育产业的发展处于良性循环当中。

综上所述,不管是在规模方面还是在市场需求方面,体育产业都创造了巨大的价值。随着体育产业对国民经济的贡献日益凸显,体育产业的地位也在稳步提升,并在国民经济发展中逐渐发挥支柱性作用。

(二)体育产业为城市发展增添活力

近年来,我国新型城镇化进程加快,这对城市的发展和转型提出了更高要求,如城市产业结构需要全面转型和升级,因此,以体育产业为代表的第三产业在城市发展过程中得到了较快发展,体育与城市的互动无疑也为城市发展增添了不少活力。

比如成都曾提出Sports-Oriented Development(SOD)模式,即体育引领城市营造,并在"中国·成都绿道运动生活嘉年华"上对这一模式进行了具体实践,有意将成都打造成全国首个户外运动聚集地。[①] 北京体育大学商学院院长肖淑红对"SOD模式"进行了解读,认为"SOD模式"是一种体育引领城市营造的新模式,也是以公共服务为发展导向的模式的延伸,其内核是用体育公共服务引领城市规划、体育产业创新引领产城融合、体育消费升级引领社区活力、体育赛事体系引领城市营销。[②] "SOD模式"理念的提出进一步诠释了体育与城市之间的密切联系。

体育公共服务体系的完善,将推进城市体育场地设施的建设和规划,产业创新所带来的"体育+"效应,也成为城市高质量发展的重要动力。以海南省为例,海南作为全国著名的旅游省份,以其得天独厚的自然环境吸引了大量游客,但随着越来越多的游客开始注重旅游体验和服务,海南省旅游业也面临转型升级,而体育便成了其中最重要的一环,为城市发展注入了新鲜血液。通过"体育+旅游"的产业创新,海南实现了旅游业态升级,这种创新为城市带来经济效益的同时拉动了就业,真正实现了"文体旅"融合发展。近年来,海南依托丰富的水资源,开展众多水上运动和休

[①] 《这场绿道上的嘉年华,收官!你去了吗?》,澎湃新闻网,2021年10月18日,https://www.thepaper.cn/newsDetail_forward_14959317。

[②] 李都:《体育更新城市:SOD模式的成都样本》,经济观察网,2021年10月17日,http://www.eeo.com.cn/2021/1017/507704.shtml。

闲体育项目，颇受年轻人的喜爱。多项体育品牌赛事，如环海南岛国际大帆船赛、环海南岛国际公路自行车赛、海口马拉松等，不仅调动了群众参与体育的积极性，还刺激体育消费带来了经济效益，同时海南也通过不少国际赛事向世界展示了城市风貌，提升了国际知名度。第三方评估单位上海威途体育咨询有限公司的数据显示，2019年海南亲水运动季有效拉动了海南相关行业的消费，如长途运输民航业、市内交通运输业、餐饮业、酒店业等，海南亲水运动季35项活动的直接经济效益为1708.61万元，间接经济效益为2.9亿元。[①]

总而言之，体育产业作为朝阳产业，在我国城市发展过程中发挥了重要的作用。体育产业依托城市的整体资源得以发展和创新，城市也正因为体育产业的发展才更具活力和竞争力，不断朝着新型城镇化迈进。

（三）体育赛事与城市文化相互融合、相辅相成

体育与城市的关系日渐密切，两者相互依赖、相辅相成。城市的发展为体育的发展提供支撑和保证，体育反过来也促进城市的发展。体育赛事作为体育产业作用于城市发展的核心抓手，其发展水平已经成为衡量一个城市发展水平的重要指标，也是城市国际竞争力的重要体现。在举办的过程中，赛事通过辐射功能，与城市方方面面相融合，形成了独特的赛事品牌和城市文化。二者之间日益形成了"你中有我，我中有你"的局面。

1. 体育赛事对城市文化的影响

（1）体育赛事凝练城市精神文化

城市文化包含城市物质文化和城市精神文化，毫无疑问，体育赛事为城市带来的物质文化是各类体育设施和场馆的可持续利用，而城市精神文化相对于城市物质文化而言，包含城市的信仰、知识、道德、习俗、法律以及作为一个城市成员的人所拥有的其他一切能力和习惯。[②] 城市精神文化是城市历史积淀的呈现，是城市文化的灵魂和精髓。近年来，体育赛事凭借其超高的文化认可度，成为众多城市传播其形象和文化价值的重要手段与途径。标志性体育赛事在全球各大城市范围内作为城市精神和形象的代

[①] 刘博：《水上运动引领海南体育旅游消费》，"新华社"百家号，2019年12月15日，https://baijiahao.baidu.com/s?id=1652989100437722671&wfr=spider&for=pc。

[②] 《2016-2020年中国体育赛事产业深度调研及投资前景预测报告》，中投顾问产业与政策研究中心，2015。

言人是十分普遍的事情。例如，说起美国职业篮球联赛（NBA），便不得不提到洛杉矶湖人队，想起全美第二大城市——洛杉矶，这座城市集所有资源成就了湖人队，同时，具有深厚历史积淀的湖人队所代表的坚韧和包容也是洛杉矶精神文化的体现。谈到国际著名的网球四大满贯赛事，也无不使人联想到与之相连的举办城市，例如温布尔登网球锦标赛，不变的举办时间、不变的草地、不变的网球古老传统和规则也代表着温布尔登的精神文化形象。再以世界马拉松大满贯之一的波士顿马拉松（以下简称"波马"）为例，作为世界上最古老的马拉松赛事，它早已与波士顿这座城市密不可分，其跑道的特色设计和严格的参赛标准也是波士顿这座城市历史和精神的外在显现。

（2）体育赛事是城市体育文化发展的源泉

由于体育赛事与城市之间的特殊关系，赛事成为城市体育文化发展的源泉。城市的一些标志性赛事，本身就是城市传统文化的延续和发展，是活态的体育文化遗产，体育赛事不仅体现了举办城市的传统体育文化底蕴，还使优良的传统体育文化与时俱进大放异彩。即使是新兴的城市体育赛事，一旦被引入某一城市，就会成为一粒种子，逐渐使得城市体育文化生根发芽。体育赛事在固定城市举办，能激发群众参与体育运动的积极性，促进更多的群众性体育赛事的发展，也会吸引其他体育赛事在同一城市举办，从而形成良性循环，成为城市体育文化发展的源泉。近年来，河南省焦作市通过"中国焦作国际太极拳大赛"（曾用名为"中国焦作国际太极拳交流大赛"）逐渐向世界宣传我国的传统体育文化，促进了太极拳的进一步发展，同时，作为太极拳发源地，焦作市已将其打造成一张亮丽的城市名片。

（3）体育赛事是城市文化建设可持续发展的动力

城市体育的发展，特别是连续多年举办的标志性赛事成为城市文化建设可持续发展的动力。当马拉松与一座城市独有的精神气质完美契合时，马拉松赛事将会推动城市文化以蓬勃之势迈向新的高度。同时，马拉松赛事也将在城市的怀抱中茁壮成长，成为展现城市风貌的闪亮名片。例如郑开马拉松将以往的历史古都、如今以惊人的速度强势崛起的省会城市郑州，与历经无数岁月洗礼，多次遭受大水无情毁城，却始终顽强地屹立不倒的开封相连接。马拉松蕴含的挑战自我、超越极限、坚忍不拔、永不放弃的精神正与两座城市透过历史映射出来的百折不挠的城市精神相互成就、彼此赋能。

在赛事开发初期，体育场地和设施的建立，为城市留下了珍贵的物质文化。随着赛事的筹备和发展，赛事的物质条件更加完善，便会进一步生产出带有城市文化元素的体育文化产品，例如体育赛事的会徽、吉祥物、纪念品等，带有赛事文化色彩的体育广场、城市雕塑等的建设都能体现体育赛事文化和城市文化的交互融合。在赛事成熟阶段，城市文化和体育赛事融合，逐渐形成具有特色的城市体育赛事文化，其甚至代表着整个城市的精神。在赛后和赛事举办的周期里，不管是城市物质文化还是城市精神文化都变得更丰富和饱满，城市文化依托不同类型的体育赛事一步步实现可持续发展。

2. 城市文化对体育赛事的影响

（1）城市文化提炼赛事品牌

随着越来越多的体育赛事落地各大、中、小城市，赛事的同质化问题越来越严重，而将举办地城市文化和体育赛事相融合，不仅是丰富赛事文化内涵的重要手段，也是避免赛事同质化的关键。以马拉松赛事为例，不同城市举办马拉松赛事，需从实际出发，找准城市和赛事的契合之处，以极具特色的城市文化打造差异化、特色化的马拉松赛事，提炼专属于城市的赛事品牌，这才是马拉松赛事可持续发展的重要保证。比如，在云南腾冲——一座由厚重的历史文化所铸造的英雄城市，腾冲国际马拉松赛事将一场国人不能忘却的卫国战争和马拉松所代表的"挑战自我、超越极限、坚忍不拔、永不放弃"的精神相融合，在提升赛事文化内涵的同时打造了专属于城市的赛事品牌。比如，以鉴真东渡精神为文化底蕴的扬州鉴真半程马拉松（以下简称"扬马"）、将古都历史文化与赛事相结合的郑开马拉松、将建城历史与赛事相结合的太原马拉松、以南宁解放日纪念活动为背景的南宁马拉松等，正是因为这些城市拥有丰富灿烂的文化才造就了一批各具特色的"金牌""金标"赛事。

（2）城市文化助推赛事发展

每个城市都有其独特的历史、传统、文化和风俗，而城市作为体育赛事的载体，这些因素无不影响着赛事的发展，无论是在赛事规模还是赛事影响力等方面，都发挥着重要作用。以北京马拉松（以下简称"北马"）

为例,作为国内首个城市马拉松赛事,凭借北京得天独厚的城市和历史文化优势,北京马拉松自举办以来便备受关注,在经过多年的发展后,北京马拉松已经成为国内外知名的高水平马拉松赛事,与伦敦马拉松(以下简称"伦马")、柏林马拉松等历史悠久的马拉松赛事齐名。再如,创办于2003年的厦门马拉松(以下简称"厦马")虽然比较年轻,但厦门独特的自然环境和秀丽的人文景观为赛事的迅速发展起到了关键的助推作用,厦门马拉松大部分赛道沿海而设、风景优美,被誉为世界上最美丽的赛道之一,这不仅成了厦门的专属名片,还成了国内各大城市马拉松赛事学习与借鉴的榜样,[1] 与北京马拉松形成"一南一北、春秋交替"之势。

(四)马拉松赛事蓬勃发展

1. 新冠疫情前:马拉松赛事井喷

在国家大力推进全民健身、健康中国战略的当下,马拉松运动以其较高的民众参与度和卓越的城市推广效应,逐渐成为深受大众和城市喜爱的全民健身运动。2015~2019年,我国马拉松的规模赛事(800人以上规模的路跑、越野赛及其他300人以上规模的相关赛事)和认证赛事总体呈上升趋势。一方面,2014年底,国家发布了《体育总局关于推进体育赛事审批制度改革的若干意见》,取消了"商业性和群众性体育赛事"审批流程,为体育赛事"松绑"。2015年1月3日中国田径协会宣布,全面取消对马拉松赛事的审批。这一简政放权的重要举措激发了全国各地举办马拉松赛事的热情。另一方面,随着人们物质生活水平的提升,其对保持健康的需求越来越高,马拉松受重视程度逐步提升,跑马拉松逐渐成为一种生活潮流。

自2015年起,马拉松赛事便在全国各地如火如荼地开展。2015年,我国举办马拉松认证赛事达134场,较2014年增加了83场;2016年,举办马拉松规模赛事达到993场,参加比赛的总人数近280万人次,较2015年增长了130万人次;2017年之后,我国马拉松赛事更是突飞猛进,规模赛事突破1100场,参赛人数近500万人次;2018年,我国举办马拉松规模赛事达到1581场,平均每天有高达4.3场的马拉松赛事,参赛人数达583万人次,拉动消费近500亿元。经过井喷式发展,2017~2019年我国举办马拉松

---

[1] 马迎志:《基于共生理论的我国马拉松赛事与举办城市双向选择研究》,《体育成人教育学刊》2016年第6期。

赛事的增速有所放缓，数量保持稳定增长趋势，我国马拉松赛事开始平稳发展（见图0-1）。值得关注的是，2019年我国举办马拉松认证赛事达到357场，提前完成了《马拉松运动产业发展规划》提出的"到2020年，中国田径协会认证赛事达到350场"的发展目标，马拉松赛事发展势头强劲。

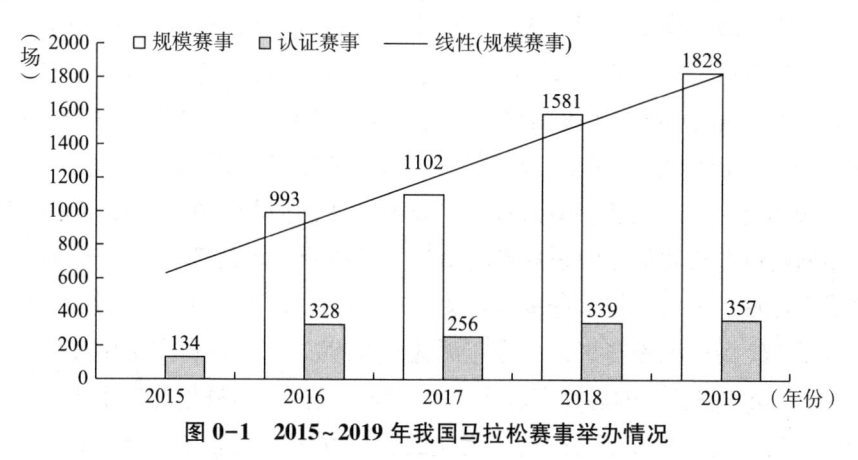

图 0-1 2015~2019年我国马拉松赛事举办情况

资料来源：中国田径协会。

2. 新冠疫情后：马拉松赛事的沉淀和复苏

2020年，受新冠疫情影响，随着《体育总局办公厅关于暂不恢复马拉松等体育赛事活动的通知》《中国田径协会关于加强对马拉松赛事新型冠状病毒防控工作的通知》等文件的下发，国内马拉松赛事全面停摆。2020年下半年，中国田径协会在严格遵守疫情防控标准的前提下，开始陆续推进马拉松赛事的举办。新冠疫情期间，为响应国家号召，满足人们居家健身的需求，依托于新技术的变革，在"体育+科技"的大背景下，线上马拉松得以大力推广。中国田径协会发布了《关于开展线上马拉松等跑步活动的指导意见》《中国马拉松及相关运动办赛指南》《中国马拉松及相关运动参赛指南》等相关政策文件，为一系列线上赛事安全、有序、科学运行提供了保障，也为后期办赛提供了相应指导。

中国田径协会发布的《2024中国路跑赛事蓝皮书》显示，2020年我国全年共举办224场路跑赛事，其中中国田径协会认证赛事60场，非认证赛事164场（不包含港澳台地区）。[①] 与2019年相比，受疫情防控要求的限

---

① 《2024中国路跑赛事蓝皮书》，中国马拉松网站，2025年3月21日，https://www.runchina.org.cn/#/news/official-news/detail/TZ202564010。

制，2020年马拉松赛事的举办规模大幅缩减。《体育总局办公厅关于暂不恢复马拉松等体育赛事活动的通知》的下发致使马拉松赛事在2020年2~7月的6个月间无赛可办，这促使马拉松产业的各个企业必须沉淀自身"修炼内功"，在严峻的市场环境下，为满足群众的需求，"线上+线下"的新业态得以催生。新冠疫情期间，无论是线上马拉松赛事的举办、马拉松运动培训课程的开展，还是借助网络直播进行马拉松产品的售卖，都是企业实现转型的表现。虽然现在线下发展仍是主流，但是线上线下的融合发展为企业提供了更多的发展空间和机会，也为线下马拉松的复苏奠定了牢固的基石。

2020年7月，国家体育总局开始分类推进、有序恢复体育赛事和活动，在不断尝试并成功举办中小规模赛事后，马拉松赛事终于在10~12月，迎来了新冠疫情之后的首个赛事恢复黄金期。仅在2020年10~12月，全国共举办了172场马拉松赛事，占全年的比重在80%以上，赛事集中度十分之高。[①] 群众压制已久的运动需求终于得以释放，许多马拉松赛事出现"一票难求"的情况。新冠疫情改变了大众的生活方式，也带来了健身意识的觉醒，这无疑将成为未来马拉松产业发展的内部推动力，引领整个马拉松产业向好向荣发展。

受新冠疫情影响，2021年和2022年我国路跑赛事市场持续低迷，两年分别举办348场和58场。但随着疫情防控形势向好，我国路跑赛事恢复态势迅猛，2023年全国范围内共举办路跑赛事699场（不包含越野及山地项目），其中马拉松赛事245场，半程马拉松赛事377场，总参赛规模为605.19万人次；认证赛事308场，总参赛规模为418.42万人次，与2019年的423.909万人次基本持平。[②]

毫无疑问，随着马拉松赛事规范化、特色化发展，其所蕴含的城市文化内核也慢慢显露。城市作为马拉松赛事的载体，二者可谓息息相关，欣欣向荣的马拉松产业也必然为城市文化的发展提供更多可能。

二 问题的提出

马拉松赛事因其准入门槛较低、群众参与积极性较强以及与城市文化

---

① 数据来源于中国田径协会。
② 《2024中国路跑赛事蓝皮书》，中国马拉松网站，2025年3月21日，https://www.runchina.org.cn/#/news/official-news/detail/TZ202564010。

和旅游等多个产业的广泛融合等特征，加之全民健身的国家战略与产业融合的发展导向，近年来一直受到大量的关注与支持。现今，从以需求侧为导向的体育产业发展角度来看，路跑群体不断扩大、潜在受众群体人数庞大，因此群众对于马拉松赛事的需求日渐旺盛。北京马拉松、厦门马拉松等高品质赛事已经处于一号难求的状态，马拉松赛事也在更多的城市得以普及与推广，然而井喷式发展的背后，"质"与"效"的问题逐步显现。多数赛事仍停留在较浅的结合层面，局限于单一的城市形象宣传功能。一系列问题亟须解决：如何规避马拉松赛事趋于同质化；如何凸显马拉松赛事与城市特点的深度融合；如何将国务院文件精神贯彻于赛事中，从而满足群众日益增长的参赛需求、激发赛事杠杆效应、促进马拉松与城市文化融合与共同发展、实现最佳综合效益。因此，本书将借助耦合协调理论和共生理论等，将马拉松赛事与城市文化进行深入有效的融合，探讨其协同发展的规划与策略，从而促进马拉松赛事与城市发展的供给侧结构性改革。

体育赛事与城市的发展具有非常显著的耦合共生关系。一方面，城市的发展可以为体育赛事的举办、体育活动的开展提供有力的基础设施保障；另一方面，体育产业作为可以带动更多产业联动发展的综合新兴产业，其外部性强大、关联水平高，为城市的经济、文化、旅游、市政建设等方面的发展带来强劲的助推力。马拉松赛事的成功举办，可以成为城市的重要体育文化名片，因此研究双方的耦合共生特性是非常有必要的。

就现有的研究来看，马拉松赛事与城市文化的结合仍存在许多问题值得继续探讨。首先，缺乏对耦合共生模式与演化路径的分析。马拉松与城市文化的结合是多样化的，不同等级的城市与不同类型的赛事结合方式有所差异，已有研究只重视了耦合的要素，缺少对耦合共生模式的探讨。不仅如此，耦合共生本身是一种相互作用、动态发展的过程，因而需要突破现有的静态分析方式，深入探索合作进化的动力机制与演化路径。其次，目前的研究以规范分析为主，缺少实证检验。尽管研究者普遍认为举办赛事有利于城市体育产业、体育文化的发展，但其实际的影响效果还需要实证检验和精确测算。最后，缺少量化的评估工具和全面的调研数据。赛事审批取消之后，国内城市马拉松赛事举办数量激增。面对赛事数量的快速增长，管理部门亟须对赛事的整体发展情况有一个全面的了解，而由于评价体系的缺位，其难以对国内马拉松赛事发展情况进行总体把握和深入了解，对赛事发展问题的研究停留于感性层面，缺乏数据的支撑。

如今，随着健康中国战略的推进，以及体育产业对于供给侧结构性改革的不断深入，马拉松赛事的数量与质量朝着更加庞大且优质的方向努力。群众对于赛事的运作有了更高的期待与要求，同时办赛城市也渴望通过比赛获得更为有利的回报和更加广阔的市场。在这种情况下，专业、科学、系统的理论框架的支持与指导显得尤为可贵与重要。马拉松赛事与城市文化的融合不能总是停滞于表面，即赛事的举办会让城市获得粗浅效益与传播机会的阶段，两者充分耦合、互利共生的效果需要被展现出来。故本书将研究问题聚焦于如何通过举办马拉松赛事实现城市文化的提升，促进城市的发展。为此，本书将在解析马拉松赛事与城市文化耦合关系与作用机制的基础之上，探索两者的协同模式与发展路径。

第二节 研究目的与研究意义

一 研究目的

本书以马拉松赛事与城市文化的相互融合及共同发展过程为研究对象，在解析两者深层耦合机制与互动共生效应的基础之上，提出马拉松赛事与城市文化协同发展的策略。

本书旨在解读马拉松赛事与城市文化之间的内在耦合机制与共生发展过程，探寻两者耦合共生的动力机制与演化路径，寻求协同发展之道，为体育管理部门、赛事主办方和承办城市政府的科学决策提供参考。

二 研究意义

(一) 理论意义

本书将系统地解析马拉松赛事与城市文化交互共生的时空动态耦合规律，推动马拉松赛事-城市关系理论体系的深化，整合国内马拉松赛事案例库，通过实证案例分析国内马拉松赛事与城市文化融合状况，并将基于系统论深度挖掘马拉松赛事与城市文化之间的耦合共生关系，探讨马拉松赛事对举办城市体育文化产业、空间与品牌等的影响。建立起完整科学的马拉松赛事-城市文化耦合共生评价体系,这个评价体系不仅仅聚焦赛事层面,更关注马拉松赛事对于城市生产、生态、生活等方面的影响。此外,本书还将深度解析耦合协调理论和共生理论,从提高城市品牌知名度、促进城市体育和经济发展、推动城市旅游和文化产业集聚等角度出发,考虑马拉松赛事对城市发展的作用机制,全面呈现马拉松赛事与城市文化的交互共生关系,从而解决目前研究中对于城市马拉松赛事发展评估工具缺失的问题。

(二)实践意义

在数量持续增长的背景下,马拉松赛事"质"和"效"的提升自然就成了其下一发展阶段要重视的问题。本书将在实地调研国内马拉松发展情况、厘清马拉松赛事与城市文化关系的基础之上,探索两者间有效融合的实现路径与增效机制。此外,本书还将通过与国外成熟马拉松赛事做比较的方式,探究国内马拉松赛事的不足和亟待改良的问题,从而有效地对国内马拉松赛事进行实践性的"质""效"提升。通过对不同城市的马拉松赛事案例的分析,本书将探讨目前马拉松赛事与城市文化耦合的问题,从而使研究成果为办赛城市制定恰当的发展政策和适当的发展战略提供更多帮助,加速马拉松赛事与城市文化的融合,实现协调发展,增加马拉松赛事的社会文化效益,以及产业、空间、品牌效益等。

第三节 研究内容及技术路线

一 研究内容

本书通过对我国马拉松赛事发展情况的调研和分析,从马拉松赛事与城市文化客观存在的耦合共生关系入手,采用系统分析与实证分析相结合的研究方法,揭示两者的耦合共生机制,探寻马拉松赛事与城市文化建立联系后发生的协同互动活动,进而建立耦合共生评价体系,发现问题及差距,提供多阶段、多层次的政策建议,以此提高马拉松赛事与城市文化的协调度,促进两者的有效协同与发展。具体研究框架如图0-2所示。

(一)国内马拉松赛事与城市文化融合状况测度及分析

作为研究起点,本书采取分层抽样的方法对国内不同等级马拉松赛事进行调研,力求掌握现阶段国内马拉松赛事的总体发展情况,识别发展中存在

图 0-2 研究框架

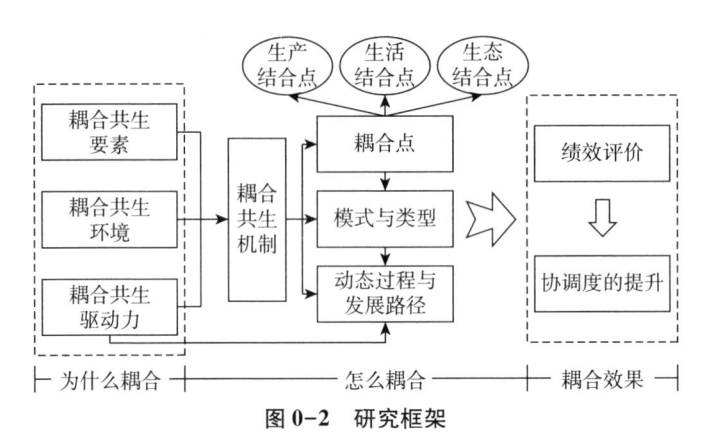

资料来源：笔者自制。

的问题，梳理国内马拉松赛事的特征，找出其与城市文化的脱节之处。通过对现有国内马拉松赛事的了解，以及对相应城市文化发展情况进行清晰的整理，从而总结出一些普遍问题，思考并探究这些问题的产生原因和解决方式。该部分重在通过实践调研"掌握情况，找出问题"，为后续研究奠定基础。

（二）马拉松赛事与城市文化耦合共生关系

该部分探寻马拉松赛事与城市文化的内在耦合机制，分析两者间互动共生、合作进化的动态过程，主要在"分析问题，构建理论"。

1. 耦合共生机制与模式分析

梳理国内外顶级期刊体育赛事（sport events）与城市关系的相关研究成果，以文献研究法总结两者间关系。基于耦合协调理论和共生理论中传播较为广泛的四维论，分别对马拉松赛事与城市文化耦合共生系统中的共生单元、共生界面、共生环境和共生模式四个构成要素进行深入分析。同时，详细阐述该系统中能量生产、传输的途径，基于"三生"空间理论视角剖析该系统的动力循环及互惠机制。通过解构马拉松赛事与城市文化耦合共生的生命周期，重新建构出该系统的动态演化过程。

2. 耦合共生结合点分析与实证

在城市生产、生活、生态共生环境的动力支持下，能量生产系统为马拉松赛事与城市文化耦合共生系统的各个单元提供了能量生产、传输的动力。"三生"空间功能与系统的耦合共生环境之间形成了相互作用、相互促进与反哺的交互关系。能量在耦合过程中来回传递，从而形成一个联系平面。马拉松赛事与城市文化的耦合共生系统随着时间的推进，逐步形成

"对称性互惠共生与连续共生的组合模式",这种高关联度的双边双向稳定模式可以使系统在该平面上完成能量循环,从而维持系统的基本稳态。因此,本书试图从"三生"空间的功能入手,探讨马拉松赛事与城市在产业升级、城市发展、品牌打造等方面的耦合共生结合点,借此梳理出多条马拉松赛事与城市文化耦合共生的发展路径。

(三)马拉松赛事与城市文化耦合协调度评价

基于之前构建的理论框架,该部分采用因子分析和层次分析法等方法建立起"马拉松赛事-城市文化"耦合评价指标体系,对国内马拉松赛事与城市文化的融合情况与协调度进行综合评估,形成马拉松赛事与城市文化耦合指数,依此划分耦合共生关系发展的若干阶段,解读各阶段的特征和政策重点,并根据评估结果发现差距,明确发展方向,提供政策建议。

此外,该部分还将基于感知形象理论,利用网络文本分析和结构模型方程等方法,从微观参赛者的角度探讨国内马拉松赛事与城市文化的融合状况和路径,进而发现一些融合问题,并对这些问题进行归纳汇总,提出建设性的解决方案。该部分目标在于"开发工具,解决问题"。

(四)国外马拉松赛事与城市文化融合发展的经验借鉴

依据实证研究的评估结果,该部分选取国外典型马拉松赛事作为案例,采用案例研究法,解读马拉松赛事与城市文化有机结合的过程与互动情况,并将国外成熟马拉松赛事与国内现有马拉松赛事进行比较分析,既纵向地从时间维度上分析赛事与城市共同发展与演变的历程,也横向地比较不同赛事在发展中存在的问题,从而总结发展经验和成熟模式,并考虑我国办赛城市发展水平差距较大的实际情况,为不同城市提供差异化的发展路径与对策。该部分旨在"提供参照,指导行动"。

二 技术路线

本书以国内马拉松赛事的快速发展为背景,以马拉松赛事与城市文化的相互融合和彼此促进过程为研究对象,沿着"理论—实践—解决问题"的分析路径,综合解析马拉松赛事与城市文化间的相互影响作用,探索两者共同发展的路径与增效机制,为办赛城市提供参考策略。

(一)从理论到实践

本书的研究问题聚焦于如何通过举办马拉松赛事实现城市文化的提升,

促进城市的发展。因此本书需要通过对马拉松赛事与城市文化的相关研究结果进行梳理，分析两者之间的关系，进一步探讨马拉松赛事与城市文化之间的相互影响机制。例如，对马拉松赛事和城市文化的相关理论进行全面梳理，明确两者的内涵和外延；分析马拉松赛事和城市文化之间的相互影响机制，探究两者之间的联系和相互作用特征。于是，本书主要运用耦合协调理论、共生理论、系统论等，并在这些理论的基础上，结合国内外马拉松赛事的案例，形成适合的定量和定性分析方法，从而将理论更好地应用于马拉松赛事的实践。

（二）从实践到解决问题

本书通过对成都双遗马拉松（以下简称"成马"）、衡水湖马拉松（以下简称"衡马"）、南京马拉松（以下简称"南马"）、西安马拉松（以下简称"西马"）、重庆马拉松（以下简称"重马"）、北马、扬马等多个国内马拉松赛事案例的研究，总结现有马拉松赛事与城市文化耦合的不足之处，从而将实证研究的结果更好地应用于解决研究问题，如多数赛事仍停留在较浅的结合层面、马拉松同质化问题等。最终，本书将探讨马拉松赛事与城市文化的耦合共生结合点，借此梳理出多条耦合共生的发展路径，为马拉松赛事与城市文化提"质"增"效"。

第四节 研究方法及数据来源

一 研究方法

（一）文献研究法

本书借助电子数据库、知网平台、图书馆资源等数据搜索工具，梳理权威期刊、书籍中的有关文献，内容包括马拉松赛事，城市文化，体育赛事与城市的关系，耦合协调理论、共生理论、系统论、生命周期理论，对马拉松赛事与城市文化领域相关的研究成果、研究方法及研究思路进行综述，总结马拉松赛事与城市文化的耦合节点。系统掌握相关研究的最新研究成果与发展状况，为本书提供全面、科学、充实的资料来源与理论支撑。

（二）访谈法

本书针对马拉松赛事的各类参与人群，按照参赛者的年龄、性别、学历、工作、参赛类型等特点对其进行划分，从而对他们进行有针对性的深度访谈。对于组织方、赞助商，根据其职业特点进行访谈。访谈的内容包括参加马拉松赛事的缘由、选择参加某一城市马拉松的理由、对于赛事的印象、在城市的停留时间、马拉松训练状况、马拉松赛事的发展情况以及面临的挑战等，从而弥补问卷调查中的不足，同时也为问卷的设计提供参考价值。

（三）问卷法

问卷法相较于访谈法更为详细与完整，也更易控制。基于访谈内容，本书对各地马拉松赛事的组织方、赞助商、参赛者等进行进一步的细致的问卷调研。

（四）网络大数据与文本分析法

利用 Web Spider 软件抓取特定时间段内互联网中指定的马拉松赛事以及相关城市的信息，对赛事信息与城市信息进行分类，从而找到可以进行比较分析的特征。这种抓取会更加具有时效性，且效率较高。再采用 ROST CM 6.0 等软件对抓取的数据进行数据挖掘，找出最有价值的内容。最后使用文本分析法对有价值的数据进行提取整理。

（五）因子分析法与层次分析法

因子分析法是指从变量群体中提取共性因子的统计技术。因子分析法可以在众多变量中寻找到隐藏的且具有代表性的因子，将相同性质的变量归为同一因子，在减少变量数目的同时，还能够检验变量之间的关系假设是否成立，有助于本书根据提取出的共性因子构建整体评价体系。层次分析法是指将与决策有关联的元素分解成目标、准则、方案等层次，在此基础上进行定性和定量分析的决策方法。本书将因子分析法处理过的数据利用层次分析法进行赋权，结合问卷调研及网络数据，测算出各项马拉松赛事与城市文化的耦合指数。

（六）田野调查法

田野调查法又称实地调查或现场研究，是指研究者前往调查地点搜集资料、获取第一手资料，并通过对这些资料的定性分析来科学理解和解释研究对象的研究方法。本书实地考察了国内主要马拉松赛事，通过现场调研获取一手资料，以最为直观和深刻的资料，为研究的深度和广度打好基础。

（七）案例研究法

案例研究法是追踪某一项目或行为的一种方法。案例研究法通过对具有典型性、深入性以及综合性的案例进行分析研究，得到最为有效的经验。本书在研究过程中，选取马拉松赛事的典型案例，分析其与城市文化相结合的过程中的发展演化路径，结合理论推演结果，使两者相互印证。同时通过对多个案例的比较分析研究，找到差距、获得经验，为多个城市提供个性化、多层次、宽领域的发展战略与发展改进建议。

（八）数理统计法

采用多元数理统计分析方法和回归方程模型，使用 SPSS 和 Amos 统计软件和 Excel 办公软件对获取的样本数据进行统计、处理与分析，用独立样本 T 检验、单因素方差分析进行差异性检验，再运用相关性分析和回归统计方法进行模型验证。然后运用克隆巴赫 α（Cronbach's α）系数和验证性因子分析（CFA）对数据进行信效度检验，在确保检验数据合理的基础上构建结构方程模型。最后运用 Amos 分析软件对模型中各个变量之间的影响关系进行效应检验，研究影响马拉松赛事跑者持续参赛意愿的因素及其影响路径。

二　数据来源

（一）一手数据来源

成都双遗马拉松的一手研究数据是以成都双遗马拉松参赛跑者为调查对象，于 2021 年 10 月开始的问卷调查数据。本问卷为线上问卷，难以收集到未成年人的数据，所以本书以 18 岁及以上的成年跑者为主要调查对象。共回收 227 份线上问卷，剔除有缺失值的无效问卷，最终获得有效问卷 205 份，有效回收率为 90.31%。

北京马拉松的一手研究数据来源于 2021 年 1 月借助微信等公众平台在全国各大城市的跑友团、跑友圈以及微信朋友圈等随机发放的电子调查问卷，是基于问卷星软件进行数据收集的。该软件对于电子问卷题项的自动跳转、样本及数据的检测等功能较为完善且对于问卷作答者来说具有便捷性，能降低填答的错误性，可操作性强。最终本书共回收该电子调查问卷 414 份，其中有效问卷 369 份，有效回收率为 89.13%。另外，本次电子调查问卷发放以"您是否参加过北京马拉松赛事"作为样本筛选的条件。

（二）二手数据来源

衡水湖马拉松、南京马拉松、西安马拉松、北京马拉松、扬马的二手数据来源于采用 Web Spider 工具抓取的 2013~2018 年互联网上关于本书涉及赛事案例的跑记和点评文本。本书通过查阅大量相关网站，综合前人研究所选数据库和马拉松跑友建议，筛选出最具代表性的三个数据来源网站——知乎、爱燃烧、跑吧。选取原则：一是，数据来源网站为马拉松参赛跑者的主要发文渠道，具备大量马拉松相关跑记或点评文本；二是，数据来源网站与赛事案例无直接利益往来。本书选取了三大网站关于赛事案例的全部文本数据，以获得尽可能多的信息量。本书共抓取文本字数达1117421字，在去除广告、重复、无关信息后共计883548字，包括马拉松跑记和点评文本信息。

成都双遗马拉松和重庆马拉松的二手数据来源于参赛者在跑吧和爱燃烧两大马拉松交流平台发布的赛事点评和赛事日记。这两大互联网平台不与研究赛事存在直接利益关系，同时知名度处于同类平台较高水平，有众多跑者接触到该平台。同样采用Web Spider软件对其进行数据抓取，共得到882条赛事点评信息和62篇赛事日记，年限为2017~2019年。

北京马拉松、上海马拉松（以下简称"上马"）、扬马的数据根据马拉松赛事-城市文化耦合共生系统的指标体系进行了整合处理，同时为了保证研究结果的准确性，在数据获取过程中以官方年鉴或报告数据为参考。数据主要来源于历年由案例地市级统计单位如北京市统计局、上海市统计局与扬州市统计局编制的《北京统计年鉴》《上海统计年鉴》《扬州统计年鉴》，由各地文旅、体育等主管部门发布的行业报告以及由中国田径协会编制的马拉松运动报告等。本书搜集了2015~2019年共五年的数据，来源权威、可靠，便于进行对指标权重的分配、对案例城市的马拉松赛事-城市文化耦合共生系统运行过程的分析以及对其耦合度、耦合协调度的评价。

第五节 研究重难点及创新点

一 研究重点

（一）解析马拉松赛事与城市文化融合作用机制

解析马拉松赛事与城市文化间复杂的结合方式与深层的作用机制，是本书的理论核心。这就需要对耦合协调理论、共生理论、系统论等有更深的认识和思考，结合对理论的理解，将马拉松赛事与城市文化的融合作用进行理论化应用，这不仅要求研究者对理论有较高的学术素养，还要求研究者对马拉松赛事与城市文化有更深层次的逻辑性思维意识。

(二) 探究马拉松赛事与城市文化共生发展路径

探究马拉松赛事与城市文化共生发展路径,对马拉松赛事与城市文化耦合共生动态演化过程与发展路径进行分析是本书的主要任务之一。马拉松赛事和城市文化之间并非单向的作用,而是呈现休戚相关的耦合联系、共生发展的特性。这种共生发展路径有着独特的生命力,因此本书将通过实证案例分析,归纳总结这种发展路径,从而为国内其他马拉松赛事与城市文化发展提供可借鉴的经验。

(三) 定量测度马拉松赛事与城市文化的耦合程度

定量测度马拉松赛事与城市文化的耦合程度与共生关系深度,以量化方式进行准确评估是本书的主要研究内容。通过对各个不同案例的分析,运用不同的数据处理方法,来定量测度耦合程度,从而发现一些融合困境和问题,这为马拉松赛事与城市文化的融合建议和策略的提出提供了依据。

二 研究难点

(一) 马拉松赛事与城市文化的耦合共生过程较为复杂

马拉松赛事与城市文化的耦合共生过程是多种因素共同作用的结果,其中最主要的因素包括社会文化背景、经济发展水平、人口规模、旅游资源、赛事组织机构等。这些因素在不同的城市中具有不同的权重,它们的协同作用形成了一种复杂的动态系统,促进了城市文化和马拉松赛事的彼此发展。在理解马拉松赛事与城市文化的耦合共生过程时,需要采用系统论在动态的角度进行分析。从这个角度来看,马拉松赛事和城市文化的耦合是一个复杂的、动态变化的系统,系统内部存在着各种反馈机制和能量流动路径,并受到外界影响而不断演化。系统论强调了马拉松赛事与城市文化的相互作用和依赖性,提高了我们对动态系统的认识和理解,能够为制定更加科学的管理政策提供理论基础。

(二) 马拉松赛事与城市文化耦合共生评价体系难以构建

马拉松赛事与城市文化耦合共生评价体系涵盖内容十分广泛,建立全面科学的评价体系是研究的难点之一。评价体系是评价复杂系统的关键,然而,如何建立合理的评价体系却是一个难点,因为评价指标涉及多方面因素,如经济效益、社会效益、文化效益等,需要考虑到不同群体、不同时间、不同空间的差异，还需要考虑到其长期或短期的效果。在实践中，如何选择合适的方法论来构建评价体系也是一个重要的问题。现代系统科学提供了多种方法论工具，如系统动力学、层次分析法、模糊综合评价法等，这些方法论可以在不同程度上解决建立评价体系的问题，但它们的适用范围和局限性也需要被清楚地认识。因此，本书将在访谈与文本分析等定性数据和方法的基础之上，结合问卷和因子分析等定量数据与方法完成这一体系的构建。

（三）马拉松赛事与城市文化的调研和数据收集工作过于繁杂

马拉松赛事的举办时间和地理位置较为分散，这给调研和数据收集工作带来了一定的困难。首先，马拉松赛事与城市文化的调研涉及的群体和领域非常广泛。一方面，需要对参赛者、观众、主办方等多个群体进行调查，从而获取他们在赛事中的体验、感受和需求；另一方面，还需要涉及经济、社会、文化等多个领域，在这些领域中了解马拉松赛事对城市文化的影响和贡献。考虑到这一点，调研的规模、内容和重点都需要相应地扩大和深入。其次，马拉松赛事与城市文化的数据收集也是一项庞大的体力工作。数据的收集和处理不仅需要大量的时间和人力资源，还需要运用各种调研方法、工具和技能。例如，编制数据采集方案、设计调查问卷、组织调查人员、收集和整理数据等。这不仅是劳动密集型工作，还需要有专业的技能和技巧支持。再次，马拉松赛事与城市文化的调研和数据收集涉及多个领域的交叉，这在一定程度上增加了其复杂度和难度。在进行调研和数据收集时，需要将社会学、经济学、文化学等多个学科的理论和方法融合在一起，以保持调研工作的科学性和有效性。同时，还需要关注各种因素之间的相互作用和影响，以充分展现马拉松赛事与城市文化耦合共生的本质。最后，调研和数据收集的过程也面临一些困难和挑战。例如，获取准确和客观的数据、解决数据采集中的偏差和误差，这要求本书在数据处理、质量控制和团队管理等方面进行创新和优化，提高数据收集的效率和准确性。

三　研究创新点

（一）视角创新

本书以互利共生的视角对马拉松赛事与城市文化间的耦合关系进行拆分和解读，并在规范分析的基础上增加实证检验。本书所引用的是系统耦合的概念，即系统或构成要素之间的相互作用和影响，在这些作用和影响下，系统内部的个体逐渐从无序变为有序。"共生"作为一个生物学的概念，原指不同种属的生物一起生活的状态或现象。随着研究的深入和共生理论的传播，学者们发现该理论适用于解释人类社会中事物发展的一般规律。因此，本书在传统赛事-城市关系的基础上，引入耦合协调理论和共生理论解读马拉松赛事与城市文化间的关联机制，深化既有理论。以系统演化的思想分析马拉松赛事与城市文化的动态发展过程，弥补两者间关系研究在时间维度上的缺失。

（二）方法创新

本书采用定性与定量的方法对马拉松赛事与城市文化进行分析探讨，比如网络大数据与文本分析法、因子分析法与层次分析法等，不仅运用了网络数据和大数据分析技术，弥补了传统问卷数据的不足，还使得对国内马拉松赛事与城市文化耦合程度的评价更加科学和量化。此外，本书重点构建了马拉松赛事与城市文化耦合的评价工具，形成了一套完整的耦合评价指标和体系，这对于之后的马拉松赛事开发与城市文化传播发展具有借鉴价值。

第六节　文献综述与重要概念界定

一　文献综述

（一）马拉松赛事

1. 马拉松赛事的起源与发展

"马拉松"是古希腊的一个地名。公元前490年，古希腊士兵菲迪皮德斯为了向雅典报告希波战争胜利的消息，经过42.195公里的长跑，在报告胜利之后力竭而死。为了纪念这位士兵，现代奥林匹克之父顾拜旦先生在1896年举行的第一届现代奥林匹克运动会上，设立了马拉松赛跑这个项目，以当年菲迪皮德斯送信跑的里程——42.195公里作为赛跑的距离。马拉松是国际上较为普及的长跑项目，包括总距离为42.195公里的全程马拉松、21.0975公里的半程马拉松以及10.548公里的四分马拉松三种。

城市马拉松赛事是以城市为依托，以城市空间为"赛场"，集中多种资源而举行的马拉松赛事，是一项单项体育赛事，也是一项融合了专业和业余人员的全民参与赛事。① 马拉松赛跑项目初期是以奥运会为平台开展的，参与者为各国的专业赛跑选手，其首次从竞技体育项目转变为群众体育项目是在1897年的波士顿马拉松赛事上。这是首届以城市作为赛事平台的马拉松比赛，同时也是首届参赛选手由专业选手转向普通大众的马拉松比赛。从此，以城市为依托的马拉松赛事不断兴起。截至2022年，中国有11项马拉松赛事入选国际田联路跑金标赛事。它们代表了国内马拉松赛事的最高水准，同时也在国际上具有一定的影响力。

马拉松早已成为大众强身健体、满足情感需要的途径，同时在塑造城市形象、城市精神文明建设、社会和谐发展等方面也发挥着重要的作用。以北上广为代表的一线城市已经打造出城市专属的赛事IP，与此同时越来越多的二线、三线城市也开始筹办马拉松赛事。如此强烈的办赛热情使得马拉松赛事呈井喷式发展状态。并且，马拉松爱好者数量的不断增加以及参赛诉求的日益热切也成为近年来马拉松赛事形势大好的内在动因。

由于马拉松赛事以城市作为依托，因此，几乎每个举办城市都在最大程度地将本城市特色与马拉松线路进行结合，从而向参赛者及观众展示其城市形象的独特性。

国际田联将路跑赛事分为三个标准，即金标、银标、铜标。在世界范围内有30多项路跑金标赛事。我国的金标赛事数量正在逐年上升，截至2022年包括北京马拉松、厦门马拉松、上海马拉松在内的11项赛事达到了国际田联路跑金标水准。

2. 城市马拉松赛事的研究进展

国外对于马拉松赛事的研究开始得很早，赛事运营体系也较为成熟。国外学者对于马拉松赛事的研究在深度与广度上都较国内更为深入。国外研究初期主要集中于探讨如何提高赛事的运营管理水平，中后期主要聚焦于马拉松赛事消费领域，后期对于赛事的风险管理也有一定的研究。国外学者Malchrowicz-Mosko和Poczta认为在体育赛事中的等级排名越低，其对城市旅游复兴和旅游形象提升的影响越大。② 参加额外旅游活动的人群大多是在比赛中排

---

① 祝良、黄亚玲：《城市马拉松赛文化特点的研究》，《体育文化导刊》2014年第9期。
② Malchrowicz-Mosko E., Poczta J., "A Small-scale Event and a Big Impact—Is This Relationship Possible in the World of Sport? The Meaning of Heritage Sporting Events for Sustainable Development of Tourism—Experiences from Poland," *Sustainability* 11 (2018): 1–19.

名相对靠后的参赛者，他们会对体育赛事主办城市形象给予很高的评价。由此可见，马拉松赛事的流行在现代社会中的社会文化功能表现为：一是，让参赛者与他人建立联系，这使得马拉松赛事成为一种后现代的社会生活参与形式；二是，满足了人们体验强烈情感的需求，常被称为"从娱乐到兴奋"的过渡，而这种需求是后现代人类需求的最高层次；三是，鼓励人们从事体育活动，引导人们培养积极的生活方式。而对于赛事主办者和城市建设者而言，马拉松赛事则发挥着构建城市归属感和地方认同感的重要社会功能。

国内对于马拉松赛事的相关研究经历了两个高峰阶段。以2008年北京奥运会为分界点，第一个阶段是2005~2008年，这一阶段的研究主要聚焦于马拉松赛事的发展历程与现状分析等方面；第二个阶段是2008年至今，奥运会对于全民健身的推动作用加之《关于加快发展体育产业促进体育消费的若干意见》等一系列文件的出台，使得各地掀起了举办马拉松赛事的热潮，这在实质上极大地推动了马拉松赛事的相关研究，此阶段主要着重于赛事的运营、发展以及赛事运行模式的研究。马拉松赛事与城市文化的结合在此时得以凸显。张登峰指出，马拉松赛事的举办城市以历史文化名城和优秀旅游城市为主，马拉松赛事对城市发展的积极影响表现在：有助于建设健康城市，活跃城市旅游，提升城市文化，有效促进全民健身运动的开展，影响城市大众对马拉松运动的认知。[1] 陈尔洁通过对厦门马拉松赛事特点的分析以及对城市发展标准的判断，归纳总结出马拉松赛事给城市发展带来的经济、社会和生态方面的影响，指出厦门马拉松的举办，增强了市民对政府的信心，使第一产业、第二产业以及第三产业的结构更加合理，为体育产业的发展提供了更高的平台、创造了更多的商机，提升了城市就业率，改善了城市基础设施建设等。[2] 孙高峰和刘燕以"马拉松现象"为切入点，认为马拉松赛事的举办在凝练城市文化、提高城市软实力、促进城市经济发展以及改善民生问题等方面都有积极的促进作用，对城市影响的价值表达在于寻求和平、友好、发展、健康的价值形象。[3] 李艳茹和蔡哲琛分析马

---

[1] 张登峰：《马拉松赛事对城市发展的影响》，《体育文化导刊》2011年第11期。
[2] 陈尔洁：《中国马拉松赛事对城市发展影响的研究》，硕士学位论文，北京体育大学，2014。
[3] 孙高峰、刘燕：《热追捧与冷思考："马拉松现象"对城市文化的影响及理性审视》，《北京体育大学学报》2018年第4期。

拉松赛事对举办地旅游发展的影响，指出城市马拉松赛事的举办在西安市旅游经济增长、游客结构改善、城市名片打造等方面有积极促进作用。[1]

3. 城市马拉松对城市旅游形象的影响研究

通过对知网期刊、《旅游管理》和《旅游研究记事》两本旅游类期刊进行检索发现，几乎没有直接以马拉松赛事和城市旅游形象同时作为两个关键词的研究，国内外学者大多是从马拉松赛事对城市品牌的塑造、影响以及两者之间的关系，马拉松赛事对城市形象的传播及影响路径等研究视角出发，仅有学者马琪针对马拉松赛事对城市旅游形象的提升机制进行了研究。[2]

余守文指出体育赛事中参赛者的口碑效应、硬广软广的宣传以及知情者的间接传播等方式对提升城市旅游形象至关重要。[3]黄海燕分析体育赛事对城市旅游业发展的影响，指出体育赛事对城市旅游形象的影响包括：增加城市的媒体曝光、提升城市的知名度、促进城市标志性建筑的建设、塑造独特的城市旅游形象等。[4]刘晨曦指出马拉松赛事对举办城市树立健康积极的运动形象和烘托运动氛围有直接的促进作用。[5]马琪认为，马拉松赛事的成功举办对城市旅游形象产生的影响分为两部分：对外可以增加城市旅游形象的曝光率、提升城市知名度；对内可以弘扬志愿者精神、促进城市旅游基础设施的改善和居民素养的提升、推动群众体育快速发展。[6]

从相关文献可以看出，国内外学者对马拉松赛事与城市文化的结合从不同角度进行了有益的探讨。国外对于马拉松赛事与城市文化的融合研究开始得较早，侧重于从微观角度出发，多为定量与定性相结合的研究，关注实际情况的展现与解决，如探讨马拉松赛事对于社会文化的功能。国内学者侧重于从宏观角度出发，对马拉松赛事进行描述性的研究。由于我国

---

[1] 李艳茹、蔡哲琛：《马拉松赛事对城市旅游发展的影响——以西安市为例》，载《第一届陕西省体育科学论文报告会优秀论文集》，陕西省体育科学学会，2021。

[2] 马琪：《中国旅游城市马拉松对城市旅游形象的提升机理分析》，《四川旅游学院学报》2020年第6期。

[3] 余守文：《体育赛事产业与城市竞争力：产业关联·影响机制·实证模型》，复旦大学出版社，2008。

[4] 黄海燕：《体育赛事与城市旅游业互动发展研究》，社会科学文献出版社，2017。

[5] 刘晨曦：《中国人群健康素养概念模型及其测量研究》，博士学位论文，华中科技大学，2018。

[6] 马琪：《中国旅游城市马拉松对城市旅游形象的提升机理分析》，《四川旅游学院学报》2020年第6期。

的马拉松赛事整体仍处于发展阶段,以"马拉松赛事"和"城市文化"为关键词在知网内进行检索,文献数量极少,而专门针对马拉松赛事与城市文化关系的研究更是寥若晨星,大多数是在研究马拉松赛事与城市发展关系的细分领域,对马拉松赛事与城市文化的关系稍作论述。马拉松赛事与城市文化的有效结合仍有待进一步的探索。

(二) 城市文化

伴随着我国经济的蓬勃发展,城市化水平不断提高,"城市文化"这一概念应运而生。国外关于城市文化的研究最早可以追溯到工业革命时期,现在已然形成较为体系化的研究系统。而我国对于城市文化的研究是在改革开放浪潮的助推之下得以发展的。根据不同的发展路径、发展需求,同时需要考虑城市的历史文化背景不同、城市的特点不同,因此国内对城市文化相关研究的视角也有所差别。

1. 文化的起源及内涵

在辨别城市文化的内涵之前,我们需要认识何为文化。从旧石器时代到智人的出现,再到新石器时代,人类逐步脱离了原始状态,从居无定所走向群居村落,城市逐渐形成。伴随着城市出现的是不断发展的人类文明。文明诞生于城市,并与新的价值观、制度构建以及新文化同时出现。[1] 由此可见,城市与文化相伴而生,而不同文化系统之间相互影响、彼此渗透,构成了人类文明,文明的内在价值通过文化的外在形式得以实现。[2]

关于文化,中西方有不同的来源与说法。以中国为代表的东方文明讲求"天人合一",从通过观察、分析自然现象掌握变化规律到通过研究人类社会创造的文明礼仪制定正确的措施以达到教化天下的目的,这是农耕文明道德伦理思想的形成过程。西方文明则讲求"天人相争",认为人能够凭借自身的知识和技术战胜自然。广义上,文化一般指人类在社会实践过程中所获得和所创造的物质和精神的总和。而狭义的文化一般指精神生产能力和精神文化,包括一切社会意识形态。

2. 城市文化的内涵与发展

从人类文明发展史来看,城市的形成和发展与城市文化的发展进程基

---

[1] Bagby P., *Culture and History: Prolegomena to the Comparative Study of Civilizations* (Westport, Connecticut CUSA, 1976), pp. 74-75.
[2] 陈炎:《"文明"与"文化"》,《学术月刊》2002 年第 2 期。

本一致。我们可以将城市文化分为三个层次：城市物质文化、城市制度文化和城市精神文化。城市物质文化是指由物质形态展现出来的文化，是城市文化的外在表现形式，是一座城市独特风貌的直接展现，包括园林景观、建筑物、交通工具等。城市制度文化以城市物质文化为基础，融汇了社会的整体政治倾向，在制约与规范公众的行为的同时，也作用于公众的基本日常生活，包括政治制度、经济制度、法律制度等准则与行为规范，并且在不同的历史时期反映着不一样的社会特点。城市精神文化是指通过物质载体记录、传递、保存的文化以及由人们的社会意识、风俗习惯、价值观念、审美情趣等组成的大众文化，包括图书馆、博物馆、书籍艺术作品等。

伴随着城市的诞生与发展，城市文化也应运而生。刘易斯·芒福德提出了一系列"城市理论"，对于城市和城市文化之间的关系，他认为"不是先有城市后有城市文化，而是人类原始的文化与精神活动不仅发生在先，且对于城市与村庄的形成曾起到直接而重要的推动作用"。[1]

芒福德认为文化是一个城市最初的起点，城市最重要的功能就是城市文化。城市是一个由众多子系统所构成的复杂系统，政治、经济文化等子系统的各司其职共同维护了城市的发展与繁荣。城市文化的兴起可以追溯到古希腊时期，古希腊作为欧洲文化的发源地，在社会、经济、文化和艺术等方面有着独树一帜的地位。文艺复兴时期，人文主义思想在解放人性的过程中也将理念融汇于城市建设与城市文化之中。后期资本主义的确立、资产阶级意识形态的形成以及欧洲经济社会的发展都受到了文艺复兴、启蒙运动的巨大影响。而推动欧洲现代城市文化迅猛发展的根本原因在于工业革命和科技革命解放和发展了生产力，为城市财富的积累奠定了物质基础，城市物质基础的积累促使了城市制度文化和城市精神文化的发展。Wirth 指出人类现代文明的开端就是大城市的成长。[2] 以 20 世纪末和 21 世纪初为界，20 世纪人类文明凸显的是工业和后工业社会文明，而进入 21 世纪后，人类文明开始向城市文明转变。[3]

---

[1] 〔美〕刘易斯·芒福德：《城市发展史——起源、演变和前景》，宋俊岭、倪文彦译，中国建筑工业出版社，2005。

[2] Wirth L., "Urbanism as a Way of Life," *The American Journal of Sociology* 1（1938）：1-2.

[3] 王芳、韩福文：《关于城市文化和文化城市建设问题的研究综述》，《辽宁科技学院学报》2012 年第 3 期。

3. 城市文化指标体系
(1) 文化软实力

文化作为一种软实力中的重要资源，一直受到学者们的关注。对于"文化软实力"的概念界定，国内外均未形成明确且统一的定义。文化作为社会发展的重要一环，对于社会的作用至关重要。根据大量的文献检索，国外学者侧重于研究文化软实力对国家政策的作用，特别关注以西方价值取向为基础的文化输出。国内对于文化软实力的研究也有一定进展，但大部分是对国外研究成果的推广、传播，针对我国自身情况的研究不够多，同时缺乏较为深入的研究和完善的系统。

"软实力"一词来源于美国学者约瑟夫·奈，他认为软实力是"一个国家可以在不强迫他人的前提下，通过吸引、说服别国服从目标，从而使自己得到想要东西的能力"。[①] 不同学者在约瑟夫·奈的观点的基础上对软实力加以陈述或概括：英国学者贝茨·吉尔将软实力的构成要素概括为文化、政治和外交这一类软性因素；沃尔特·拉塞尔·米德则没有关注上述的政治、外交等要素，他认为文化上的吸引力才是软实力的核心，同时他还将"黏性实力"这一概念提出并讨论；乔舒亚·柯兰奇克则认为关于软实力的定义不应该仅仅局限于约瑟夫·奈所提出的，更应该关注投资、支援等更为传统的外交形式，他认为中国等亚洲国家所提出的"软实力"应包含安全领域这一范围外的所有要素这一概念更适用于当下的环境。

我国对于文化软实力的指标体系研究成果颇丰。杨新洪认为文化软实力指标体系的主要内容应有文化软实力的价值、实物、实力相对指标等。其中关于文化软实力的综合指数，杨新洪以西方净福利经济学的观点以及人地关系理论中"集合理论"的研究方法，从其价值和实物两个方面来编制文化软实力综合指数，即以上述文化软实力 X 个价值指标的年增长率相乘，再按文化产业增加值率折算，加上 N 个实物指标的年增长率相乘，再按文化产业增加值率折算，权数为1，两者相加之绝对平均后得出文化软实力综合指数。计算公式如下所示。[②]

---

① 〔美〕约瑟夫·奈：《软力量——世界政坛成功之道》，吴晓辉、钱程译，东方出版社，2005。
② 杨新洪：《关于文化软实力量化指标评价问题研究》，《统计研究》2008年第9期。

绪 论

$$\text{文化软实力综合指数} = (\sqrt[X]{X\text{个价值指标的年增长率相乘之和}} \times \text{文化产业增加值率} +$$
$$\sqrt[N]{N\text{个实物指标的年增长率相乘之和}} \times \text{文化产业增加值率})\text{之绝对平均数}$$
$$(\text{权数为}1,\text{需除以}2) \qquad (0.1)$$

当价值指标的年增长率或实物指标的年增长率为负增长时，将按1+负的年增长率得出的小于1的比例予以计算，以消除不可比因素。

贾海涛总结了文化软实力在学术界的四种分类，同时对其进行了反思和批判。他认为第一种单纯把文化软实力与约瑟夫·奈对于软实力的定义画等号的观点缺乏一定的深度，并且在逻辑上也经不起推敲。而第二种占据主流的观点认为文化软实力是"软实力"，或者说"国家软实力"的一部分，他认为这种观点具有一些权威性，但目前对于"文化软实力"所牵涉的理论和总体系统缺乏深入研究，只是从定义的角度出发。第三种观点认为"文化软实力"与"文化力"是基本相同的概念，他认为该观点将二者的内涵完全画等号是没有经过系统探讨的结果。第四种观点强调"文化软实力"其实是"软实力"和"文化力"的相加，他认为不应单纯将两个概念叠加形成一个新的概念，应该更注重有机结合。贾海涛主张测评"文化软实力"的公式如下所示。①

$$\text{文化软实力} = \text{政治制度的效率与国内外认同程度}[\text{外交艺术}(\text{价值观的影响度} +$$
$$\text{国际形象与国际威望} + \text{对外宣传能力与效果} + \text{体育水平与国际比赛的成绩}) +$$
$$(\text{文化的创新能力} + \text{战略决策水平} + \text{政策效能})(\text{科技实力} + \text{教育水平} +$$
$$\text{人才储备或人力资本} + \text{文化产品与文化遗产的国际影响力} + \text{国民道德水准})]。(0.2)$$

林丹、洪晓楠提出，建立文化软实力的综合评价体系时需要遵循一定的设计原则，即指标筛选原则、确立指标权重原则、定性与定量相结合原则。同时，他们认为要综合评价我国文化软实力，需要构建一个完善的体系，该体系包含了"基本指标"和"特色指标"，其中文化凝聚力、文化吸引力、文化创新力、文化融合力、文化辐射力这五个为体现文化软实力资源情况的"基本指标"，总分为75分，图0-3所示仅包括"基本指标"，表0-3则包含了儒家文化、文化技术等"特色指标"。②

---

① 贾海涛：《文化软实力的构成及测评公式》，《学术研究》2011年第3期。
② 林丹、洪晓楠：《中国文化软实力综合评价体系研究》，《大连理工大学学报》（社会科学版）2010年第4期。

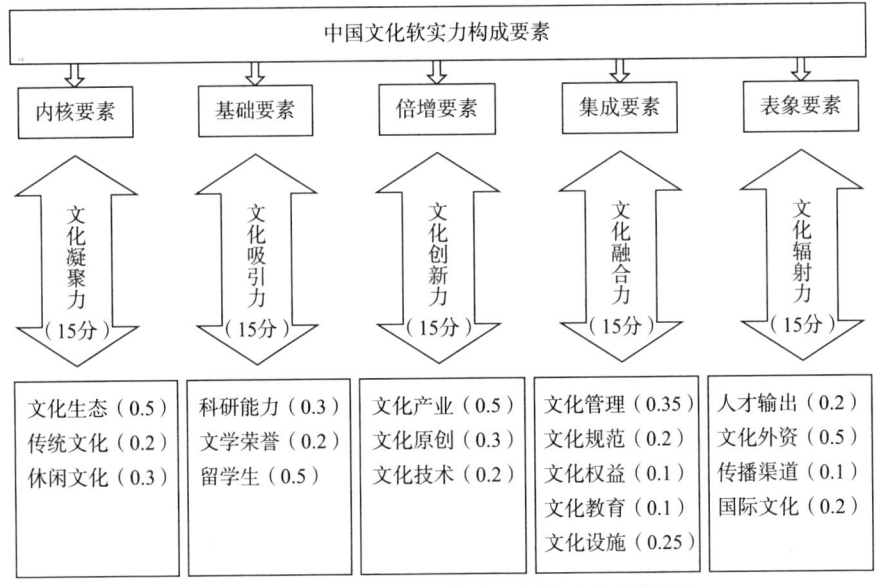

```
                    中国文化软实力构成要素
        ↓         ↓         ↓         ↓         ↓
     内核要素    基础要素   倍增要素   集成要素   表象要素
        ↑         ↑         ↑         ↑         ↑
       文化      文化      文化      文化      文化
       凝聚力    吸引力    创新力    融合力    辐射力
      (15分)   (15分)   (15分)   (15分)   (15分)
```

文化生态（0.5）	科研能力（0.3）	文化产业（0.5）	文化管理（0.35）	人才输出（0.2）
传统文化（0.2）	文学荣誉（0.2）	文化原创（0.3）	文化规范（0.2）	文化外资（0.5）
休闲文化（0.3）	留学生（0.5）	文化技术（0.2）	文化权益（0.1）	传播渠道（0.1）
			文化教育（0.1）	国际文化（0.2）
			文化设施（0.25）	

图 0-3 中国文化软实力构成要素的"基本指标"

注：括号内为指标权重。
资料来源：林丹、洪晓楠《中国文化软实力综合评价体系研究》，《大连理工大学学报》（社会科学版）2010 年第 4 期。

（2）城市文化竞争力

文化竞争力的概念是由文化软实力与竞争力的概念相结合而出现的新的衍生概念，其研究起源于西方。最早关于城市文化竞争力的研究主要是为了使企业具有竞争优势，有学者认为企业想要具有竞争力，必须重点关注企业文化。[1] 大多数国外学者在研究城市文化竞争力的时候，会基于城市竞争力这一总体框架，在这个基础上将文化竞争力作为其中一个衡量指标。

表 0-3 中国文化软实力构成要素的"特色指标"

序号	指标名称	测评内容	测评标准
1	儒家文化	传承能力	是否能够吸引其他国家和地区的人们自愿仿效、追随并转化为他们的价值。是得 5 分；否得 0 分

---

[1] Barney J. B., "Organizational Culture: Can It Be a Source of Sustained Competitive Advantage?" *Academy of Management Review* 3 (1986): 656-665.

续表

序号	指标名称	测评内容	测评标准
2	文化技术	获得国际、国家的荣誉	每获一项有效荣誉称号得1分，10项以上（包括10项）得10分
3	举办、承办大型国际文化活动	成功举办或承办国际、国内大型活动，得到国际、国家有关部门充分肯定	近5年内承办1次大型国际、国内文化活动得1分，10次以上（包括10次）得10分

资料来源：林丹、洪晓楠《中国文化软实力综合评价体系研究》，《大连理工大学学报》（社会科学版）2010年第4期。

国外对于城市文化竞争力指标体系的具体研究成果颇丰。Linnamaa 和 Sautarauta 认为在城市中生活的品质高低可以作为城市文化竞争力的评判标准之一；[1] 理查德·佛罗里达则认为宽容度可以列入城市竞争力评判的维度中。[2]

国内学者关于城市文化竞争力的研究的出发点大体可以总结成两类。一类是旨在分析城市文化竞争力的内在实质，将这一概念的内核要素进行细分，试图总结出城市文化竞争力的构成要素。经梳理，大部分学者在总结时会存在细节方面的差别，但"吸引力""凝聚力""创新""影响力"等关键词频繁出现，说明这些要素与城市文化竞争力息息相关，是不可或缺的基础。[3]

而另一类则是重点关注对于城市文化竞争力的具体测量。学者通过探索，力求构建出一套完整、合理的测量体系。《中国城市文化竞争力研究报告（2016）》中详细总结了国内外创意指数、文化产业竞争力等指标，其中包括美国的"3T"理论，即人才指数（talent）、技术指数（technology）、包容性指数（tolerance），欧洲创意指数（European Creativity Index, ECI）等在全球范围内也具有很强影响力的创意指数。同时总结了文化资源、文

---

[1] Linnamaa R., Sautarauta M., Urban Competitiveness and Management of Urban Policynetworks: Some Reflection from Tampere and Oulu (Paper presented in Conference Citiesat the Millennium. London, U. K., 1998), pp. 23-27.

[2] 〔美〕理查德·佛罗里达：《创意阶层的崛起》，司徒爱勤译，中信出版社，2010。

[3] 陈丽华：《"文化立市"推动历史文化名城科学发展——桂林市提升城市文化软实力和竞争力的实践与思考》，《社会科学家》2009年第12期；余晓曼：《城市文化软实力的内涵及构成要素》，《当代传播》2011年第2期；陈德金、李本乾：《文化建设与上海城市文化软实力研究》，《科技管理研究》2011年第24期；文大山：《城市文化软实力提升的路径及其保障》，《求索》2012年第12期。

化创新力、公共文化服务、文化产业、人力资源、政府管理等要素，认为这些要素是城市文化竞争力的核心。[1]

王琪延、王博构建了世界中心城市文化竞争力的指标体系，并采用熵权法对北京、伦敦、纽约、巴黎、东京等5个世界中心城市进行了比较研究。该体系包含了5个要素、11个分因素以及92个具体指标。其中5个要素为：城市文化基础力、城市文化创造力、城市文化辐射传播力、城市文化消费力以及城市文化管控力。在运用熵权法具体操作分析之后，他们对世界中心城市文化竞争力进行了综合比较，并通过比较结果对北京文化竞争力的发展提出了相关建议。[2]

更多学者遵循因地制宜的原则，以具体某一座或多座城市为基础，有针对性地进行分析，并给出相应的测评指标。廖青虎等人以2015年共建"一带一路"的15座城市为基础，将城市丝路文化竞争力的一级测量指标分为丝路文化强度、丝路文化频度、丝路文化功能以及丝路文化势能。具体评价指标体系见表0-4。同时构建出如图0-4所示的城市丝路文化竞争力模型并通过官方报告、数据库以及专家打分等数据进行了实证分析。最终经过测算得出，最具影响力的三个指标是城市文化与丝路精神的契合度、丝路文化设施的数量以及丝路非物质文化遗产数量，而年文化交流规模、文化企业吸收FDI规模以及文创产品数量这三个指标影响相对较小。[3]

表0-4 城市丝路文化竞争力的评价指标体系

一级指标	二级指标
丝路文化强度	丝路文化设施的数量（个）（X_{i1}）
	丝路非物质文化遗产数量（个）（X_{i2}）
	丝路文化使者数量（个）（X_{i3}）
	丝路文化数据库数量（个）（X_{i4}）
丝路文化频度	对外文化企业数量（个）（X_{i5}）
	对外文化贸易进出口额占进出口总额的比重（%）（X_{i6}）

---

[1] 范周主编《中国城市文化竞争力研究报告（2016）》，知识产权出版社，2017。
[2] 王琪延、王博：《世界中心城市文化竞争力核心要素比较研究》，《调研世界》2014年第9期。
[3] 廖青虎、王瑞文、陈通：《"一带一路"沿线城市的丝路文化竞争力评价——基于CFCS-TOPSIS模型》，《华东经济管理》2017年第8期。

续表

一级指标	二级指标
丝路文化频度	年文化交流次数（次）（X_{i7}）
	重大文化交流品牌数量（个）（X_{i8}）
	年文化交流规模（人次）（X_{i9}）
丝路文化功能	文化企业吸收FDI规模（亿元）（X_{i10}）
	文化旅游产值的年增长率（%）（X_{i11}）
	文创产品数量（个）（X_{i12}）
丝路文化势能	居民幸福指数（GHH）（X_{i13}）
	公众对城市文化的认可度（X_{i14}）
	城市文化的特色鲜明性（X_{i15}）
	城市文化与丝路精神的契合度（X_{i16}）

注：各个指标的代码 X_{ij} 表示的是第 i 个城市的第 j 个指标；第 $X_{i1} \sim X_{i13}$ 指标可用确定值表示，而 $X_{i14} \sim X_{i16}$ 则为模糊值指标。

资料来源：廖青虎、王瑞文、陈通《"一带一路"沿线城市的丝路文化竞争力评价——基于CFCS-TOPSIS模型》，《华东经济管理》2017年第8期。

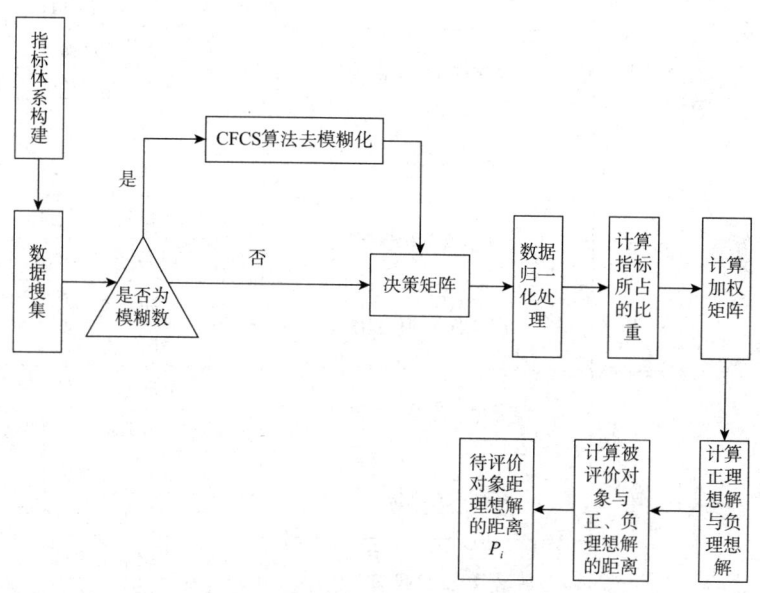

图 0-4　城市丝路文化竞争力模型

资料来源：廖青虎、王瑞文、陈通《"一带一路"沿线城市的丝路文化竞争力评价——基于CFCS-TOPSIS模型》，《华东经济管理》2017年第8期。

向勇等人认为，如果想要准确评价城市的文化力，需要从整体着手，他们提出文化力不仅仅限于"文化生产力",更包含了文化原创力、文化创新力以及文化软实力几个方面。在构建指标体系时,向勇等人将重点放在了文化基因、文化活力、文化渗透、文化支撑以及文化交流五个方面,并构建出 MEPIS 模型,具体指标体系如表 0-5 所示。向勇等人将这一指数体系具体运用于沈阳的城市文化力发展评价中,根据测评结果提出了发展建议。[①]

表 0-5 MEPIS 城市文化力发展指数体系

单位:%

一级指标	权重	二级指标	三级指标
文化基因	10	历史文化资源	文化遗产等级
			传统文化认知度
		现实文化观念	宣传力度
			现实文化认知度
文化活力	20	文化产业发展规模	从业人员比重
			文化产业增加值比重
		文化产业创新能力	科技创新能力
			文化创新能力
文化渗透	35	农业文创化程度	相关企业数量
			相关企业知名度
		工业文创化程度	相关企业数量
			相关企业知名度
		服务业文创化程度	相关企业数量
			相关企业知名度
文化支撑	20	通信设施普及程度	互联网产品普及度
			移动互联网产品普及度
		科研教育支持水平	高校文化教育水平
			科研机构经费总额
		文化政策要素	政策支持程度
			资金扶持力度

[①] 向勇、白晓晴、李尽沙:《中国城市文化力发展评价指标体系研究》,《福建论坛》(人文社会科学版) 2018 年第 4 期。

续表

一级指标	权重	二级指标	三级指标
文化交流	15	文化旅游水平	国内旅游接待量
			国外旅游接待量
		文化会展水平	会展发展地位
			会展发展水平

资料来源：向勇、白晓晴、李尽沙《中国城市文化力发展评价指标体系研究》，《福建论坛》（人文社会科学版）2018年第4期。

贾文山、石俊在梳理国内关于城市文化竞争力指标体系的相关研究时总结了几点问题，如大部分城市文化竞争力指标体系构建时过于关注测评与分析，对于具体案例的分析有所忽略或不够细致。同时许多指标体系构建时忽略了城市文化创造的参与者的作用，认为城市文化应该与城市的主人有着密切的联系。他们还指出因为数据提取难度问题，许多研究会选择更容易获取的数据，导致建立的指标体系不具有代表性和决定性。

根据前人的研究基础，贾文山、石俊建立了包括文化资源集聚、文化市场和文化消费等7个一级指标和对应的34个二级指标，如表0-6所示。同时，他们以西安的文化价值开发为案例，从构建出的指标体系中的一级指标的角度对西安的文化竞争力进行了分析。但他们在案例部分中没有通过具体测量数据来分析实际情况，没能检验和完善该指标体系的信度和效度。

表0-6 城市文化竞争力指标体系

一级指标	二级指标
文化资源集聚	省级以上非物质文化遗产数量
	省级以上重点文物保护单位数量
	历史知名文化人物（《中国大百科全书》和《辞海》中出现的人物）数量
	当地全国文化名人（知名企业家、学者等）数量
	4A、5A级旅游景区数量
	博物馆、图书馆、文化馆、体育馆等公共文化场馆数量

续表

一级指标	二级指标
文化市场和文化消费	文化产业增加值占GDP的比重
	文化产业从业人员数量
	年接待游客数量
	文化产品/企业品牌知名度
	人均文化消费支出金额
文化辐射	省级以上展览、展会数量
	大型节庆活动数量
	对外宣传片播放量
	网络关注度（百度指数）
	网民数量
开放与创新	重点大学数量
	文化相关科研单位拥有高级职称人数
	文化产业创新模式
	专利和版权交易收入总额
	文化领域独角兽与瞪羚企业
国际交流	文化产品进出口总额
	外国入境游客人数
	当地居民对外来人员和文化的接纳度
	国际交流事件质量、数量、知名度和持续度
	制度化管理程度
文化管理	政府出台文化相关政策数量
	政府文化事业财政补贴占全部财政支出的比重
	公共服务建设水平
	政府开展相关工作重视程度
文化情感	当地居民对城市文化的归属感和新鲜感
	外来游客对城市文化的认同度
	主动参与城市文化建设的积极性
	城市文化跨区域传播的普适性

资料来源：贾文山、石俊《中国城市文化竞争力评价体系的构建——兼论西安文化价值的开发》，《西安交通大学学报》（社会科学版）2019年第5期。

（3）创意指数

创意城市这一概念在 20 世纪末到 21 世纪初受到广泛关注。为了配合发达国家对建设创意城市的关注，学者们纷纷投入研究，主要从空间规划、地理位置、现代化、社会文化、经济发展等领域展开讨论。随着对创意城市发展研究的不断深入，学者们开始尝试构建具体的指标体系来衡量创意城市的发展水平，创意指数便应运而生。目前，关于创意指数的研究已经较为成熟，包括理查德·佛罗里达的"3T"理论（人才指数、技术指数、包容性指数）、欧洲创意指数、香港创意指数（创意效益、结构与制度资本、人力资本）和上海城市创意指数（产业规模、科技研发、文化环境、人力资源、社会环境）等。[①] 以这些成熟指标体系为基础，国内许多专家学者也在不断完善构建并验证城市创意指数评价指标体系。

段杰、龙瑚基于价值链理论，将经济资本、人力资本等 7 个支持条件作为一级指标，同时展开了 18 个 2 级指标，具体如表 0-7 所示。除了构建出指标体系，段杰、龙瑚还运用变异系数权重法和 TOPSIS 进一步确定、检验城市创意指数，最终确定了我国各个城市的创意评分并进行了排名，通过测算结果对我国创意城市发展提出了对策与建议。[②] 该研究不仅运用理论模型构建出指标体系，还通过对 20 个城市的数据分析来进行实证研究并提出对策建议，为后人的研究提供了很好的参考。

同样采用变异系数权重法和 TOPSIS 方法的还有韩顺法等人。他们认为大多指标体系在设计时往往无法兼顾各种价值理念，因此应该建立价值导向多元化的综合模式创意指数。在前人的基础上，他们构建出的综合模式创意指数指标体系包括 6 个子系统（创意成果、文创产业、高新科技指数、创意人才指数、创业包容指数、文化资源指数），共计 30 个评价指标。韩顺法等人同样通过对多个城市创意分数的具体测算做出相应分析，同时得出结论，即中小城市更适合特色资源导向型模式，而大城市则更适用于综合模式。创意阶层导向的模式适合各类城市。[③]

[①] 范周主编《中国城市文化竞争力研究报告（2016）》，知识产权出版社，2017。
[②] 段杰、龙瑚：《城市创意指数的测度及实证分析》，《深圳大学学报》（理工版）2015 年第 3 期。
[③] 韩顺法、纪小美、陶卓民：《创意城市发展模式类型的适应性评价》，《地理科学》2018 年第 9 期。

表 0-7 城市创意指数评价指标体系

一级指标	二级指标 符号	二级指标 内容	计量单位
经济资本	X_1	第三产业占全市生产总值的比重	%
	X_2	全市年人均可支配收入（按常住人口计算）	万元
	X_3	居民人均教育、文化、娱乐、服务消费占全部消费的比例	%
人力资本	X_4	每10万人中具有大学程度的人数（按常住人口计算）	人
	X_5	创意产业从业人数占城市总就业人数的比重	%
产业资本	X_6	全市拥有文化创意产业园区数量	个
	X_7	旅游产业总收入	亿元
技术资本	X_8	每10万人专利授权数（按常住人口计算）	项
	X_9	每万人口互联网用户数（按常住人口计算）	个
文化资本	X_{10}	每100万人口所拥有的图书馆数量（按常住人口计算）	个
	X_{11}	每100万人口所拥有的影剧院数量（按常住人口计算）	个
	X_{12}	A级旅游景区数量	个
环境资本	X_{13}	人均道路面积	平方米
	X_{14}	人均住房面积	平方米
	X_{15}	每万人拥有的公共交通工具数量（按常住人口计算）	辆
制度资本	X_{16}	公共财政支出中教育支出占比	%
	X_{17}	公共财政支出中科学技术支出占比	%
	X_{18}	公共财政支出中文化体育传媒支出占比	%

资料来源：段杰、龙瑚《城市创意指数的测度及实证分析》，《深圳大学学报》（理工版）2015年第3期。

文化创意产业需要一种计量工具来分析在不同国家和地区的发展状况与趋势。对于不同的城市区域，学者们设计出了不同功能类别的文化创意指数。在选取创意指数的过程中，我们需要考虑每座城市的文化独特性，结合我国各个区域不同的发展状况的实际需要，兼顾文化与创新对于文创产业不同的作用，才能设计出真正符合实际的文化创意指数。比如，作为首都的北京，集聚了我国的政治、经济、文化及科技创新功能，在厚重的历史文化背景与强大的科技力量中，其文化创意指数应该较为强劲。城市文化对于创意指数的选取确有举足轻重的地位。

(三) 马拉松赛事与城市文化的互动关系

体育赛事是一种无形的多元素产品，一座城市举办体育赛事，对于提高整个城市形象的影响力、政府综合行政能力、市政规划能力,完善城市基础设施建设,优化城市居住环境,丰富居民的文体生活以及城市意识形态等都具有良好的助推作用。

1. 城市文化对于马拉松赛事的作用机制

(1) 物质文化对马拉松赛事的影响

赛事的举办要依托于举办城市的物质基础。对于马拉松赛事来说,城市的公园、步道、公路都可以被用作赛道。而地标性建筑、风景名胜都可以成为比赛过程中的特色打卡点。独具特色的城市文化与马拉松赛事相结合,可以使参赛选手在比赛过程中有非常舒适的参赛体验。除了最为基础的赛道之外,城市的道路规划、医疗保障、后勤服务等都是马拉松赛事的物质保障。马拉松赛事区别于其他运动项目的特点在于其群众参与度极高,各个层级的选手散布其间。这种特点导致马拉松赛事对于基础设施的物质保障要求极高。对于交通而言,城市交通的便捷度、舒适度、承载度以及协调度都将影响赛事的举办。城市如何降低道路封闭对市民正常生活的影响,比赛期间交通对于来自全国各地的参赛选手及其带来的游客来说是否足够便利,这都会影响到赛事能否成功进行。

(2) 制度文化对马拉松赛事的影响

健全的赛事机制对马拉松赛事的正常运行和成功举办具有决定性作用,各个部门之间有序的配合协作可以使比赛过程顺畅有序。就顶层设计而言,中国田径协会下放群众性体育赛事审批权,加之国家体育总局等部门发布的《马拉松运动产业发展规划》等多项政策文件,使得大批的马拉松赛事得以发展和推广。近年来,马拉松赛事呈现"井喷式"发展趋势。将国家政策精神与群众性体育赛事相融合,使其在规则之内发挥最大优势,对于马拉松赛事的发展是非常重要的。一方面,各个城市积极响应国家政策,不断健全马拉松赛事各项细则,对不同规模的马拉松赛事审批做了相应的规定;另一方面,城市制度文化中的裁定者——政府,决定了赛事的选择。作为城市运行的一部分,不论是新兴体育赛事还是具有较大影响力的大型体育赛事,选择这些比赛的决定权都在政府手中。一些知名赛事甚至已经被纳入城市发展战略当中。全民健身作为城市发展的重要一环,通过马拉松赛事的举办来推进是政府的较优选择。就管理制度而言,不同类型的政府部门在同一场体育赛事中会承担不同的角色。就目前而言,无论是马拉松赛事还是其他体育赛事，大部分已经走上了"管办分离"的道路，政府作为宏观指导，引导社会资源和赛事公司承办赛事，为城市的发展做出贡献。由此可见，城市制度文化从始至终都会对马拉松赛事的举办产生影响，能否办、如何办、办得怎么样都与其息息相关。

（3）精神文化对马拉松赛事的影响

城市中所蕴含的市民精神和人文内涵决定了马拉松赛事的发展程度与方向。进入21世纪后，随着改革开放的不断深入，我国城乡居民的生活质量得到了质的提升，人们不再忧虑基本的温饱问题，空闲的时间和富裕的金钱使人们开始将重点由生存型消费转向发展享受型消费，人们也越来越关注自身的健康问题，尤其是在"全民健身"早已成为我国的国家战略的背景下，越来越多的人选择通过运动来增强自身的体质。在这样的氛围中，一些民间自发的运动团体和运动项目开始形成。对于大城市来说，健身早已成为许多人生活的一部分。在这种趋势的影响下，人们对于马拉松这种符合全民健身号召的运动项目更具有包容性、接纳度更高。从人文内涵的角度出发，体育赛事是一种非常有效的历史传统文化传播媒介。部分城市选择将历史情怀融入马拉松赛事，将历史古迹、风景名胜融入马拉松赛道，以此吸引广大跑者，既使城市文化得到了良好的传承，又提高了城市的知名度。

2. 马拉松赛事对城市文化的作用机制

（1）马拉松赛事完善城市物质文化

对于体育赛事而言，物质载体主要包括体育场馆、器材及文化衍生品等。由于赛事的特殊性，这些物质载体蕴含了城市的文化内涵，成了城市物质文化的一部分。无论是无形的还是有形的文化遗留，都会融入城市的文化之中。马拉松赛事虽说没有固定的场馆、设施，但通过举办同样能够完善城市的物质文化。不同的马拉松赛事凭借各自的特色以不同的形式为城市留下了各色的物质文化。同其他体育赛事一样，马拉松赛事也会为获奖者颁发奖牌，而许多城市在设计奖牌时会将城市的诸多元素融入奖牌，使得奖牌成为城市的流动名片。例如2019年北京马拉松的奖牌将天安门城楼与鸟元素幻化为赛道线路，以金龙于蓝天祥云中腾飞的双面立体设计，体现了传统艺术与现代标志的巧妙融合。再如南昌马拉松，作为典型的将马拉松赛事与城市红色文化相结合的赛事，其奖牌以旋转上升的金色五角星轨迹变化与红色南昌主题为原型,曾使用八一起义浮雕、滕王阁浮雕图、五角星和赛事徽标等多种元素,代表着生生不息的革命传承。每年赛事方都聘请专人设计赛事奖牌,而各具特色的赛事奖牌也成为跑者每年最期待的纪念品之一。除了奖牌,一些大型的马拉松赛事已经形成了自己的赛事文化。厦门马拉松作为国内顶尖马拉松赛事的代表,于2021年被国际田联认证为最高级别的"国际田联路跑白金标"赛事。厦门马拉松能发展到今天,除了政府的支持,其自身所包含的一套完整的配套设施功不可没。除了极具仪式感的马拉松圣火点燃仪式外,在中国田径协会的牵头下,中国马拉松博览会于厦门举办,吸引了众多中外马拉松赛事方、体育品牌商、资本运营方与跑者前来,而这也成为厦门市的一大名片。一系列围绕厦门马拉松所展开的配套活动共同构成了一整个马拉松赛季,使得马拉松从各方面渗透进了厦门市人民的生活中,而这一个个活动也丰富了厦门市的物质文化。

(2) 马拉松赛事传承城市历史文化

城市文化的样貌直接影响马拉松赛事的类型。马拉松赛事丰富了城市文化的精神内涵,与此同时自然而然地接下了传承城市历史文化的重任。以上饶城市马拉松为例,上饶不仅拥有千年的历史,它同时也是我国著名的红色革命根据地,城市所蕴含的文化价值与历史内涵丰富,上饶城市马拉松就此诞生。从2012年举办至今,上饶城市马拉松的规模不断扩大,由最初的仅限于国内跑者参与到如今的来自数十个国家的选手齐聚一堂,其国内甚至国际影响力与日俱增,它能够保持在数十年的众多马拉松赛事的竞争中不被淘汰并且呈现良好的发展态势,这与该赛事中所蕴含的城市精神密不可分。2015年,上饶城市马拉松为纪念共产主义战士方志敏同志115周年诞辰,特选取6名跑者着红色军装跑完全程,这一举动既向外界展示了纪念和传承方志敏精神的重要性,又将红色精神同如今敢于拼搏、永不放弃的体育精神相结合,提升了赛事的文化内涵,这也是上饶城市马拉松能历久弥新地开展下去的重要原因。当然,除了丰富的文化价值之外,随着马拉松赛事的规模逐渐扩大,其经济效应也在逐步凸显。通过马拉松赛事拉动旅游发展,在这期间也就必然涉及对于景点的开发和保护工作,这就意味着城市中的历史古迹、文化街区、自然景观等都会得到翻新保养和维护。某种程度上来说,这也是马拉松赛事所带来的对城市历史文化传承的一种表现方式。

(3) 马拉松赛事提升城市精神文明水平

马拉松赛事丰富市民的精神文化生活，从而带动城市整体精神文明水平的提升。志愿者在马拉松赛事中发挥着必不可少的作用。他们无私、热情、奉献、友爱、互助，同样也是比赛过程中一道亮丽的风景线。这种志愿者精神与体育精神都在城市刻下了深深的烙印。在良好的体育氛围的带动下，城市将逐渐形成休闲、健身的基本步调，全民健身得以推广普及，人民群众的健康水平提升、精神状态得到恢复，从而形成良性循环。马拉松赛事的举办，尤其是大型马拉松赛事将提升城市市民的主人翁意识。近年来，在马拉松赛事的带动下，城市的旅游业也有所发展。自我国进入马拉松赛事发展的黄金期以来，马拉松赛事遍地开花，在全国各地如火如荼地举办，无论是对专业还是业余马拉松跑者而言，前往异地参加马拉松赛事已成了家常便饭，这也就给举办赛事的城市带来了发展的契机。在比赛期间，马拉松赛事将影响到市民的出行生活，一场赛事的举办对于市民的影响是方方面面的。除了政府会在全市进行宣传教育工作，作为东道主，市民会自下而上地形成一种团结友好、文明热情好客的社会氛围，在帮助外来游客的过程中，市民也将获得城市荣誉感和归属感，在一定程度上能够加快城市的精神文明建设，从而提升城市整体的精神文明水平。

(四) 文献述评

综上研究，可以得出以下结论。

一是，马拉松赛事与城市文化之间是一种相互成就的互动关系。在现有研究中可以发现，从生物学和物理学的角度，马拉松赛事的举办对于城市文化的建设和发展具有非常显著的作用，同时城市文化也在一定程度上成就了马拉松赛事的独特性。二者处于一种和谐共生的互利关系。这也为今后该领域的深入研究指明了方向。

二是，马拉松赛事与城市文化融合的研究领域还未被充分挖掘。马拉松赛事近年来在我国处于一种"井喷式"发展阶段，关于马拉松赛事的各项研究成果也取得许多建树，研究者已然发现马拉松赛事与城市文化相关的互动关系，但在该领域的探索与研究尚处于一个较为初级的阶段，且已有研究还存在以下问题。

第一，研究主要集中于马拉松赛事带给城市文化的单方面影响，缺乏对于互动效果的研究。马拉松赛事与城市文化之间是相互成就的关系，并非单向指向性关系，而目前对于马拉松赛事与城市文化的互动关系的研究较少，研究领域亟待开发。

第二，研究多为质性研究，缺乏量化实验性实证检验。在相关研究中，学者多用文献资料法、专家访谈法、逻辑分析法等作为研究方法进行定性的研究，在马拉松赛事与城市文化如何相互作用、现实效果如何的量化方面还有待加以精确的计算与实证的研究。

第三，多学科研究视角已显现，但跨学科的理论研究工具和分析方法的使用存在不深入、不规范的问题。在研究体育赛事与城市文化、马拉松赛事与城市发展的关系时，已有学者将生物学、物理学的相关理论引用到体育学科中，证实了跨学科交叉研究的可行性。但是目前在马拉松赛事与城市文化这一领域的研究，一方面学科交叉的研究较少，另一方面学科的理论工具也未被充分利用。

基于以上所述，本书将从马拉松赛事与城市文化的互动关系出发，通过微观的因素探究以及量化检验方法与宏观描述性研究相结合的逻辑进行研究。在此基础上，通过跨学科之间的交流，将体育与旅游甚至城市发展进行融会贯通，针对不同的城市特点与赛事类型，为赛事与城市的融合发展提供科学的思路与建议。在宏观与微观的共同作用下，在多学科的相互碰撞中，体育赛事与城市文化不断相互作用，本书挖掘二者的耦合要素，构建马拉松赛事与城市文化耦合评价指标体系，推动两者在融合的过程中共同发展，实现最优结合。

二 重要概念界定

（一）马拉松赛事

马拉松运动起源于公元前490年的古希腊，全程为42.195公里。1959年，马拉松在我国被确定为全运会项目，从而在我国得以发展。经过几十年的发展传播，我国人民对于马拉松赛事的热情持续高涨，我国马拉松赛事逐渐呈现高水平、大规模的趋势。赛事规模不断扩大，赛事数量逐年增加。截至2023年，世界马拉松赛事的六大满贯①分别是波士顿马拉松、伦

---

① 悉尼马拉松于2024年11月正式被提升为世界马拉松大满贯赛事，将从2025年起加入大满贯体系。

敦马拉松、柏林马拉松、芝加哥马拉松、纽约马拉松、东京马拉松（以下简称"东马"），其中波士顿马拉松是最古老的马拉松赛事。国际田联在2008年出台了路跑赛事评定系统，分为白金标、金标、银标、铜标四个等级。马拉松赛事方通过赛事组织、赛事测量、交通设施、安全保障、医疗服务、媒体宣传、赛事推广等方面的服务，形成一个庞大的系统以保障赛事的可持续发展。在比赛举办的过程中，运动员可以切身感受到城市带来的独特魅力，马拉松赛事也可以被认为是一种体育与旅游相结合的活动。现有许多研究者将马拉松赛事与体育旅游概念相融合展开研究。

（二）城市文化

本书定义城市文化是居民在城市长期生活的过程中所创造出来的和从外界吸收的、在城市不断发展过程中得以传承的思想、准则、艺术等各种文化及其外在形式的总和。城市文化在城市发展系统中处于核心地位，是一座城市深层次的内涵所在，包括城市物质文化、制度文化以及精神文化。

城市物质文化是指通过最直观的方式展示的一座城市的特征，是可见、有形的物质实体，譬如标志性建筑物、景观城市建筑群等。在城市中开展活动所依托的一定是城市物质主体，其中包含着交通设施、场地、医疗机构等。对于体育赛事来说，不同的体育赛事对于城市物质文化有不一样的要求，比如马拉松赛事会更加关注赛道的选择，赛事需要依托具有代表性的地理位置、标志性建筑、独具特色的景观。这也是城市物质文化独特的魅力所在。

城市制度文化包括政治制度、经济制度、法律制度以及约定俗成的道德规范。对于马拉松赛事来说，制度文化体现于政策方针的制定与实施以及群众在参赛过程中的行为道德规范。近年来，随着群众性体育赛事审批权的下放，各地在支持体育赛事举办与发展上采取了一系列行动，出台了大量鼓励性政策文件，就马拉松项目而言，如《马拉松运动产业发展规划》《中国境内马拉松及相关运动赛事管理办法》等为马拉松赛事的发展注入了强大动力。同时，政府的执行力和相关管理办法也随着赛事的不断发展而有所提升和健全完善。此外，随着社会文明程度的不断提高以及群众对于马拉松赛事的高度热爱，人们在道德规范层面的意识也不断提高。由此可见，体育赛事的组织举办、整体状况、比赛成功与否都与制度文化息息相关。

城市精神文化是指可以记录和保存文化的物质载体,包括图书馆、博物馆等有形的,以及城市历史、风土人情和价值观等无形的文化元素。这些精神层面的文化产物在无形中影响着马拉松赛事的发展水平与方向,并且马拉松赛事的主题与类型也通常植根于城市历史文化背景。

(三)耦合共生

耦合是来自物理学中的一个基本概念,是对两个或多个电路元件或电路网络相互传输能量的现象的描述,随着研究的深入开展,耦合的概念被扩展为对耦合关系的研究,并广泛应用于政治、经济、社会、生态环境等各种系统中,指两个或两个以上的系统内部各元素之间相互作用、相互影响进而产生聚合效应或离散效应的情况,此时系统论成为耦合的一个重要分支。本书所引用的是系统耦合的概念,即系统或构成要素之间相互作用和影响,这些作用和影响让系统内部的个体逐渐从无序变为有序。"共生"最初是用于描述不同种属生物一起生活的状态或现象的生物学概念。随着研究深入,共生理论逐渐适用于解释人类社会中事物发展的一般规律。在20世纪50年代后广泛应用于社会学领域,并成为一种重要的思维方式。共生系统追求"发展""合作""共赢",强调各主体之间相互接纳、相互包容,以协同推动不同主体的可持续发展。"耦合共生"是指不同系统中的各个要素相互联系,并形成共同体进行能量传递、互动创新以推动共同体不断进化发展的过程。

第七节　主要理论概述

本书综合运用了耦合协调理论、共生理论、系统论、"三生"空间理论及生命周期理论:基于系统论的视角,将马拉松赛事与城市文化作为两个子系统,在耦合协调理论及共生理论的指导下,运用"三生"空间生产-生活-生态的理论框架对在两个子系统作用下形成的马拉松赛事-城市文化复合系统进行耦合共生作用机制剖析,并引入生命周期理论解构马拉松赛事与城市文化耦合共生的生命周期,重新建构出该复合系统的动态演化过程。

一　耦合协调理论

耦合协调理论指出,由于系统或构成要素之间的发展水平存在差别,耦合只能解释系统之间的相互作用，不能反映其协调发展情况。因此，在分析两个及以上系统之间的相互作用时，往往存在系统的耦合度高，但协调度不高的状况，或者系统间的协调度很高，但耦合度不高。耦合协调度是用来分析两个及以上系统之间的相互作用，解释系统间的耦合及协调程度的指标。当两个耦合系统形成了相互协作、协调平衡的发展状态，并且它们的耦合效应是正耦合现象时，它们才能处于一个协调耦合的水平。运用耦合协调度衡量系统与系统要素之间的协调发展关系，为系统和要素之间的动态关系提供了科学、定量的衡量方法。本书正是基于耦合协调理论，利用耦合协调度模型定量测算并实证分析马拉松赛事和城市文化的耦合协调发展程度，以此测评其互动发展状况。

二 共生理论

（一）共生理论的形成及发展

"共生"一词最早出现于生物学领域，于1879年，被德国著名真菌学家德贝里提出，经过不断地发展逐渐形成了生物学中的共生学说。来到21世纪，多种竞争形式的不断出现催生了产业共生、企业共生、区域共生、城乡共生等新型共生模式，有效地体现了共生理论应用于实践的尝试。如今，以共生思想为核心、共生模式为框架的共生理论不断地发展和完善，已经成为解决自然科学问题和解释社会复杂现象的理论支撑，并形成了一套独属于自身的科学研究方法。

（二）共生理论的内涵

共生理论主要用于研究不同主体之间的相互依存关系。首先，共生现象的本质是一种在保留自身特性基础上的合作关系，不同主体之间相互作用、相互促进，通过新生成的共生单元内部结构与功能所创造出来的动量来刺激竞争能力的提高。其次，共生单元在特定时空范围内会同时发生进化现象，这是共生过程。共生为共生单元提供理想的进化途径，这种途径强调共生单元之间的激励状态，从而创造出一种积极向上的进化环境。此外，这个过程不仅可能会诞生出新的单元、组织形态，还可能会产生出新的物质结构。例如，自然界与人类社会符合共同进化的共生本质。从生命诞生之初，自然界就为人类社会的形成与发展提供了不可或缺的物质基础与环境条件。而人类社会在发展进程中，其活动与创造力又反过来对自然界产生着深远影响。最后,共生关系既能反映共生单元之间的物质、信息和能量关系,也能准确地体现出组织之间的相互关系。通俗来讲,共生关系实际上体现的是共生单元要素之间的供求关系。在物质、信息和能量的交换与配置过程中,共生单元会随之形成一定的共生能量,而这种共生能量的产生是共生单元、共生模式与共生环境共同发挥作用的结果。此外,共生能量的作用还具体体现在共生关系的协同作用和创新动力上,在一定程度上它还能够有力地推动组织向更有生命力的方向进化。

(三)共生理论的要素及构成

共生理论是一个完整的科学体系。它包含共生单元、共生模式、共生环境三个要素。共生是在一定的共生环境下由共生单元组成的不同共生模式。

共生单元是共生体中最基本的能量生产与交换单位,也是共生体的必要组成物质条件。例如,在一个产业中,如果该产业是共同体,那么产业内的各个企业和公司就是共生单元;在长三角城市群中,如果整个城市群是共生体,那么上海市等就是共生单元。

共生模式也被称为共生关系,是指共生单元之间相互结合、相互作用的不同形式。它不仅能从侧面反映出共生作用的方式与程度,还可以从本质上反映出单元之间的信息交流和能量交换的关系。一般情况下,人们会从两种维度划分共生模式。从行为维度出发,可划分为寄生共生、偏利共生、非对称性互惠共生和对称性互惠共生四种共生模式;从组织维度出发,可划分为点共生、间歇共生、连续共生、一体化共生四种共生模式。不同的共生模式有着不同的共生形态,其发生的共生程度也不尽相同。而在这个选择共生模式的过程中,主要还是由内部共生单元自身的性质和外部共生环境的变化共同起决定性作用。

共生环境是指共生模式发展过程中外部存在的条件,即共生单元以外的所有的因素的总和。譬如,对于植物细胞来说,大气、土壤、水等自然气候组成的生态圈是它的共生环境;对于企业来说,政治、经济、文化等因素是它的共生环境。

共生系统是指共生单元按某种共生模式构成的共生关系的集合。共生系统的状态是由共生组织模式和共生行为模式的组合决定的。为识别共生系统及其状态,我们记 $S(\overline{M}, P)$ 表示系统状态向量,其中 $\overline{M}$ 为组织模式向量，$\vec{p}$为行为模式向量。我们可对共生组织模式和共生行为模式进行组合得到共生系统16个基本状态如表0-8所示。

表中所示16种状态，代表了任何共生系统可能存在的基本状态。对这些基本状态及其变化的分析，就构成了共生系统分析与研究的基本内容，同时也为我们优化共生系统指明了方向，即向一体化共生进化和向对称互惠共生进化。

表0-8 共生系统的状态

	点共生 M_1	间歇共生 M_2	连续共生 M_3	一体化共生 M_4
寄生共生 P_1	$S_{11}(M_1, P_1)$	$S_{12}(M_2, P_1)$	$S_{13}(M_3, P_1)$	$S_{14}(M_4, P_1)$
偏利共生 P_2	$S_{21}(M_1, P_2)$	$S_{22}(M_2, P_2)$	$S_{23}(M_3, P_2)$	$S_{24}(M_4, P_2)$
非对称性互惠共生 P_3	$S_{31}(M_1, P_3)$	$S_{32}(M_2, P_3)$	$S_{33}(M_3, P_3)$	$S_{34}(M_4, P_3)$
对称性互惠共生 P_4	$S_{41}(M_1, P_4)$	$S_{42}(M_2, P_4)$	$S_{43}(M_3, P_4)$	$S_{44}(M_4, P_4)$

资料来源：袁纯清《共生理论及其对小型经济的应用研究（上）》，《改革》1998年第2期。

（四）现代共生理论的应用趋势

共生理论的发展趋势有以下三点。

第一，共生理论研究的范围愈发广泛，由最初的单一的热点学术领域到现在的各个研究领域都有所涉及，这种范围的扩大显现了共生理论广泛的适用性以及较强的实践意义。譬如，体教融合、体医结合都可以从共生理论出发来研究，从而找到更为有效的体制机制。

第二，共生体在发展过程中不断趋于立体化、丰富化。现今研究者更乐于对不同维度的共生单元进行选择融合，这样可以使共同体更加稳固，具有更强的衍生发展能力。譬如，将体育、旅游、教育、城市发展等元素相结合，形成城市文旅研学共同体，还有由社区服务、乡村振兴、大众健身等共同组成的农村社区公共体育服务协同共同体。

第三，共生理论的应用愈发适用于解决改革问题和发展困境。共生的核心就是融合进化创新。随着时代发展速度越来越快，共生理论能够不断地提供内在的变换动力，并推动这个时代朝着更美好的方向发展。例如，当传统的旅游方式失去活力时，将体育与旅游形成共生体，就能够创造出新的旅游方式，为旅游产业和体育产业赋能。

三　系统论

（一）系统论的发展

"系统"一词最早出现于古希腊时期德谟克利特的《世界大系统》中，包括关于系统的一般原理和规律的系统性研究以及与管理工作相呼应的系统工程（如决策论、统筹论、搜索论）。系统论的核心思想在于突出系统的整体观念，强调所有系统都是一个完整的有机体的概念。系统内的各个要素通过相互作用产生关联从而形成一个完整的体系结构。系统论的发展阶段分为两个部分：一是经典系统论阶段，二是现代系统论阶段。两阶段在研究对象、数学工具、相关学科发展水平、适用性、阐述系统发展机制的方式和学科背景六个方面有所不同。系统论在我国的发展最早来自钱学森先生，他将系统科学体系概括为"三层次一桥梁"，即以系统学、系统科学技术、系统工程为三个层次，以系统论作为与马克思主义哲学沟通的桥梁。在钱学森先生的指导下，结合现有的研究成果，清华大学魏宏森、曾国屏教授出版了《系统论——系统科学哲学》，阐明了系统论的四个来源、五个观点、八大原理及五大规律，我国的系统科学框架得以确立。

（二）系统论的内涵

系统是由相互作用和相互依赖的若干组成部分结合成的具有特定功能的有机整体，而且这个系统本身又是它所从属的一个更大系统的组成部分。系统由构成要素、结构、功能等基本概念组成。

第一，系统的构成要素。系统是多个要素所构成的一个整体，要素与系统是不可分割的整体，它们之间相互影响、相互作用且在一定条件下相互转化。譬如，马拉松赛事系统中包含着组织部门、参赛人员以及物质条件等要素，此时，组织部门是马拉松赛事系统中的重要因素，但同时其本身也是一个独立存在的系统。

第二，系统的结构。结构主要指系统内各要素相互作用、相互联系的方式，它是系统要素与要素间、要素与系统间、系统与系统间交流的媒介。结构的层次复杂，形式多样。对于不同的系统而言，其子系统不同，系统的结构也就不同。例如，按照城市文化二分法，可以将城市文化系统分为城市物质文化系统和城市非物质文化系统，按照三分法又可将城市文化系统分为城市物质文化系统、城市制度文化系统和城市精神文化系统。即使是面对同一城市文化系统，由于其子系统不同，其结构也必然有所差别。

第三，系统的功能。系统的功能是指系统在与各方环境相互作用的情况下内部各要素所发挥的作用与功效。功能与结构密切相关，各个结构在系统中的地位不同，反映出来的功能表现则不同，系统结构决定了系统功能。例如在城市发展系统中，城市经济与城市政治之于城市的意义不同，经济基础决定上层建筑，在这一意义上城市经济系统在城市发展中的地位必然高于城市政治系统。

四 "三生"空间理论

"三生"空间由生产空间、生活空间、生态空间组成，是人类赖以生存，进行社会生活实践的基本场所与形式，构成了人类生活世界的总体面貌。科学布局生产空间、生活空间与生态空间作为加快形成绿色生产生活方式、推进生态文明建设、建设美丽中国的关键举措，在我国国土空间规划中有着重要的地位。"三生"空间的科学布局如何适应复杂的生态环境变化，满足人类日益增长的物质需求，成为社会各界研究者关注的焦点。

第一，生产空间。生产空间是指具有产品的获取与供给功能的生产经营场所或用地。生产空间主要包括提供工业品、农业品以及无形的服务业产品的空间。①

第二，生活空间。生活空间是指具有提供和保障人居生活功能的空间。生活空间主要限定于城市层面的讨论，也可以从静态的角度将其理解为维持生活的基本空间，从动态的角度将其理解为动态活动的空间场所。生活活动空间强调以居住地为中心的相应的活动空间，包括居住、购物消费、休闲、社交等活动形成的空间，突出生活空间的社会性与文化性。②

第三，生态空间。生态空间是指区域中的国土空间。"三生"空间理论研究一般从功能的角度出发，认为国土空间中承载相应生态功能的空间是生态空间。③ 相关研究对生态空间的理解主要包括三种视角。一是生态要素

---

① 崔家兴、顾江、孙建伟等：《湖北省三生空间格局演化特征分析》，《中国土地科学》2018年第8期。
② 曾文：《转型期城市居民生活空间研究——以南京市为例》，博士学位论文，南京师范大学，2015。
③ 江曼琦、刘勇：《"三生"空间内涵与空间范围的辨析》，《城市发展研究》2020年第4期。

视角，提出具有生态要素的空间统称为生态空间。生态要素空间是具有自然属性、人工生态景观特征以及部分具有农林牧混合景观特征的空间，包括多种类型用地或空间场所。[1] 二是生态功能视角，将具有一种或多种生态功能的用地或空间作为生态空间。生态功能包括保护和稳定区域生态系统、提供生态环境调节、生物支持等生态服务和生态产品等，近年来生态空间对居民健康影响的研究增多。[2] 三是基于用地或空间的主体功能视角确定生态空间。部分用地具有生产、生活或生态等多种功能，生态空间是以提供生态服务为主体功能的地域空间。[3]

五　生命周期理论

生命周期理论认为任何事物几乎都拥有一个从成长到成熟再到衰落的演化过程。根据巴特勒所提出的旅游地生命周期假设模型，可以将旅游地生命周期划分为探索期、参与期、发展期、巩固期、停滞期、衰退（复苏）期六个演化阶段。马拉松赛事本身就是以参赛者为主体、以城市文化为依托的一项赛事。在生命周期演化过程中，马拉松赛事通过与城市文化的耦合共生，使两者都展现出更加具有优势的特性。马拉松赛事举办城市可以被视作一种体育目的地，由于赛事的举办，城市的作用进一步扩充。体育目的地的产生，可以有效推动体育产业的发展，不断优化生态宜居空间，促进城市体育风尚建设，推动多元主体参与其中，使得行政治理环境得到优化。在生命周期的不同阶段，耦合的程度也有所不同，根据时间与进度的发展，耦合共生从引入到成长再到衰退，马拉松赛事与城市文化的耦合共生同样遵循着这个演化规律。本书通过对马拉松赛事与城市文化耦合共生生命周期动态演化过程的分析，将其共生生态演化逻辑表现得更加直观，有助于形成一定的关系架构体系。

---

[1]　董雅文、周雯、周岚等：《城市化地区生态防护研究——以江苏省、南京市为例》，《现代城市研究》1999年第2期。
[2]　龙花楼、刘永强、李婷婷等：《生态用地分类初步研究》，《生态环境学报》2015年第1期；高延利：《加强生态空间保护和用途管制研究》，《中国土地》2017年第12期。
[3]　邓红兵、陈春娣、刘昕等：《区域生态用地的概念及分类》，《生态学报》2009年第3期。

第一章
国内马拉松赛事与城市文化融合状况测度及分析

第一节 基于感知形象:国内马拉松赛事与城市文化融合机制分析

一 感知形象理论的相关研究

马拉松赛事作为大型体育赛事,在体育旅游资源分类体系中被划分为人文体育旅游资源下属内容,[1] 因此使用旅游目的地形象的相关理论对其进行研究实际上具有一定的适切性。

(一) 旅游目的地形象

旅游目的地形象(Tourism Destination Image,TDI)这一概念最早出现在20世纪70年代。学者Hunt对旅游目的地形象的概念进行了简要概述,Hunt认为旅游目的地形象即为人们对非居住地的印象。[2] 但后续的研究逐渐暴露出这个定义较为浅显的问题。在Hunt之后,无论是国外还是国内的关于旅游目的地形象的研究,很大一部分是从心理学视角出发的,并在此基础上对旅游目的地形象做出了新的阐释,逐步提出了较为全面的概念。学者Crompton从旅游学科的角度界定了旅游目的地形象的构成要素,即知识、印象、偏见、想象以及情感,并将旅游目的地形象的概念定义为上述构成要素的总和。[3] Embacher和Buttle认为旅游目的地形象包括认知和情感成分,其本质是进行了实地旅行后个人或是群体对该旅游目的地的总

---

[1] 袁书琪、郑耀星:《体育旅游资源的特征、涵义和分类体系》,《体育学刊》2003年第2期。
[2] Hunt J. D., *Image-A Factor in Tourism* (Colorado State University,1971), pp. 13-15.
[3] Crompton J. L., A Systems Model of the Tourist's Destination Delection Process with Particular Reference to the Role of Image and Perceived Constraints (Ph. D Dissertation, Texas: Texas A & M University,1991), pp. 51-53.

体印象。[1]

国内外学者在研究旅游目的地形象的过程中,针对其定义也在不断深入探究,并力图总结出更加完善的形容。Kotler 将旅游目的地形象描述为人在对某地进行游览后,对该旅游目的地的想法和印象的总和。[2] 张建忠在研究旅游区形象的过程中提出,旅游区形象的理解可以有狭义和广义两种,其中更值得被探讨的广义的形象是指旅游者在旅游区中综合了包括自然景观、旅游服务、设施环境在内的自然要素与社会经济要素所感知到的印象。[3] 邓明艳提出的定义则将潜在旅游者也纳入其中,认为旅游者在前往旅游地并进行实际游览后,或是潜在旅游者通过接触电视节目、杂志和广告或是互联网等媒体手段的宣传后,得到的关于旅游地的总体印象。[4] 廖卫华认为,旅游者是主体,旅游目的地则是客体,而旅游目的地形象指主体对客体所产生的感知印象的集合。同时他认为旅游目的地形象的好坏是吸引旅游者是否赴该地旅游的重要因素。[5] 王金伟等人在梳理过往研究时对旅游目的地形象进行了总结,即旅游者与潜在旅游者在对于旅游目的地有所了解后所形成的知觉、印象和观念的总和。[6]

(二)感知形象理论

感知形象(Perceived Image)是旅游者对旅游目的地产生的认识和印象。对于旅游目的地感知形象的测量,目前主要有结构化方法(Structured Approach)与非结构化方法(Unstructured Approach)两类方法。结构化方法是选取一系列评价因子,利用标准工具对采集的被访者的评价进行处理分析,如结构化问卷调查等方法;非结构化方法是记录被访者对目的地形象的自由描述,并对其进行开放式的编码处理,如自由访谈

---

[1] Embacher J., Buttle F., "A Repertory Grid Analysis of Austria's Image as a Summer Vacation Destination," *Journal of Travel Research* 3 (1989): 3-23.
[2] Kotler O., Y *Marketing Places: Attracting Investment, Industry and Tourism to Cities, States and Nations* (New York: The Free Press, 1993), pp. 27-31.
[3] 张建忠:《旅游区形象建设的初步研究》,《泰安师专学报》1997 年第 2 期。
[4] 邓明艳:《峨眉山旅游形象定位的探讨》,《西南民族大学学报》(人文社科版)2004 年第 4 期。
[5] 廖卫华:《旅游地形象构成与测量方法》,《江苏商论》2005 年第 1 期。
[6] 王金伟、杨佳旭、郑春晖、王琛琛:《黑色旅游地游客动机对旅游目的地形象的影响研究——以北川地震遗址区为例》,《旅游学刊》2019 年第 9 期。

法等。①

　　早期使用结构化方法的研究较多，因为这一方法具有可控性、直观性较强，易于比较等特点。在国外，早在 1975 年 Hunt 便使用七点和五点式量表对犹他、蒙大拿、科罗拉多和怀俄明等美国的 4 个州的旅游目的地感知形象进行了结构性测量。② 1982 年，Pearce 使用凯利方格技术（经过修改的），采用六点式李克特量表测量并比较了游客对 7 个国家旅行前后的感知变化。③ 在国内，张宏梅等学者采用五点式量表对周庄进行了研究，分析了其感知形象。④ 李祗辉采用五点式量表对北京奥运会后赴京旅游的欧美游客进行了调查，探讨了节事活动对旅游目的地形象的影响。⑤

　　随着互联网的普及，研究数据的可获取渠道增加，研究工具被不断开发更新，近年来非结构化方法得到了较多的推广和使用，很多学者使用网络文本数据（如网络游记等）对旅游目的地的感知形象进行了研究。如张高军等学者通过在谷歌和旅游网站上获取华山风景区旅游者的网络点评和网络日志等文本，进行了质性分析，以此对华山风景区的感知形象的类属进行了归纳和分析。⑥ 张文、顿雪霏通过分析在携程网上抓取的大陆游客赴台旅游的相关日记和点评文本，呈现了以大陆游客为视角的台湾旅游感知形象。⑦ 类似的，王永明等学者对凤凰古城的意象感知进行了分析；⑧ 赵仁玉、李洪波对丽江旅游感知形象进行了研究；⑨ 付业勤等学者对鼓浪屿感

---

① 黄震方、李想：《旅游目的地形象的认知与推广模式》，《旅游学刊》2002 年第 3 期。
② Hunt J. D., "Image as a Factor in Tourism Development," *Journal of Travel Research* 3 (1975): 1-7.
③ Pearce P. L., "Perceived Changes in Holiday Destinations," *Annals of Tourism Research* 2 (1982): 145-164.
④ 张宏梅、陆林、蔡利平、黄琢玮：《旅游目的地形象结构与游客行为意图——基于潜在消费者的本土化验证研究》，《旅游科学》2011 年第 1 期。
⑤ 李祗辉：《大型节事活动对旅游目的地形象影响的实证研究》，《地域研究与开发》2011 年第 2 期。
⑥ 张高军、李君轶、张柳：《华山风景区旅游形象感知研究——基于游客网络日志的文本分析》，《旅游科学》2011 年第 4 期。
⑦ 张文、顿雪霏：《探讨大陆游客对台湾旅游目的地形象的感知——基于网上游记的内容分析》，《北京第二外国语学院学报》2010 年第 11 期。
⑧ 王永明、王美霞、李瑞、吴殿廷：《基于网络文本内容分析的凤凰古城旅游地意象感知研究》，《地理与地理信息科学》2015 年第 1 期。
⑨ 赵仁玉、李洪波：《丽江旅游形象感知研究——基于网络文本分析的方法》，《广西经济管理干部学院学报》2013 年第 1 期。

知形象进行了研究;① 赵振斌、党娇对太白山背包旅游行为进行了相关的研究。② 以上学者均采用了网络文本分析的方法对旅游目的地的感知形象等内容进行了研究。由此可以看出,对于旅游目的地感知形象的研究,网络文本分析已发展为一种重要的研究方法。

（三）马拉松赛事与感知形象

相关研究指出,体育赛事有助于塑造办赛城市的品牌形象,提升城市关注度,③ 而作为体育赛事中极具代表性的马拉松赛事,其赛事形象和目的地形象存在一致性,④ 因此对马拉松赛事感知形象的研究多集中在赛事形象与城市形象的领域中。一方面,马拉松赛事将影响城市形象及城市品牌塑造,王相飞等学者通过构建马拉松赛事影响举办地城市形象的跑者价值感知与行为意向的结构方程模型,指出马拉松赛事对举办地城市形象存在显著影响,而且影响辐射面越来越广。⑤

不仅如此,马拉松赛事还将对该地的旅游产生影响,在黄海燕、康逸琨学者的研究中,证实了赛事和举办地城市的形象契合度将正面影响游客的重访意向,并且认知形象契合度对重游意向的影响略大于情感形象契合度对其的影响。⑥ 另一方面,在现有研究多聚焦于赛事对城市形象影响的境遇下,刘辛丹等学者从反方向入手,利用网络跑记数据与词频分析方法对北京马拉松的认知形象、情感形象及总体形象做了分析,指出其赛事形象因融入了北京的城市文化符号而成为难以复制的存在,因此办赛城市同样对赛事形象具有显著影响。⑦

---

① 付业勤、王新建、郑向敏:《基于网络文本分析的旅游形象研究——以鼓浪屿为例》,《旅游论坛》2012年第4期。
② 赵振斌、党娇:《基于网络文本内容分析的太白山背包旅游行为研究》,《人文地理》2011年第1期。
③ 王亚坤、武传玺:《全域旅游视域下我国体育赛事旅游产业发展研究》,《体育文化导刊》2020年第7期;李京宇、陈元欣:《国际大型体育赛事对其举办城市国际关注度的影响研究》,《首都体育学院学报》2021年第2期。
④ 王克稳、李慧、耿聪聪、林莉:《马拉松赛事旅游的国际研究述评、实践启示与研究展望》,《体育科学》2018年第7期。
⑤ 王相飞、康益豪、延怡冉:《马拉松赛事对举办地城市形象影响的实证研究——基于马拉松跑者的新视角》,《武汉体育学院学报》2020年第3期。
⑥ 黄海燕、康逸琨:《体育赛事与城市形象契合对观众满意度和重游意向的影响》,《中国体育科技》2018年第4期。
⑦ 刘辛丹、吕兴洋、李惠璠:《基于网络跑记的马拉松赛事形象研究——以北京马拉松为例》,《中国体育科技》2016年第6期。

并且，不同的城市类型将使得游客对赛事感知形象不同，Jago 等学者指出以目的地景观和基础设施为重点的环境主题可归与与城市目的地相同的维度，而与自然相关的环境主题与乡村目的地属于同一维度，因此目的地类型会影响体育游客对赛事的感知，从而增强对赛事和目的地形象互动和契合的理解。[1]

基于以上，本书将顺应当下的数据使用趋势，对部分知名马拉松赛事的感知形象进行分析，探讨不同城市赛事感知形象的共性和特性，力求探索出今后马拉松赛事差异化的发展道路。

二 感知形象与城市文化的相关研究

（一）城市形象

在 1960 年出版的 *Image of City* 中，美国著名城市规划专家 Kevin Lynch 首次对"城市形象"的概念进行了明确界定，他认为城市形象是指个体对于自身所处外部世界的主观反映，也是对物质环境和心理意象活动的感知。[2] 尽管他强调了人可以通过综合感受来获得对城市形象的认知，但由于他的研究领域主要集中在城市形象设计与规划方面，这导致他对城市形象的定义仅局限在物质形式，只是对城市物质形态和形象内容的知觉认知。学者 Echtner 和 Ritchie 从旅游学视角进一步丰富了其研究，认为城市形象是旅游者对旅游目的地形象的总体感知，包括物质和非物质形式。[3] Lawson 指出城市形象是个体或群体对于某个特定目的地的认知印象和情感想象的总体评价。[4] Milman 和 Pizam 的观点则更趋同于 Lawson，在其基础上增加了感官认知这一要素，即认为人们在视觉和心理上对于某个地方形成的印象就是城市形象。[5] Ashworth 则从城市营销的角度另辟蹊径地阐述城市形象的

---

[1] Jago L., Chalip L., Brown G., et al., "Building Events into Destination Branding: Insights from Experts," *Event Management* 1 (2003): 3-14.
[2] 陆晨、黄海燕：《体育赛事与举办城市的形象契合》，《体育科研》2014 年第 3 期。
[3] Echtner C. M., Ritchie J. R. B., "The Meaning and Measurement of Destination Image," *Journal of Tourism Studies* 1 (2003): 37-48.
[4] Lawson F., Bond-Bovy M., "Tourism and Recreational Development," *Journal of Travel Research* 1 (1997): 46-59.
[5] Milman A., Pizam A., "The Role of Awareness and Familiarity with a Destination: The Central Florida Case," *Journal of Travel Research* 3 (1995): 21-27.

定义，提出城市形象是个体对于某个特定城市所有信息的联想和简化，是在此基础上进行加工和提炼所形成的关于信念及观念的总和。[1]

国内学者对于城市形象概念的研究中，张卫国、何宛夏认为城市形象是指个体和城市之间建立的一种心理联结或心理关系，是个体对城市内部及外部综合实力的总体评价和印象，包括对城市未来发展的主观预判。[2] 然而对城市形象的受众研究仅仅局限于城市居民，忽略了外地旅游者或潜在旅游者对于城市文化的认知和感知。此外，学者对城市形象概念的界定普遍分为两类，一类认为城市形象是社会公众以及潜在旅游者在感受到城市物质以及精神文明建设水平后，给出的总体印象和综合评价，具有时代性、地域性和民族性的特点。另一类认为城市形象是依靠城市建设者协同各部门齐心协力进行城市建设、城市规划、城市环境美化等工作后所塑造出的有形有色的面貌，它能展现城市的自然环境和人工建设环境，也是城市发展历程、发展状态和建设水平的具象体现。[3] 以上两类城市形象的概念和定义也被视为广义和狭义上的定义。

（二）旅游目的地形象视角下的城市文化感知形象

"旅游目的地形象"的概念最早由 Hunt 提出，该概念虽常被应用在学术著作中，但学者们对于概念的精确界定仍未达成共识。[4] Crompton 认为旅游目的地形象是指现存旅游者和潜在旅游者对旅游目的地的整体印象，即主体对客体的感知和评价，他认为这种印象和评价能够影响旅游者的后续行为活动和旅游决策的制定。[5] 由于城市形象的研究隶属于旅游目的地形象研究范畴，所以城市文化感知形象的概念是指影响城市文化发展的诸多要素综合作用在旅游者心中的整体印象。

国外对旅游目的地形象构成要素的研究存在一个动态发展的过程，早期仅局限于认知形象层面，认为其是衡量目的地形象的唯一维度。经过学

---

[1] 转引自张卫国、何宛夏《城市形象设计理论探讨》，《重庆大学学报》（社会科学版）1999年第3期。
[2] 张卫国、何宛夏：《城市形象设计理论探讨》，《重庆大学学报》（社会科学版）1999年第3期。
[3] 汤正刚：《现代城市形象的内涵和塑造》，《长江论坛》1997年第4期。
[4] Hunt J. D., *Image-A Factor in Tourism* (Colorado State University, 1971), pp. 13-15.
[5] Crompton J. L., "Anassessment of the Image of Mexicoas a Vacation Destination and the Influence of Geographical Location upon that Image," *Journal of Travel Research* 4 (1979): 18-23.

者们后续的研究与发展,对目的地属性的认知和情感评价才逐渐走进大众视野。Russell 和 Jacalyn 建立了由四个情感指标组成的情感形象结构模型,包含了"令人愉悦的-令人不悦的、振奋人心的-枯燥乏味的、激动人心的-情绪低落的、令人轻松的-令人压抑的",该结构模型提高了环境感知的可靠性,且量表的信度和效度在不同的语言、样本、文化和环境类型中得到了证明。[1] Gunn 验证了不同信息类型对目的地形象造成的影响不同,他将目的地形象划分为引致形象和原生形象两种并且建立了旅游目的地形象的七阶段理论。[2]

Fakeye 和 Crompton 在实证研究中扩展了 Gunn 的理论,他们在研究"目的地旅游形象是怎样在游客心中形成的"时,建立了社会机遇吸引力、居民的友好程度、历史文化资源、交通等基建水平以及夜间娱乐设施五个认知形象指标。[3]

Echtner 和 Ritchie 发现了旅游目的地形象具有功能和心理特征,功能特征主要指认知方面,心理特征则侧重于情感方面。[4] Gartner 提出了包含认知形象、情感形象和意动形象在内的目的地旅游形象三维结构,[5] 但有学者对意动形象提出了疑问,认为意动形象是行动意向或行为倾向,是指游客在特定的时间内游览目的地的可行性。[6] 因此,意动形象是旅游目的地形象产

---

[1] Baloğlu S., Brinberg D., "Affective Images of Tourism Destinations," *Journal of Travel Research* 4 (1997): 11-15; Hanyu K., "The Affective Meaning of Tokyo: Verbal and Non-verbal Approaches," *Journal of Environmental Psychology* 2 (1993): 161-172; Russell J., Jacalyn S., "Emotion and the Environment," in Stokols D., Altman I., eds., *Handbook of Environment Psychology* (Krieger Pub Co., 1987); Walmsley D. J., Jenkins J. M., "Appraisive Images of Tourist Areas: Application of Personal Constructs," *The Australian Geographer* 2 (1993): 1-13; Ward Lawrence M., Russell James A., "Cognitive Set and the Perception of Place," *Environment and Behavior* 5 (1981): 610-632.

[2] Gunn C. A., *Vacation Scape: Designing Tourist Regions* (Austin: Bureau of Business Research, University of Texas, 1972), p. 114.

[3] Fakeye P. C., Crompton J. L., "Imaged Differences between Prospective, First-Time, and Repeat Visitors to the Lower Rio Grande Valley," *Journal of Travel Research* 2 (1991): 10-16.

[4] Echtner C. M., Ritchie B., "The Measurement of Destination Image: An Empirical Assessment," *Journal of Travel Research* 4 (1993): 3-13.

[5] Gartner William C., "Image Formation Process," *Journal of Travel & Tourism Marketing* 3 (1994): 191-216.

[6] Pike S., Ryan C., "Destination Positioning Analysis through a Comparison of Cognitive, Affective, and Conativepe Rceptions," *Journal of Travel Research* 4 (2004): 333-342.

生的结果而不是其维度。以此为基础，Baloglu 和 McCleary 在 Russell 情感模型的基础上运用了"认知-情感"形象模型来测量旅游目的地形象，将体验质量、吸引物和价值/环境作为认知评价的 3 个因子，加上"令人愉悦的-令人不悦的、振奋人心的-枯燥乏味的、激动人心的-情绪低落的、令人轻松的-令人压抑的"4 个双向情感指标，该模型被广泛应用在城市各种形象领域，且量表的信度和效度已在不同的语言、样本、文化和环境类型中得到了证明。①

城市文化在某种意义上由部分个体的感知构成，包含各个要素的城市形象，是个体对整个城市概念的抽象化理解，所以本书将个体的感知形象与城市文化相联系，试图从微观角度阐释城市文化的形成过程和构建机制。

第二节 案例研究：国内马拉松赛事与城市文化融合状况测度

一 研究方法

（一）内容分析法

内容分析法是一种根据文本（或其他有意义的材料）对其使用的情境进行重复且有效研究的技术，包括量化内容分析与质性内容分析。本章以质性内容分析法为主，以量化内容分析法作为信息补充和对质性分析结果的检验。结合使用两种方法以实现信息互补和三角互证，提高研究的效率和效度。

1. 质性内容分析法（开放式编码分析）

为全面地了解文本数据所包含的信息，确保最终编码结果类目饱和，本章不预设编码表对信息进行限定，而是采取开放式编码的方法，以研究目的为导向，根据"自然浮现"的原则利用辅助工具对网络文本数据进行逐级编码分析，从概念化到范畴化，再到核心类属，层层归纳，最终将其纳入认知-情感模型，形成具有层级特征的马拉松赛事感知形象结构。具体步骤如下。采用立意抽样法，以"强代表性"为原则，从当前数据库中选

---

① Baloğlu S., McCleary K., "A Model of Destination Image Formation," *Annals of Tourism Research* 4 (1999): 868-897.

取每年点赞频次较高的文本（共计11万余字）纳入质性编码分析范围。[1]

2. 量化内容分析法（词频分析）

首先，建立自定义词表。在ROST CM 6.0文本分析工具原有自定义词表的基础上，将北马和扬马赛事的一些专有词语补充进去。其次，分词和词频处理。借助ROST CM 6.0分词功能对文本进行分词后，去除无意义词，合并同义词，统计词频。最后，结果可视化。借助ROST CM 6.0可视化功能构建词频可视化图谱（词云图），以展现出词频的分布情况。

（二）结构方程模型

本章构建由旅游目的地形象、地方依恋、参赛者满意度和参赛者行为意向等概念组成的模型，将相应概念纳入分析框架，研究参赛者行为意向的影响因素及其影响路径。本章中的参赛者行为意向指其再参赛及推荐意愿。

1. 变量测量设计

在本章中，共涉及旅游目的地形象、地方依恋、参赛者满意度、参赛者行为意向四个主要变量。

（1）旅游目的地形象测量

本章的旅游目的地形象测量使用的量表是根据Kim[2]的形象量表进行修改的，原量表包含城市、自然、文化、价值、安全、气候、便利等7个维度，结合马拉松赛事的特点，本章增加了服务维度，如"都江堰提供优质的服务""优质服务是我选择在都江堰跑马拉松的重要依据"等。因题项数量较多，具体题项将置于附录部分。

（2）地方依恋测量

本章的地方依恋主要是指来到城市参加马拉松赛事的跑者对举办地所产生的情感依恋，跑者（或称游客）在实际到访后对目的地产生的正向评价、印象等可以提升地方依恋的程度。地方依恋测量指标则修改自Ellemers等、Luhtanen和Crocker编制修订的问卷，包含了地方认同和地方依赖两个维度，测量题项包括举办城市的独特性、吸引力和重要性，如表1-1所示。

---

[1] 由于2013年数据较少，所以选取该年的全部数据；其他年份选取该年数据约10%的文本量。

[2] Kim Jong-Hyeong, "The Antecedents of Memorable Tourism Experiences: The Development of a Scale to Measure the Destination Attributes Associated with Memorable Experiences," *Tourism Management* 44 (2014): 34-45.

表1-1 地方依恋测量指标

维度	测量题项	编码	题项来源
地方认同	到都江堰参赛对我来说很重要	PI1	Ellemers 等、Luhtanen 和 Crocker
地方认同	我非常喜欢都江堰	PI2	
地方认同	我非常认同都江堰	PI3	
地方认同	我与都江堰有特殊的关系	PI4	
地方依赖	比起其他地方，我更喜欢在都江堰参赛	PD1	
地方依赖	比起其他地方，在都江堰参观游览可以得到更多满足	PD2	
地方依赖	在都江堰跑步比在其他任何地方跑步都重要	PD3	
地方依赖	除了都江堰，我不会在其他任何地方跑马拉松	PD4	

资料来源：Ellemers N., Kortekaas P., Ouwerkerk J. W., "Self-Categorisation, Commitment to the Group and Group Self-Esteem as Related but Distinct Aspects of Social Identity," *European Journal of Social Psychology* 3（1999）：371-389；Luhtanen R., Crocker J., "A Collective Self-Esteem Scale: Self-Evaluation of One's Social Identity," *Personality and Social Psychology Bulletin* 3（1992）：302-318。

（3）参赛者满意度测量

参赛者满意度的测量题项参考了 Van Leeuwen、Quick 和 Daniel 的满意度测评量表，如表1-2所示。

表1-2 参赛者满意度测量指标

维度	测量题项	编码	题项来源
参赛者满意度	对都江堰马拉松赛事总体服务满意	S1	Van Leeuwen、Quick 和 Daniel
参赛者满意度	与期望相比，对都江堰马拉松赛事总体服务满意	S2	
参赛者满意度	与其他赛事相比，对都江堰马拉松赛事总体服务满意	S3	

资料来源：Van Leeuwen L., Quick S., Daniel K., "The Sport Spectator Satisfaction Model: A Conceptual Framework for Understanding the Satisfaction of Spectators," *Sport Management Review* 2（2002）：99-128。

（4）参赛者行为意向测量

再参赛意愿，即参赛者行为意向的题目采用 Prayag 等和 Zeithaml 等问卷中的题项进行测量，如表1-3所示。

表1-3 参赛者行为意向测量指标

维度	测量题项	编码	题项来源
参赛者行为意向	我非常期待再次参加这项赛事	RI1	Prayag 等和 Zeithaml 等
	若有机会我会再次参加这项赛事	RI2	
	我会认真准备再次参加这项赛事	RI3	
	我会引荐他人报名参赛	RI4	
	我会持续关注都江堰马拉松赛事动态	RI5	

资料来源：Prayag G., et al., "Understanding the Relationships between Tourists' Emotional Experiences, Perceived Overall Image, Satisfaction, and Intention to Recommend," *Journal of Travel Research* 1 (2017): 41-54; Zeithaml V. A., Berry L., Parasuraman A., "The Behavioral Consequences of Service Quality," *Journal of Marketing* 2 (1996): 31-46。

调查问卷主要分为三部分，具体见附录A。第一部分为问卷的前言，主要是问候被调查者并说明本次问卷调查的目的。第二部分是受访者的基本信息，包括了性别、年龄、参加马拉松的次数、每年参加跑步项目的次数、参加马拉松项目至今的时长、每个月跑步的天数、每个月跑步的距离等，这部分的数据主要用来做聚类分析，将马拉松参与者分为高跑步参与度组和低跑步参与度组并以此为基础做差异分析。第三部分是问卷的主体内容，涵盖了旅游目的地形象、地方依恋、参赛者满意度和再参赛及推荐意愿（参赛者行为意向）四个部分。其中旅游目的地形象包括了33个题项；地方依恋包含了地方认同与地方依赖共8个题项；参赛者满意度包含了3个题项；再参赛及推荐意愿（参赛者行为意向）包含了5个题项。均采用李克特五点式量表测量，其中，1代表非常不同意、2代表不同意、3代表一般、4代表同意、5代表非常同意。

2. 数据分析方法

本章将以衡马、南马、西马、北马、扬马、成马、重马作为赛事案例，并以其举办地为案例地，对旅游目的地形象、地方依恋、参赛者满意度和参赛者行为意向的关系进行探究分析，同时构建旅游目的地行为意向形成模型。数据收集完成后，运用SPSS 22.0和Amos 21.0软件对数据进行分析，主要方法如下。

（1）描述性统计分析

该部分将对被调查者的基本信息情况进行分析，涵盖了频率、平均值、方差、标准差等分析内容。平均值可以代表数据的整体水平，方差、标准差可以代表数据的偏离程度。

（2）信度与效度分析

信度分析即通过对数据进行处理分析从而检查被调查者回答的问题是否具有稳定性，可以达到检测样本数据是否可信的效果。本章采用的检验方法是克隆巴赫α系数，如系数在0.7以上则视作受访者的作答可信，若低于0.7则需要考虑修改量表题项。

效度分析可以检测度量工具能否正确反映本章需要评价的问题，分为内容效度和构造效度。本章将采用CFA方法来测试各个指标之间是否拟合，通过因子载荷量计算AVE和CR值分析模型的效度。若AVE数值大于0.5，则证明量表内部质量尚佳，若CR值大于0.6则表示量表收敛性好。

（3）回归分析

本章通过回归分析来验证理论假设，主要是进行显著性检验。显著性检验中，p值可以验证出显著性。$p<0.001$表明在0.001水平下显著；$p<0.05$表明在0.05水平下显著；$p<0.01$表明在0.01水平下显著。

（4）中介效应分析

通常来说，在分析自变量X对因变量Y产生的影响时，如果变量X可以通过影响变量M进而影响变量Y，那么这个变量M就是中介变量。

假设所有变量都已经中心化（均值为零），自变量X作用于因变量Y的路径系数为c。在控制中介变量M以后，分析自变量X和因变量Y之间的关系，其中系数a代表自变量作用于中介变量的效应，系数b表示中介变量作用于因变量的效应，两者构成图1-1中变量间的间接效应，系数c'代表在不考虑中介变量的影响的前提下，自变量作用于因变量的效应，即自变量和因变量之间的直接效应。

通常来说，以往学术界经常采用Sobel检验的方式来验证中介效应，该用法可以一次检验多个中介变量，但也存在一定局限性，在Sobel检验中首要的条件是保证a与b的估计值遵循正态分布的规则，这一点限制了许多研究。本章所采用的是Bootstrap检验法，该方法主要是通过对一定数量样本的系数成绩得出估计值，若在规定的置信区间内（通常为95%，不包括0），系数乘积较为显著，即可得出验证结论。该方法与其他中介效应检验方法相比，统计效力更高且数据更加直观清晰。目前也逐渐开始被广泛使用。

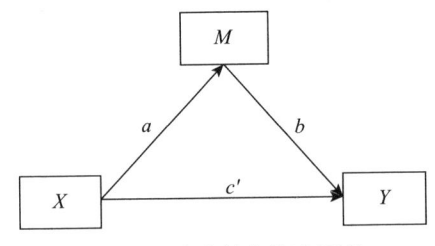

图 1-1 中介效应检验示意

资料来源：作者爬取自爱燃烧、悦跑圈的路志和评论。

二 感知形象数据挖掘及演进分析研究

（一）2013~2020年衡水湖马拉松感知形象演进分析

1. 感知形象演进分析

通过对2013~2020年衡马的感知形象进行比较分析，研究表明：2013~2020年，衡马感知形象结构包括赛事属性形象和城市属性形象两个类属，构成类目相对稳定，而不同类目的感知强度出现波动性变化，但是赛事绿色、比赛天气、自然景观、赛事安全等，变化幅度较小（见表1-4）。

表1-4 2013~2020年衡马感知形象结构

单位：%

形象类属	构成类目	2013年	2014年	2015年	2016年	2017年	2018年	2019年	2020年
赛事属性	竞赛组织	6.4	8.6	31.7	13.9	7.4	17.2	21.7	19.8
	选手服务	10.9	1.7	1.8	15.4	22.0	7.6	15.7	7.5
	赛事氛围	12.3	25.3	13.9	23.3	8.4	15.1	12.4	8.0
	赛道设计	10.8	18.8	19.4	12.8	20.2	14.5	13.0	×
	比赛天气	6.8	3.6	5.8	1.6	3.3	2.6	×	×
	参赛者形象	20.7	19.2	15.8	6.3	16.2	30.3	14.7	23.7
	赛事绿色	×	×	×	×	×	×	7.7	9.1
	赛事安全	×	×	1.6	1.7	2.9	2.9	7.2	9.1
城市属性	人文形象	1.6	7.3	1.9	16.0	14.0	4.4	×	16.1
	自然景观	7.1	6.2	8.0	6.1	2.7	2.7	×	×
	城市公共服务	23.4	9.3	×	2.9	3.0	2.8	7.6	6.7

（1）类属层级比较分析

2013~2020年，衡马感知形象结构包含了赛事属性形象和城市属性形象两个类属。这表明在参赛者心目中，对于城市马拉松赛事的感知主要集中在比赛事件和举办城市两方面。通常一个地点举办马拉松时会吸引许多外地马拉松爱好者前去参与，因此在感知方面，除了赛事本身，其次便是对城市形象产生一定的评价。

2013~2020年，衡马的赛事属性形象的感知强度总体高于城市属性形象，体现了马拉松跑者对于赛事的感知更为强烈，这是马拉松赛事中的赛事属性占据主导地位所致。

（2）类目层级比较分析

在类目层级比较分析中，竞赛组织、选手服务、人文形象、自然景观这4个类目在多年具有一定的感知强度，表明了这4个类目是参赛者感知形象中的主要构成部分（见图1-2）。

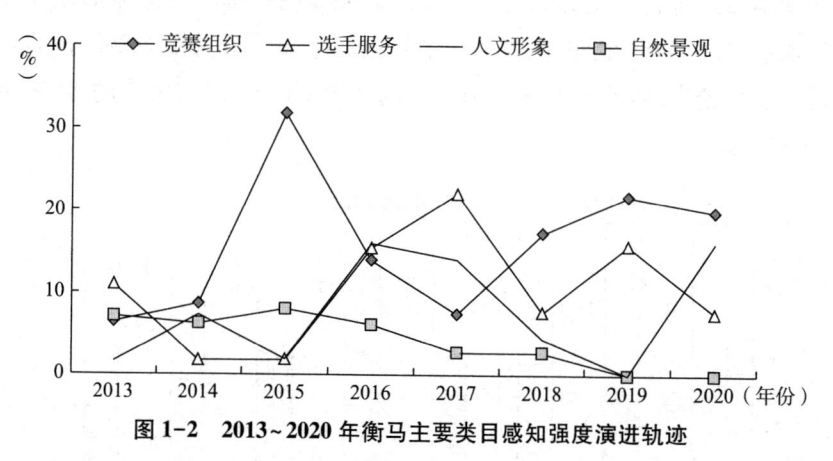

图1-2 2013~2020年衡马主要类目感知强度演进轨迹

2. 情感形象演进分析

通过对2013~2020年衡马感知形象中的情感形象进行比较分析，研究表明：2013~2020年，衡马参赛者感知中的情感形象构成较为稳定，主要表现为基于马拉松精神而产生的情感特征，如"艰难"一词对应跑完马拉松全程的不易，但是"坚持"跑向终点，便会产生"开心""激动"等积极的情感形象（见表1-5）。

表 1-5　2013～2020 年衡马情感形象构成

年份	情感形象
2013	开心、艰难、兴奋、坚持
2014	开心、艰难、激动、满足、感谢、荣幸、挑战
2015	开心、艰难、激动、坚持、感动、满足、遗憾
2016	开心、艰难、激动、感动、兴奋
2017	开心、艰难、挑战、兴奋、感动、疲劳
2018	开心、艰难、挑战、满意、遗憾、兴奋、感谢
2019	开心、艰难、激动、感谢、兴奋、自豪
2020	开心、激动、自豪、满意、幸运

3. 总体形象演进分析

总体形象是指参赛者对赛事正面或负面的评价。对 2013～2020 年衡马感知形象中的总体形象进行研究，具体过程为对衡马 2013～2020 年的网络文本数据进行手动编码分析归类。研究表明：衡马的总体形象在 8 年间呈现从负面感知形象占比将近一半到正面感知形象占据主要位置的转变过程，正面感知形象占比从 2013 年的 52% 增长至 2020 年的 85%（见图 1-3）。

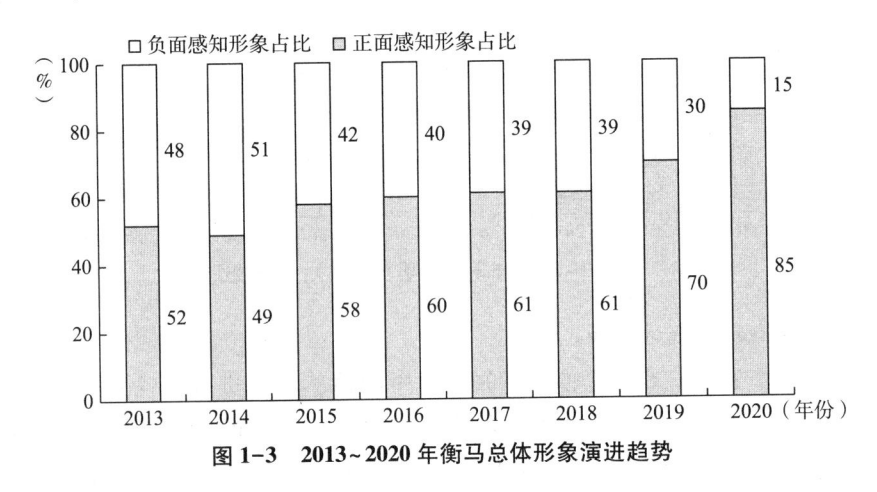

图 1-3　2013～2020 年衡马总体形象演进趋势

(二) 2015～2020 年南京马拉松感知形象演进分析

1. 感知形象演进分析

通过对 2015～2020 年南马的感知形象进行比较分析，研究表明：2015～

2020年，南马感知形象结构包括赛事属性形象和城市属性形象两个类属，构成类目相对稳定，不同类目的感知强度呈现波动性变化，只有竞赛组织变化幅度较大（见表1-6）。

表1-6　2015~2020年南马感知形象结构

单位：%

形象类属	构成类目	感知强度					
		2015年	2016年	2017年	2018年	2019年	2020年
赛事属性	竞赛组织	12.4	16.5	18.5	20.7	29.3	27.7
	选手服务	26.7	20.9	18.8	19.3	19.7	16.2
	赛事氛围	11.0	6.1	10.2	6.2	4.2	3.8
	赛道设计	11.3	21.4	16.7	17.2	15.3	10.0
	比赛天气	4.0	2.9	9.6	3.1	3.0	11.4
	参赛者形象	18.2	9.4	11.3	11.3	13.9	12.3
	赛事绿色	1.0	0.5	×	×	×	×
	赛事安全	2.4	2.8	1.5	4.5	3.1	7.7
城市属性	人文形象	11.7	10.0	11.0	12.0	7.3	8.4
	自然景观	1.3	0.8	1.9	1.3	×	×
	城市公共服务	×	3.3	4.0	2.4	4.2	2.5
	特殊事件	×	5.4	1.6	2.0	×	×

（1）类属层级比较分析

2015~2020年，南马感知形象结构包含了赛事属性形象和城市属性形象两个类属。这表明在参赛者心目中，赛事属性形象和城市属性形象是每位马拉松参赛者最容易感受到的因素，因此在形象感知方面，参赛者的评论均围绕赛事本身和城市展开。

南马的赛事属性形象的感知强度总体高于城市属性形象，体现了马拉松跑者对于赛事的感知更为强烈，这是马拉松赛事中的赛事属性的主导地位所致。

（2）类目层级比较分析

在类目层级比较分析中，竞赛组织、选手服务、赛事氛围、赛道设计、比赛天气、参赛者形象、人文形象和城市公共服务这8个类目在大多时候具有较高的感知强度，表明了这8个类目是参赛者感知形象中的主要构成部分

(见图1-4)。

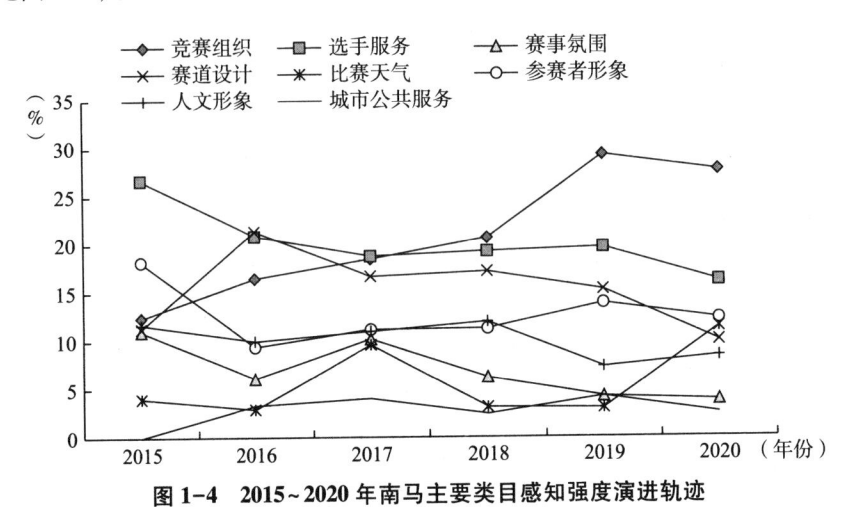

图1-4　2015~2020年南马主要类目感知强度演进轨迹

2. 情感形象演进分析

通过对2015~2020年南马感知形象中的情感形象进行比较分析，研究表明：2015~2020年，南马参赛者感知中的情感形象构成较为稳定，主要表现为基于马拉松精神产生的一系列情感特征，如对于南马赛事举办与开展的"期待"，认为志愿者、现场观众和其余南京市民很"热情"，以及对于自我成就的"开心"等情感形象，且随时间推移并无明显变化趋势（见表1-7）。

表1-7　2015~2020年南马情感形象构成

年份	情感形象
2015	热情、期待、感谢、感动、遗憾
2016	热情、期待、感谢、遗憾、坚持、开心
2017	热情、期待、感谢、遗憾、坚持、兴奋
2018	热情、期待、感谢、遗憾、坚持、开心、努力
2019	热情、期待、感谢、遗憾、坚持、开心、努力
2020	热情、期待、感谢、感动、坚持、开心、努力、挑战

3. 总体形象演进分析

对2015~2020年南马感知形象中的总体形象进行研究，具体过程为通过 ROST CM 6.0 的情感分析功能对 2015~2020 年南马感知形象中的总体形象进行分析，并对结果进行人工校准。研究表明：南马的总体形象在 6 年间呈现负面感知形象占比总体下降的趋势。正面感知形象从 2015 年的 52% 提高至 2020 年的 85%（见图 1-5）。

值得关注的是，2019 年南马的赛事运营商为问源体育，且 2019 年是其筹备赛事的最后一年，所以在竞赛组织、选手服务方面略显欠缺，所以参赛者们对于南马的正面感知形象由 2018 年的 82% 降低至 2019 年的 64%。2020 年南马的赛事运营商更换为了中奥路跑，其为国内著名的赛事运营方，曾筹备组织过多次国际赛事，这次更换显著提高了赛事组织能力、赛事服务水平，因此，参赛者们对于南马的正面感知形象有所回升，其占比从 2019 年的 64% 提高至 2020 年的 85%。

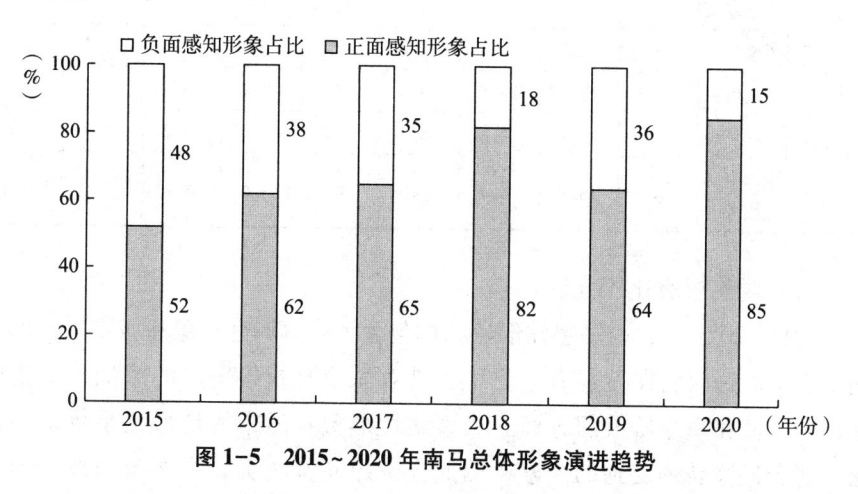

图 1-5　2015~2020 年南马总体形象演进趋势

（三）2013~2021 年西安马拉松感知形象演进分析

1. 感知形象演进分析

对 2013~2021 年西马的感知形象进行比较分析，研究表明：2013~2021 年，西马感知形象结构包括赛事属性形象和城市属性形象两个类属，构成类目相对稳定，而不同类目的感知强度呈现波动性变化，但是除比赛天气、赛事氛围、选手服务、竞赛组织、参赛者形象外，变化幅度较小（见表 1-8）。

表 1-8 2013~2021 年西马感知形象结构

单位：%

形象类属	构成类目	感知强度								
		2013年	2014年	2015年	2016年	2017年	2018年	2019年	2020年	2021年
赛事属性	竞赛组织	18.6	11.3	17.9	6.8	18.5	13.0	10.9	14.1	30.5
	选手服务	21.3	9.2	21.0	16.3	31.1	22.5	10.8	6.8	17.9
	赛事氛围	6.8	19.3	12.4	5.0	10.2	25.8	18.9	22.7	6.5
	赛道设计	7.9	10.2	11.2	4.7	6.0	6.5	20.6	×	8.3
	比赛天气	6.7	5.8	75.2	18.9	×	4.2	5.4	5.7	×
	参赛者形象	19.1	14.0	10.6	30.7	19.5	11.7	15.3	13.8	17.3
	赛事绿色	×	×	×	×	5.6	2.0	×	×	×
	赛事安全	×	5.5	×	1.6	×	×	4.5	5.2	1.1
城市属性	人文形象	13.0	15.9	10.8	9.3	×	8.4	6.9	16.8	10.8
	自然景观	6.6	5.4	4.8	6.7	4.8	2.4	3.2	7.9	4.0
	城市公共服务	×	3.5	6.1	×	4.4	3.6	3.6	7.1	3.6

（1）类属层级比较分析

2013~2021年，西马感知形象结构包含了赛事属性形象和城市属性形象两个类属。这表明在参赛者心目中，其对城市马拉松赛事的感知主要集中在比赛事件和举办城市两方面。赛事属性形象和城市属性形象是每位马拉松参赛者最容易感受到的因素，因此在形象感知方面，参赛者的评论均围绕赛事本身和城市形象展开。

2013~2021年，西马的赛事属性形象的感知强度总体高于城市属性形象，说明马拉松跑者对于赛事的感知更为强烈，这主要是因为马拉松赛事中的赛事属性占据主导地位。

（2）类目层级比较分析

在类目层级比较分析中，竞赛组织、选手服务、人文形象、自然景观这4个类目具有较高的感知强度，表明了这4个类目是参赛者感知形象中的主要构成部分（见图1-6）。

2. 情感形象演进分析

通过对2013~2021年西马感知形象中的情感形象进行比较分析，研究

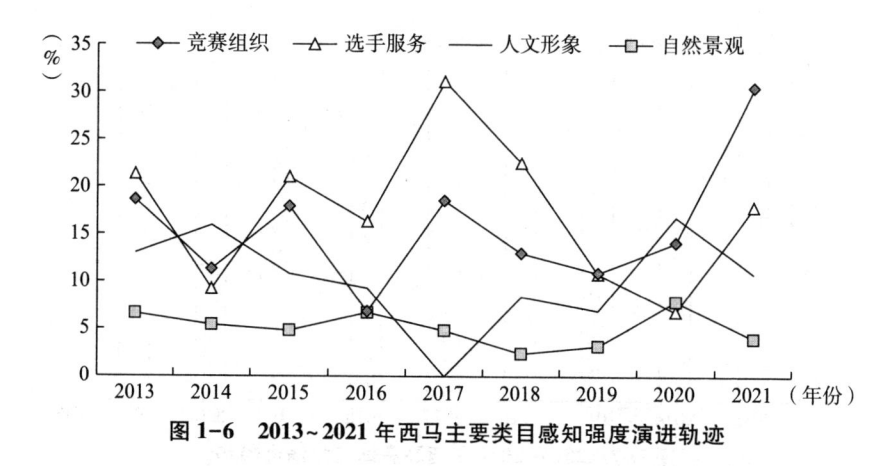

图 1-6　2013~2021 年西马主要类目感知强度演进轨迹

表明：2013~2021 年，西马参赛者感知中的情感形象构成较为稳定，主要表现为基于马拉松精神而产生的一系列情感特征，如对于马拉松过程的"艰难"和对于自我成就的"开心"等，且随时间推移并无明显变化趋势（见表 1-9）。

表 1-9　2013~2021 年西马情感形象构成

年份	情感形象
2013	开心、艰难、坚持
2014	开心、艰难、激动、感动、兴奋
2015	开心、艰难、坚持、兴奋
2016	开心、艰难、激动、感谢、自豪、荣幸、遗憾
2017	开心、艰难、挑战、兴奋、感谢、满意
2018	开心、艰难、坚持、满意、感谢、激动
2019	开心、艰难、激动、感谢、荣幸、挑战自我
2020	开心、坚持、激动、自豪、挑战自我
2021	开心、艰难、挑战、感动、兴奋、疲劳

3. 总体形象演进分析

对 2013~2021 年西马感知形象中的总体形象进行研究，具体过程为，对 2013~2021 年西马的网络文本数据中包含的情感性质文本数据进行手动编码归类分析。研究表明：西马的总体形象在 9 年间呈现正面感知形象占比总体上升的趋势，占比从 2013 年的 55% 增长至 2021 年的 85%（见图 1-7）。

图 1-7　2013~2021 年西马总体形象演进趋势

三　基于网络文本分析的马拉松赛事感知形象研究

(一) 2013~2018 年北京马拉松感知形象演进分析

1. 感知形象演进分析

通过对 2013~2018 年北马的感知形象进行比较分析，研究表明：2013~2018 年，北马感知形象结构包括赛事属性形象和城市属性形象两个类属，构成类目相对稳定，而不同类目的感知强度出现波动性变化，竞赛组织、比赛天气、人文形象、选手服务及赛事氛围差异较大（见表 1-10）。

表 1-10　2013~2018 年北马感知形象结构

单位：%

形象类属	构成类目	2013 年	2014 年	2015 年	2016 年	2017 年	2018 年
赛事属性	竞赛组织	7.1	14.5	35.5	27.7	16.9	14.0
	选手服务	21.3	17.7	33.9	19.9	17.8	21.4
	赛事氛围	14.3	2.3	5.0	13.4	13.9	17.5
	赛道设计	12.5	3.6	11.1	18.0	8.6	13.6
	比赛天气	3.4	45.1	2.7	8.1	26.1	18.7
	参赛者形象	14.6	3.5	×	1.9	3.7	1.8
	赛事绿色友好	3.4	1.2	2.7	×	×	×
	赛事安全	1.7	7.1	4.6	3.0	×	2.4

续表

形象类属	构成类目	感知强度					
		2013年	2014年	2015年	2016年	2017年	2018年
城市属性	人文形象	20.0	4.3	2.6	6.3	10.0	10.2
	自然景观	1.7	×	×	×	×	×
	城市公共服务	×	×	1.3	1.2	2.5	×

2013~2018年，北马感知形象结构包含了赛事属性形象和城市属性形象两个类属。这表明在参赛者心目中，对于马拉松赛事的感知主要集中在赛事和城市两方面。究其缘由，马拉松赛事的举办依托于城市，而赛事本身又是城市重要的宣传平台，两者之间紧密相连，跑者在参赛过程中自然会对这两类形象产生强烈的感知。同样，赛事和城市的属性对马拉松跑者的参赛意愿起着至关重要的作用，不同优劣程度的赛事属性和城市属性给参赛者带来的吸引力必然不同。

北马2013~2018年的赛事属性形象的感知强度总体高于城市属性形象，这说明马拉松跑者对于赛事的感知更为强烈，这是马拉松赛事中的赛事属性占主导地位所致。

2. 情感形象演进分析

通过对2013~2018年北马感知形象中的情感形象进行比较分析，研究表明：2013~2018年，北马参赛者感知中的情感形象构成较为稳定，主要表现为基于马拉松精神而产生的情感特征。除此以外，随着时间的推移，跑者对于北马产生了一种"朝圣"的情感，如"荣幸""自豪"等（见表1-11）。

表1-11　2013~2018年北马情感形象构成

年份	情感形象
2013	开心、艰难、激动、疲劳、挑战、感动、兴奋
2014	开心、艰难、激动、遗憾、坚持、满足、感动
2015	开心、艰难、兴奋、遗憾、挑战、满足、朝圣、自豪
2016	开心、艰难、激动、满足、感谢、荣幸、挑战
2017	开心、艰难、激动、震撼、感谢、荣幸、自豪、挑战
2018	开心、艰难、激动、遗憾、自豪、荣幸、感谢、兴奋

3. 总体形象演进分析

对2013~2018年北马感知形象中的总体形象进行研究，具体过程为，采用ROST CM 6.0的情感分析功能对北马2013~2018年的网络文本数据进行分析，并对结果进行人工校准。研究表明：北马的总体形象在6年间呈现从劣到优的转变过程，正面感知形象占比从2013年的51%增长至2018年的88%（见图1-8）。

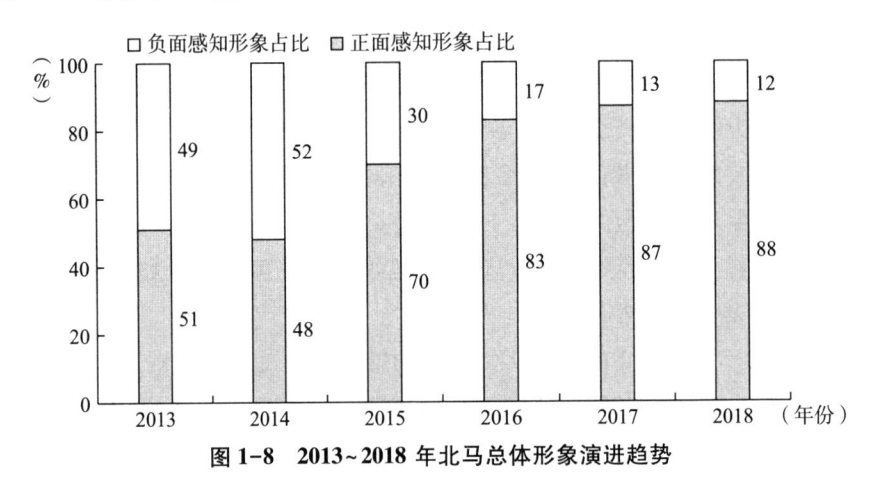

图1-8　2013~2018年北马总体形象演进趋势

总体形象在重要构成类目中的表现如表1-12所示。

在竞赛组织类目，参赛者对北马的感知主要为赛事的整体组织很好，但在起跑组织和存放包等方面则多次被参赛者描述为负面形象。

在选手服务类目，补给保障在参赛者的感知中均呈现正面形象，而卫生间设置则以负面形象为主，不过其感知强度在逐年减弱。

在赛事氛围类目，现场氛围（万人齐唱国歌）在参赛者的感知中呈现强烈的正面形象，观众形象则偶尔呈现"不够热情"的负面形象。

在赛道设计类目，赛道品质在参赛者的感知中呈现正面形象，而参赛者对赛道风景和路线规划方面谈及较少。

在比赛天气类目，参赛者对比赛天气的感知仅在出现恶劣天气时感知强度较高，呈现为负面形象。

表1-12　北马感知形象重要构成类目的总体形象

形象类属	构成类目	主要正面形象	主要负面形象
赛事属性	竞赛组织	整体组织	起跑组织、存放包

续表

形象类属	构成类目	主要正面形象	主要负面形象
赛事属性	选手服务	补给保障	卫生间设置
	赛事氛围	现场氛围	观众形象
	赛道设计	赛道品质	×
	比赛天气	×	雾霾、炎热

（二）2013~2018年扬马感知形象演进分析

1. 感知形象演进分析

对2013~2018年扬马的感知形象进行比较分析，研究表明：2013~2018年，扬马感知形象的构成类目变化较小，在感知强度方面有一定变化，总体呈现较为稳定的感知形象结构。具体表现如表1-13所示。

表1-13 2013~2018年扬马感知形象结构

单位：%

形象类属	构成类目	感知强度					
		2013年	2014年	2015年	2016年	2017年	2018年
赛事属性	竞赛组织	15.1	24.4	30.9	17.4	14.1	14.2
	选手服务	15.1	20.9	24.8	22.8	20.9	20.2
	赛事氛围	5.0	11.2	14.3	22.3	21.3	13.2
	赛道设计	20.0	14.0	17.6	20.5	23.7	13.4
	比赛天气	×	3.9	3.7	1.7	9.2	23.4
	参赛者形象	5.0	1.5	×	×	×	×
	赛事绿色友好	×	1.5	1.3	×	×	×
	赛事安全	×	2.4	×	×	×	×
城市属性	人文形象	14.9	10.1	1.2	3.7	3.2	4.7
	自然景观	14.9	4.7	2.3	1.2	2.7	4.7
	城市公共服务	10.1	5.3	3.5	9.9	4.5	5.8

（1）类属层级比较分析

在类属层级，扬马感知形象在2013~2018年包含了赛事属性形象和城市属性形象两个类属，且赛事属性形象感知强度总体高于城市属性形象。

（2）类目层级比较分析

在构成类目层级，扬马的竞赛组织、选手服务、赛事氛围、赛道设计、人文形象、自然景观、城市公共服务等7个类目在2013~2018年均具有较高的感知强度，是参赛者认知结构中的主要构成部分。具体来看，赛事属性形象的4个类目——竞赛组织（0.194±0.069）、选手服务（0.208±0.033）、赛事氛围（0.146±0.065）、赛道设计（0.182±0.040）均具有较高的感知强度，其中竞赛组织的波动最大。城市属性形象的3个类目——人文形象（0.063±0.052）、自然景观（0.051±0.050）、城市公共服务（0.065±0.028）的感知强度相当，且均较为稳定。对波动较大的竞赛组织类目进行分析，研究发现：2014~2015年竞赛组织的感知强度最高，而在这两年均出现了赛事组织混乱的情况，且在马拉松赛道上出现了"轮滑党"。由此可知，感知强度的突增主要是由于出现了较为严重的负面形象（见表1-14、图1-9）。

表1-14　2013~2018年扬马主要构成类目的感知强度数据

类目	均值	标准差
竞赛组织	0.194	0.069
选手服务	0.208	0.033
赛事氛围	0.146	0.065
赛道设计	0.182	0.040
人文形象	0.063	0.052
自然景观	0.051	0.050
城市公共服务	0.065	0.028

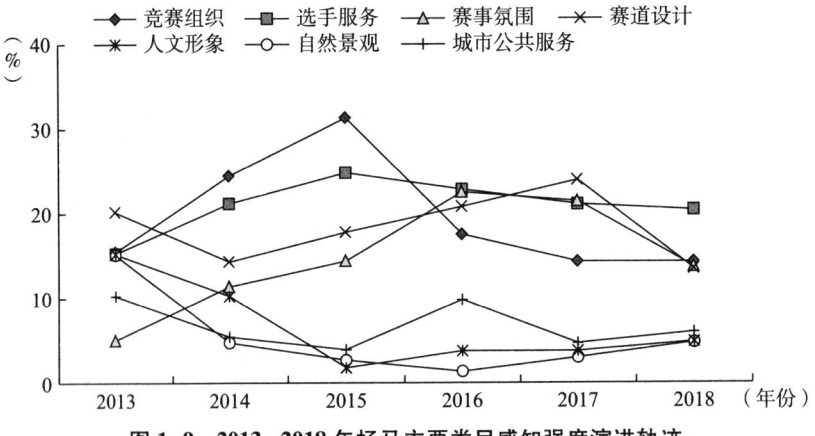

图1-9　2013~2018年扬马主要类目感知强度演进轨迹

(3) 构成类目具体要素分析

从具体要素的词频分析来看，赛道设计类目中的"赛道设计""风景"，选手服务类目中的"补给"，赛事氛围类目中的"热情"，竞赛组织类目中的"存取包"，同时自然景观类目中的"瘦西湖"、人文形象中的"富春茶社"等要素的出现频次较高（见表1-15）。

表1-15　2013~2018年扬马高频词占比TOP10

单位：%

词频占比顺序	2013年	2014年	2015年	2016年	2017年	2018年
1	双金赛事(14.7)	赛道设计(22.2)	跑友(13.9)	热情(14.5)	赛道设计(17.7)	补给(15.9)
2	跑友(14.6)	组织(13.5)	组织(13.5)	赛道设计(12)	热情(14.3)	赛道设计(14.3)
3	存衣(12.2)	跑友(12.7)	赛道设计(12.6)	组织(11.7)	补给(14.1)	双金赛事(13.7)
4	幸福(9.8)	风景(10.3)	补给(11.5)	跑友(11.5)	兔子(12.9)	热情(11.1)
5	很美(9.8)	热情(9.5)	志愿者(10.9)	金标(9.8)	组织(9.3)	瘦西湖(9.3)
6	富春茶社(9.8)	补给(7.9)	存取包(10.1)	补给(8.7)	志愿者(7.4)	组织(8.8)
7	瘦西湖(7.3)	加油(6.3)	热情(7.7)	风景(8.7)	观众(7.2)	风景(7.7)
8	风景(7.3)	瘦西湖(6.3)	加油(7.6)	观众(8.1)	加油(6.4)	加油(6.6)
9	兴奋(7.3)	美食(5.6)	双金赛事(7.6)	志愿者(7.5)	跑友(6)	志愿者(6.6)
10	快乐(7.3)	梦想(5.6)	风景(5.2)	瘦西湖(7.5)	瘦西湖(4.6)	跑友(6)

2. 情感形象演进分析

通过对2013~2018年扬马感知形象中的情感形象进行比较分析，结果表明：2013~2018年，扬马参赛者感知中的情感形象构成较为稳定，主要表现为基于马拉松精神而产生的情感，如对过程的"艰难"和对自我成就的"开心"等，且随时间推移并无明显变化趋势（见表1-16）。

表 1-16　2013~2018 年扬马情感形象构成

年份	情感形象
2013	开心、艰难、坚持、兴奋
2014	开心、艰难、坚持
2015	开心、艰难、激动、感动、兴奋
2016	开心、幸运、激动、自豪、满意
2017	开心、艰难、满意、感谢、激动、感动、兴奋、坚持
2018	开心、艰难、遗憾、满意、兴奋、感谢、挑战

3. 总体形象演进分析

通过 ROST CM 6.0 的情感分析功能对 2013~2018 年扬马感知形象中的总体形象进行分析,并对结果进行人工校准。研究表明:2013~2018年,扬马总体形象呈现正面感知形象占比总体上升的趋势,其从 2013 年的 55%增长至 2018 年的 80%,反之,负面感知形象占比则总体呈下降趋势(见图 1-10)。扬马实现了从"伪双金赛事"到"配得上双金赛事"的感知形象演进过程。

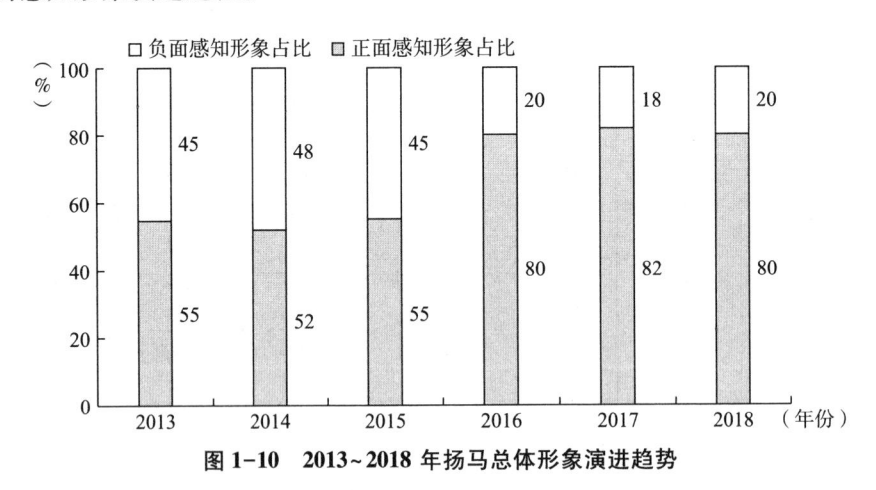

图 1-10　2013~2018 年扬马总体形象演进趋势

总体形象在主要构成类目中的具体表现如下。

在赛事氛围类目,2013~2018 年均呈现为正面感知形象,扬马的"热情"已成为其标志性形象之一。赛道设计、自然景观、人文形象等类目多次受到参赛者的广泛好评,"优美的赛道风景"和"独特的城市人文"已然成为扬马的标志性正面形象。

在竞赛组织类目，参赛者对其的总体形象在 2013~2018 年呈现了从负面到正面的转变。

在城市公共服务类目，扬马总体形象的呈现则以负面感知形象为主，这表明扬马的城市公共服务能力尚有一定的提升空间。

（三）北马与扬马感知形象的比较分析

1. 形象类属比较分析

北马和扬马感知形象的共性在于，均包括城市属性形象和赛事属性形象方面内容，且在 2013~2018 年赛事属性形象占据主导地位，具有相对较高的感知强度。两者的差异在于，综合 6 年来看，北马在赛事属性形象方面的感知强度更高，且感知强度 6 年来变化不大；而扬马在城市属性形象方面的感知强度则更高，且感知强度 6 年来具有一定的变化（见表 1-17）。

表 1-17　2013~2018 年北马和扬马感知形象感知强度

赛事名称	赛事属性形象（M±S）	城市属性形象（M±S）
北马	85%±4%	15%±4%
扬马	81%±11%	19%±11%

2. 构成类目比较分析

北马和扬马的共性之处在于，2013~2018 年，二者感知形象的构成类目中均包括了竞赛组织、选手服务、赛事氛围、赛道设计、比赛天气、参赛者形象、赛事绿色友好、赛事安全、人文形象、自然景观、城市公共服务 11 个类目。在竞赛组织和选手服务类目，二者的平均感知强度占比接近，且在所有类目中属于感知强度相对较高的类目。赛事绿色友好和赛事安全等类目的平均感知强度则相对较低。

北马和扬马的差异之处在于，在赛事氛围、赛道设计等类目，扬马的平均感知强度高于北马；在比赛天气类目，北马的平均感知强度则高于扬马；在城市公共服务、自然景观类目，扬马的平均感知强度高于北马（见图 1-11）。

3. 具体要素比较分析

二者的共性在于，补给保障、城市地标及起跑组织等要素均具有较高的平均感知强度。

二者的特性包含以下方面。

单位：% —— 北马 ---- 扬马

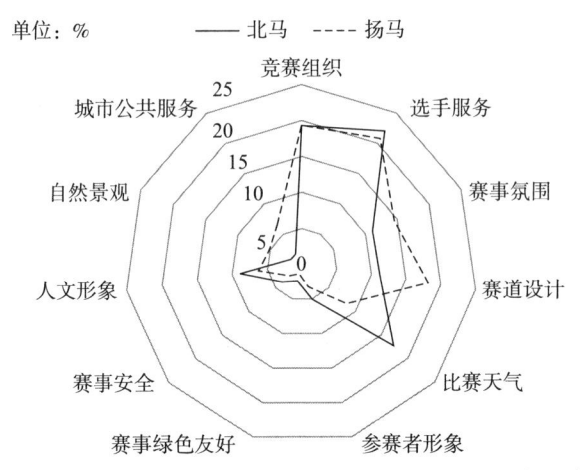

图 1-11　北马和扬马感知形象构成类目的平均感知强度雷达图

标志性形象不同。北马的标志性形象为"国马"，体现为：天安门起跑，三万人齐唱国歌，顶尖的赛事专业水准。而扬马的标志性形象为"烟花三月跑扬马"，体现为：风景优美，观众热情。

城市地标不同。北马的城市地标主要体现为天安门、奥森等，而扬马的城市地标主要体现为瘦西湖、大明寺、东关街、富春茶社等。

城市公共服务不同。在公共交通、酒店住宿等要素方面，扬马的平均感知强度均高于北马，但多为负面形象所引起。

4. 情感形象比较分析

二者的共性在于，均以马拉松精神的情感形象为主，如坚持、挑战、艰难、开心等。

二者的差异表现为，北马中出现的"荣幸""朝拜"等情感形象在扬马中较少出现，这表明参赛者对于北马的情感高度实际上是要超过扬马的，北马近年来被参赛者称为"国马"，也正体现了其在参赛者心中的神圣地位。

5. 总体形象比较分析

从总体形象的演进趋势来看，二者均经历了参赛者正面感知形象占比总体上升的演进趋势，而整体上北马的正面感知形象占比略高于扬马（见图 1-12）。

在正面感知形象方面，北马更多体现在选手服务、竞赛组织、人文形象等类目，而扬马则体现在赛道设计、赛事氛围、自然景观等类目。

在负面感知形象方面，北马主要体现在比赛天气类目，而扬马则体现在城市公共服务类目（主要包括公共交通不便和酒店价格不合理两方面）。

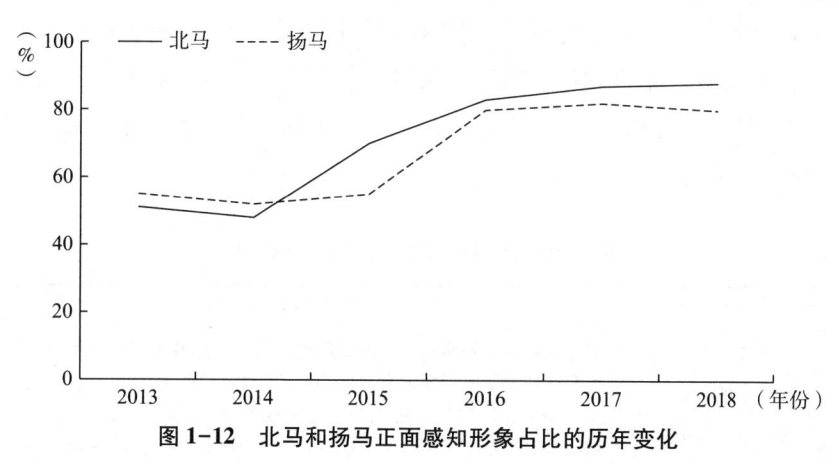

图 1-12 北马和扬马正面感知形象占比的历年变化

（四）基于网络文本分析的成马和重马感知形象研究

1. 研究设计

（1）赛事选取

本部分研究选取办赛时间集中、办赛地点相近的成都双遗马拉松和重庆马拉松，这样选取的意义在于：在马拉松赛事本身具备的马拉松文化同质化和比赛形式同质化的基础上，加入时间和地缘两大维度，使得这两大赛事存在着更为明显的同质化背景，这对于寻找马拉松赛事的差异化发展途径更具有研究意义。

（2）数据来源

网络平台具有匿名性、便捷性等特点，所以马拉松跑者更倾向于将真实参赛感受发表在网络上。本部分选取"跑吧网"和"爱燃烧"两大马拉松交流平台以获取赛事点评和赛事日记数据，研究采用 Web Spider 软件进行数据抓取，共得到 882 条赛事点评和 62 篇赛事日记，年限为 2017~2019 年（见表 1-18）。

表 1-18 数据来源

赛事名称	数据量
重马	39 篇赛事日记 458 条赛事点评
成马	23 篇赛事日记 424 条赛事点评

(3) 数据处理与分析方法

本部分采用 ROST CM 6.0 软件通过"数据清洗—设立分词规则—分词和词频分析—词频筛查与合并"的过程对所得数据进行词频分析（见表 1-19），并构建社会语义网络，进行相关研究。需要注意的是，在进行分词和词频统计时，出现频率小于 3% 的分词可视为个体差异所致，不具备普遍意义，应当予以忽略。[①]

表 1-19 ROST CM 6.0 数据处理过程

步骤	具体方法
数据清洗	对原始数据中与研究无关的信息进行清洗，如赛事日记中对其他马拉松赛事的回忆、对朋友和恋人的感情、对某品牌跑鞋的宣传内容等信息；设立分词规则，避免专有名词被拆分，保证分词准确，如"双遗""火锅马""熊猫马"等词语；执行操作步骤剔除与研究主题无关内容时，对同义词语进行适当合并
设立分词规则	
分词和词频分析	
词频筛查与合并	

2. 结果与分析

(1) 成马感知形象分析

通过 ROST CM 6.0 的汉语词频统计功能对成马数据文本进行词频统计并绘制词云图且字体大小代表词频高低，研究发现，参赛者对成马的感知形象整体上包括：赛事属性形象，如赛道、双遗、组织、观众、补给、志愿者、熊猫奖牌、秩序、摆渡车、成绩、医疗、厕所等；城市属性形象，如都江堰、青城山、风景、油菜花、熊猫、美食、景区、古迹等（见图 1-13）。在整体的感知形象中，赛道的词频最高，表明赛道是参赛者感知最为深刻的形象，究其缘由：赛道是联结参赛者、赛事、城市三者最为坚实的纽带，同时起着承担跑步功能和宣传城市功能的重要作用。

为深入探讨不同感知形象的感知强度和类别属性，研究构建了成马感知形象高频词 TOP40，结果表明：以赛事属性为核心的占 26 个，主要包括赛道、赛事组织（如安排、起跑、组委会、人员、存包、摆渡车等）、赛事服务（如补给、医疗、志愿者等）、赛事氛围（如观众、跑者等）方面内容。同时，以城市属性为核心的感知形象主要为城市历史文化（如双遗等）、

---

① 吕兴洋、刘丽娟、林爽：《在线信息搜索对旅游者感知形象及决策的影响研究》，《人文地理》2015 年第 5 期。

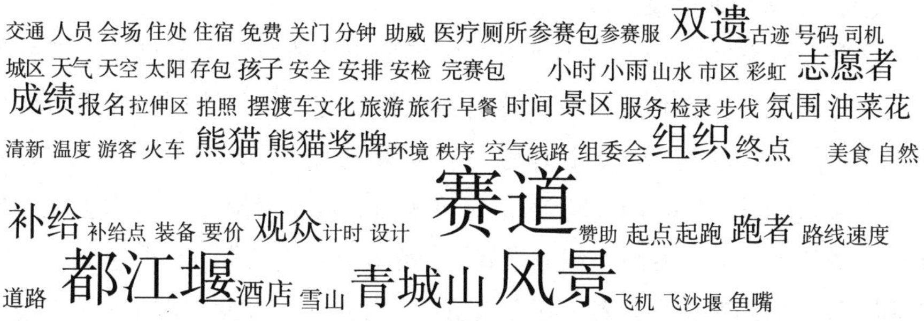

第一章 国内马拉松赛事与城市文化融合状况测度及分析

交通 人员 会场 住处 住宿 免费 关门 分钟 助威 医疗厕所参赛包参赛服 双遗 古迹 号码 司机
城区 天气 天空 太阳 存包 孩子 安全 安排 安检 完赛包　小时 小雨 山水 市区 彩虹　志愿者
成绩 报名 拉伸区 拍照 摆渡车 文化 旅游 旅行 早餐 时间 景区 服务 检录 步伐 氛围 油菜花
清新 温度 游客 火车 熊猫 熊猫奖牌 环境 秩序 空气 线路 组委会 组织 终点　美食 自然
补给 补给点 装备 要价 观众 计时 设计　赛道　赞助 起点 起跑 跑者 路线 速度
道路 都江堰 酒店 雪山 青城山 风景　飞机 飞沙堰 鱼嘴

图1-13　2017~2019年成马感知形象词云图

城市自然景观（如都江堰、青城山、风景、景区、熊猫等）方面内容（见表1-20）。

表1-20　2017~2019年成马感知形象高频词TOP40

单位：次

高频词	词频	高频词	词频
赛道	160	小时	20
风景	116	氛围	20
都江堰	114	小雨	19
青城山	75	报名	19
双遗	63	起点	17
组织	61	组委会	17
补给	55	空气	17
成绩	47	厕所	17
观众	45	雪山	16
志愿者	43	参赛包	15
熊猫	43	摆渡车	14
跑者	39	路线	13
酒店	34	医疗	12
熊猫奖牌	34	安排	11
景区	32	人员	11
油菜花	29	天气	10
终点	27	拍照	10
时间	22	鱼嘴	9
起跑	21	存包	9
服务	21	速度	9

087

(2) 成马情感形象分析

本部分研究使用 ROST CM 6.0 的情感分析功能对文本信息（一般性处理后）进行分析，逐句逐条对情感类别进行判定，结果表明：参赛者对于成马的感知形象包括三种情感——积极情绪（52.33%）、中性情绪（29.87%）、消极情绪（17.80%）。总体来看，参赛者对于成马的感知形象是积极的，如认为"赛事组织非常好""赛道风景优美""存取包服务非常合理"等，但同时也存在着一些消极情绪，如认为"最后接驳混乱""挤车都快打架了""赛事组织太差了"等（见表1-21）。即使是同类形象，如赛事组织，不同参赛者也会有着不同的情感感知。这是由于赛事组织尚未面面俱到，所以仍然会存在着有待完善的地方。

表1-21 2017~2019年成马情感形象统计

情感统计结果	示例
积极情绪：1079条　52.33%	赛事组织非常好 赛道风景优美 存取包服务非常合理
中性情绪：616条　29.87%	8:30发令，起跑，小雨渐止，撇开雨衣，以7分配速压着心率，慢慢摇荡，松松鞋带，继续前行 吃吃喝喝，补充能量，开启下山模式
消极情绪：367条　17.80%	最后接驳混乱 挤车都快打架了 排队都没有安排 赛事组织太差了 极不负责任

为进一步分析不同情感形象中存在的共性问题，研究将采用以下方法：从词频中筛选并绘制出高频情感形象词云图，并采用Word的查找功能定位到原文之中，对其进行内容分析。结果表明：在参赛者的情感形象中，积极情感形象出现频次远超消极情感形象，积极情感形象中出现频次较多的依次为"热情""很好""完美""最美""值得""优美"等。同时消极情感形象也存在着高频词，如"拥挤""不足""太差""混乱"等（见图1-14）。

在积极情感形象中，关于"热情"，参赛者主要谈及了观众、志愿者、市民三类人群的表现。关于"很好""完美""优美"，参赛者主要谈及了组织、风景、空气、赛道、赛事整体等方面，其中赛道和风景最受参赛者喜爱。赛道最为参赛者喜爱的是其风景属性，而风景既包括赛道风景，亦包括城市中的非赛道景点风景。总体而言，在参赛者的感知中，"赛道风景"这一同时包含赛事属性和城市属性的感知形象具有较积极的体现。

在消极情感形象中，关于"拥挤"，参赛者主要谈及了部分赛道的拥挤情况，如起点处和一些景区路段过于拥挤，这是参赛者产生消极情绪表现的最主要原因。这需要赛事组委会从路线设计和参赛人数控制上着手，去寻找综合效益最大的平衡点。关于"不足""太差""混乱"，参赛者主要谈及了赛事组织和服务差，包括赛后的引导疏散太差、赛事补给不足、赛场秩序混乱等方面内容。值得注意的是，参赛者对于赛事期间成都酒店出现的"坐地起价"等情况谈及了较多的次数，这同样是赛事消极形象的重要表现。

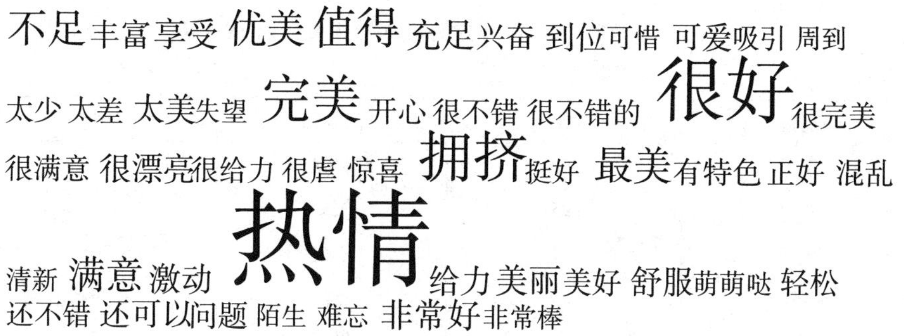

不足 丰富 享受 优美 值得 充足 兴奋 到位 可惜 可爱 吸引 周到
太少 太差 太美 失望 完美 开心 很不错 很不错的 很好 很完美
很满意 很漂亮 很给力 很虐 惊喜 拥挤 挺好 最美 有特色 正好 混乱
热情
清新 满意 激动 给力 美丽 美好 舒服 萌萌哒 轻松
还不错 还可以 问题 陌生 难忘 非常好 非常棒

图1-14　2017~2019年成马情感形象词云图

（3）重马感知形象分析

通过对重马参赛者的赛事点评和赛事日记进行分析，提取重马感知形象并绘制词云图，研究表明：参赛者对重马的感知形象从整体上亦包含两个方面的内容：赛事属性形象和城市属性形象。在整体的感知形象中，"赛道"的词频最高，这一结果与成马赛事相同。二者共同体现了赛道设计的关键作用——办赛城市与马拉松赛事的耦合共生重要途径之一（见图1-15）。

重马感知形象中出现频次较高的词语依次为："赛道"、"火锅"、"配速"、"PB"（Personal Best，个人最好成绩）、"补给"、"成绩"等。这表明在参赛者的感知中，重庆的火锅令其印象深刻，在赛事点评和日记中，重马更是多次被戏称为"火锅马"（见表1-22）。此外，"配速"和"PB"两词的频次也处于前列，参赛者多次提及在重马跑出了"PB"，究其缘由，重马赛道的平坦和路线设计发挥了重要的作用（如折返路线，赛道避免过多的弯道和上坡等）。

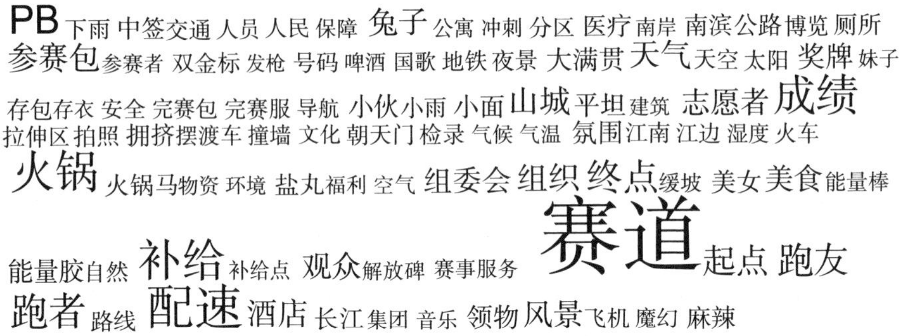

PB 下雨 中签 交通 人员 人民 保障 兔子 公寓 冲刺 分区 医疗 南岸 南滨公路 博览 厕所 参赛包 参赛者 双金标 发枪 号码 啤酒 国歌 地铁 夜景 大满贯 天气 天空 太阳 奖牌 妹子 存包存衣 安全 完赛包 完赛服 导航 小伙 小雨 小面 山城 平坦 建筑 志愿者 成绩 拉伸区 拍照 拥挤 摆渡车 撞墙 文化 朝天门 检录 气候 气温 氛围 江南 江边 湿度 火车 火锅 火锅马 物资 环境 盐丸 福利 空气 组委会 组织 终点 缓坡 美女 美食 能量棒 能量胶 自然 补给 补给点 观众 解放碑 赛事服务 赛道 起点 跑友 跑者 路线 配速 酒店 长江 集团 音乐 领物 风景 飞机 魔幻 麻辣

图 1-15　2017~2019 年重马感知形象词云图

表 1-22　2017~2019 年重马感知形象高频词 TOP40

单位：次

高频词	词频	高频词	词频
赛道	209	奖牌	29
火锅	95	领物	27
配速	91	小伙	26
PB	89	长江	26
补给	86	平坦	25
成绩	82	美女	24
跑者	74	大满贯	24
终点	61	风景	23
跑友	59	能量胶	23
起点	50	氛围	23
组织	49	拥挤	22
酒店	49	小面	22
兔子	49	存包	22
天气	46	盐丸	20
山城	46	中签	19
参赛包	45	麻辣	19
志愿者	38	医疗	19
美食	33	火锅马	18

续表

高频词	词频	高频词	词频
组委会	33	南滨公路	17
观众	32	双金标	15

(4) 重庆国际马拉松情感形象分析

通过 ROST CM 6.0 的情感分析功能对文本信息（一般性处理后）进行分析，逐句逐条对情感类别进行判定，结果表明：参赛者对于重马的感知形象包括三种情感——积极情绪（58.04%）、中性情绪（28.57%）、消极情绪（13.39%）。总体来看，参赛者对于重马的整体形象感知良好，如"火锅完美，火锅马一样完美""赛道没话说，江边风景好，又比较平坦，适合 PB 的赛道"等。但也存在着一些消极的情感形象，如"不足之处在于赛道较窄，如果分区靠后，起跑阶段想加速比较困难""组织有待改善，只能用混乱来说吧"等（见表 1-23）。参赛者认为赛道拥挤的情况同样出现在重马，这与重庆和成都的地理特征密切相关，二者多为山城，路段狭窄，所能容纳人数较为有限，所以在赛道设计和参赛人数控制上二者均需要完善以获得最佳综合效益。

表 1-23　2017~2019 年重马情感形象统计

情感统计结果	示例
积极情绪：715 条　58.04%	环境优美，组织很棒 火锅完美，火锅马一样完美 赛道没话说，江边风景好，又比较平坦，适合 PB 的赛道
中性情绪：352 条　28.57%	路途遥远，再跑三十公里，觉得跑不动了 我来是想问大家赛道坡多不多 作为配速 5 分钟/公里的私兔，一直小碎步，稳步向前，迈过终点一刹那却抽筋了
消极情绪：165 条　13.39%	不足之处在于赛道较窄，如果分区靠后，起跑阶段想加速比较困难 组织有待改善，只能用混乱来说吧

进一步探讨不同情感形象感知中存在的共性问题，结果表明：在参赛者的情感形象中，积极情感形象占比远超消极情感形象。出现频次较多的积极情感形象依次为"很好""感谢""热情""平坦""享受""特色""完美""值得"等。同时，消极情感形象也存在着一些，如"拥挤""不

足""不够""影响""单调"等（见图1-16）。

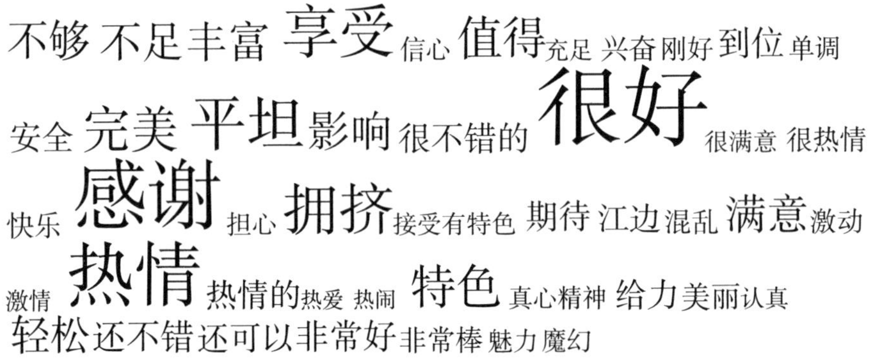

不够 不足 丰富 享受 信心 值得 充足 兴奋 刚好 到位 单调
安全 完美 平坦 影响 很不错的 **很好** 很满意 很热情
快乐 **感谢** 担心 拥挤 接受 有特色 期待 江边 混乱 满意 激动
激情 **热情** 热情的 热爱 热闹 特色 真心 精神 给力 美丽 认真
轻松 还不错 还可以 非常好 非常棒 魅力 魔幻

图1-16　2017~2019年重马情感形象词云图

在积极情感形象中，参赛者多次提到赛道"平坦"、组织"很好"、风景"很好"、火锅"很好"，同时对于重庆市民、观众和志愿者的感知也多为"热情"，这一点与成马相同。参赛者多次提到"感谢"重马，并且"享受"赛事带来的体验，认为美景、美食、奖牌、参赛包等富有"特色"，表明了其对重马的高度肯定。

在消极情感形象中，参赛者认为重马最大的槽点在于"拥挤"，主要指赛道前5公里存在的拥挤现象，部分参赛者认为这是由于重马的分区方法不合理。另外，一些参赛者认为赛事的补给种类"不足"，缺少能量棒、能量胶、盐丸等。厕所的不足也广为参赛者所诟病，这同时也是众多马拉松赛事所存在的不足之处，如北马的"尿红墙"事件便是由于厕所的供应不足。值得注意的是，参赛者对于赛道氛围的满意度并不高，认为赛事存在着后半程观众过少、赛场冷清的现象，并且对于赛道的折返设计，一些参赛者认为略显"单调"。究其缘由，重庆属山城地貌，赛事在路线设计时可能会出现无法兼顾赛道专业度和丰富性的情况。

（5）总体形象的比较分析

本部分通过ROST CM 6.0对成马和重马的赛事点评和日记文本进行语义网络构建，以揭示其总体形象的结构特征，并结合以上分析结果对两大赛事进行总体感知形象的比较分析。

在核心感知形象层面，成马的核心形象为赛道、风景、都江堰、青城山、双遗等形象，而重马的核心形象为赛道、火锅、公里、补给、成绩等形象，两者既有其共性所在，又有其特性所在，比如"赛道"均为参赛者感知最为深刻的形象，"热情"也为两者的高频情感形象。同时，成马参赛者感知更为深刻的是成都的风景名胜，而重马参赛者感知更为深刻的却是重庆的火锅等特色美食和重马的赛事组织、补给等形象。

在次级感知形象层面，参赛者对成马的更多的感知形象体现在赛事的组织、补给、服务等方面，而重马的感知形象则是体现为"山城""风景"等。值得注意的是，成都的城市标志"熊猫"在这一层级才出现，而重庆的城市标志"火锅"则出现在核心层级，这在一定程度上体现出重马在赛事定位上更为准确地传递出了城市的标志性形象（见图1-17、图1-18）。

更深层次的，为了对庞杂的文本信息进行归纳演绎，本部分依据扎根理论思路和方法，对感知形象进行三级编码分析，编码结果如表1-24所示。

在三级编码（核心式登录）层面，成马和重马的感知形象均分为两个类属——赛事属性形象和城市属性形象。

在二级编码（关联式登录）层面，成马和重马的赛事属性形象包括赛道设计、赛事组织、赛事补给、赛事氛围、赛事服务和安全保障等6个方面，城市属性形象包括城市自然景观、城市历史文化、城市人文特色等3个方面。

就赛事属性形象而言，成马和重马两大赛事均给参赛者留下了良好印象，同时也存在着不足之处。比如二者在赛道设计上表现较好，成马在赛道风景上表现突出，着重体现为"风景优美"，而重马在路线设计上表现突出，着重体现为"平坦""适合PB"；在赛事氛围上，参赛者均多次提到了"热情"一词；在赛事组织、补给和服务上，重马则更为参赛者所肯定，相较之下，成马则稍显不足，但总体印象仍为不错。以上是其给参赛者留下的良好感知形象表现，但也存在着一些不足之处，如参赛者对两大赛事的路段"拥挤"均多次提及，且在赛事组织和补给上，也均存在着较差的赛事形象表现。良好的赛事形象会给参赛者留下深刻且积极的感知形象，而较差的赛事形象则会给参赛者造成浅显且消极的感知形象。总体而言，在赛事属性形象层面，重马的"双金"形象体现得更为突出，在赛事专业度上较成马更为参赛者所肯定。

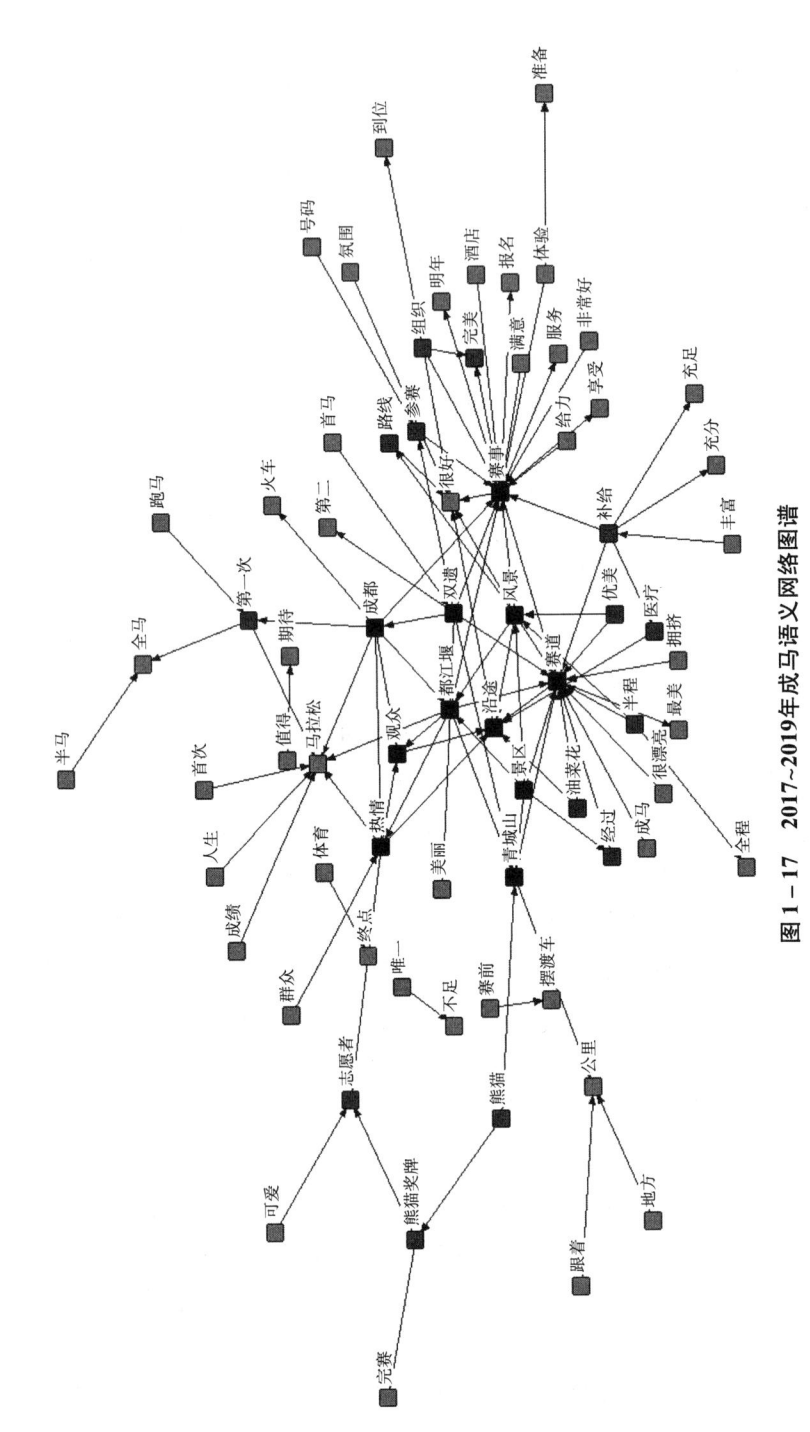

图 1-17 2017~2019年成马语义网络图谱

注：图标颜色深浅表示词频高低，颜色越深表示词频越高，箭头所连接的两词条具有较高的共现频率。

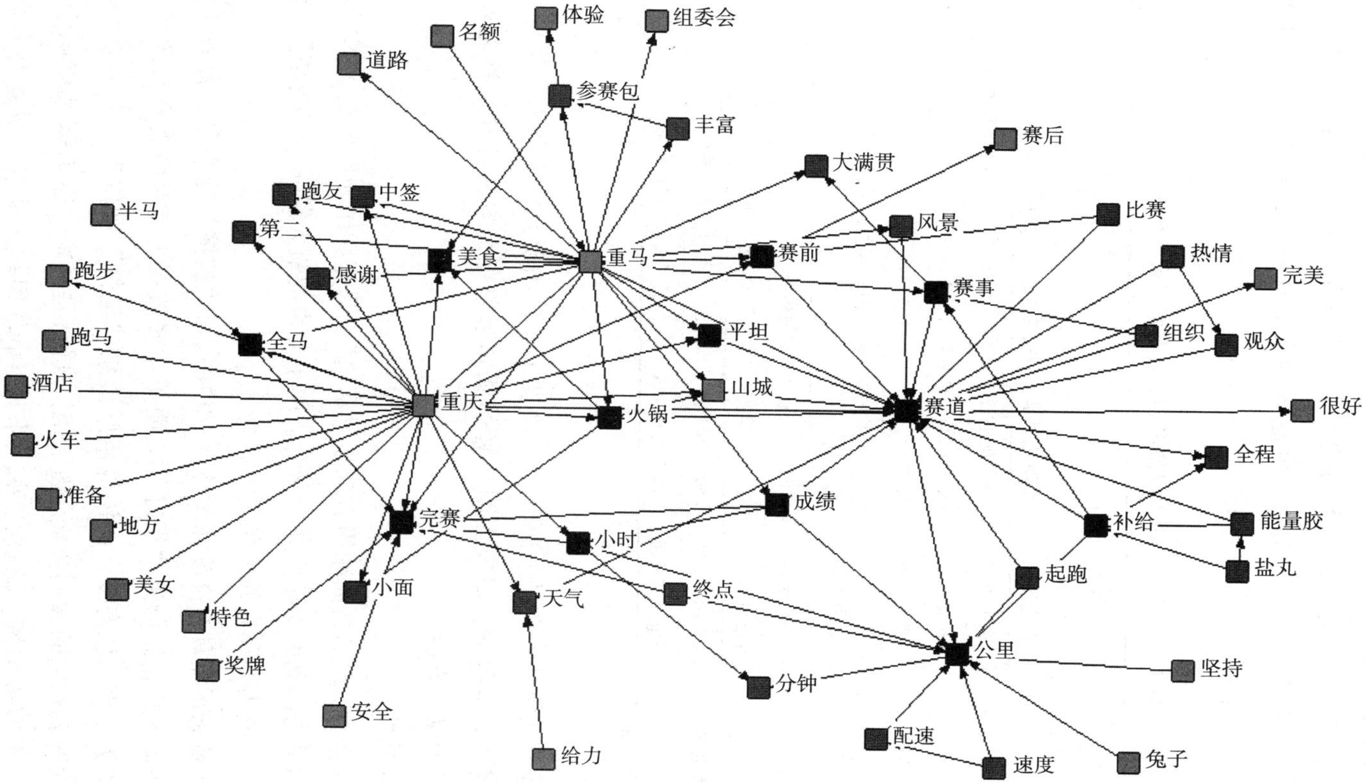

第一章　国内马拉松赛事与城市文化融合状况测度及分析

图 1-18　2017~2019年重马语义网络图谱

注：图标颜色深浅表示词频高低，颜色越深表示词频越高，箭头所连接的两词条具有较高的共现频率。

095

就城市属性形象而言,成马和重马两大赛事感知形象不尽相同。成马的"双遗"形象表现突出,而重马的人文特色形象(如"火锅"等美食)则更突出,两者之间形成了城市属性趋异的发展现状,这有利于两大赛事的错位发展,避免了同质化的激烈竞争。

表 1-24 2017~2019 年成马和重马感知形象三级编码

三级编码 (核心式登录)	二级编码 (关联式登录)	一级编码 (开发式登录)
赛事属性形象	赛道设计	如赛道风景、路线设计、赛道路面等
	赛事组织	如赛前准备、分区方法、赛场秩序、人流疏导等
	赛事补给	如补给站、补给物资、水站等
	赛事氛围	如观众、跑者、志愿者热情度等
	赛事服务	如志愿者服务、医疗保障服务、后勤服务、厕所、酒店服务等
	安全保障	如安保人员、交通疏散等
城市属性形象	城市自然景观	如"油菜花""熊猫""山水"等
	城市历史文化	如"都江堰""青城山"等历史文化地标
	城市人文特色	如"美女如云""火锅""美食""市民热情"等

3. 结论

本部分从成马和重马的感知形象维度出发,比较分析了两大赛事的感知形象网络文本数据,研究表明二者的感知形象存在着共性和特性之处,具体表现为以下方面。

(1) 共性

二者感知形象的最高频均表现为"赛道"。最高频感知形象是参赛者对赛事感知最为深刻的形象所在,研究表明了赛事的最大载体为"赛道",赛道设计应当成为办赛方的首要关注点。

二者情感形象具有高度相关性。"很好"和"拥挤"均为参赛者的高频感知形象。积极情感形象"很好"表明了大多数参赛者对两大赛事的整体感知形象为正面情感态度,而消极情感形象"拥挤"则体现了大多数参赛者对两大赛事产生的共同负面情感态度。这将是办赛方需审慎思考和重点解决的一个赛事问题。除此之外,对于赛事的组织、补给、服务等方面,两大赛事也在不同程度上存在着不足之处,这也是我国马拉松赛事所整体面临的重要研究问题所在。

二者总体感知形象均包括两大类属：赛事属性形象和城市属性形象。其中赛事属性形象具体分为，赛道设计、赛事组织、赛事补给、赛事氛围、赛事服务、安全保障；城市属性形象具体包括，城市自然景观、城市历史文化、城市人文特色。

（2）特性

二者核心感知形象类属不同。在表1-25核心感知形象TOP5中，重马的核心感知形象类属比例为赛事属性形象：城市属性形象=4：1，成马则为赛事属性形象：城市属性形象=1：4。这表明了参赛者对重马的感知更多为赛事属性形象，而对成马的感知则更多为城市属性形象。

二者赛事属性形象具有专业度差异。重马在赛事专业度上获得了参赛者更多的肯定与赞扬，成马则在赛道设计、赛事组织、赛事补给、赛事服务等方面不及重马。究其缘由，重马属国际田联和中国田径协会所共同认可的"双金标赛事"，在赛事专业度上经过了严格的审核和评判，而且在实际的参赛者感知形象中，参赛者多次提到的"PB"也验证了这一点。

二者城市属性形象呈现趋异化发展。参赛者对重马的城市属性形象的感知主要为"火锅"，这亦是其标志性的城市人文特色的重要体现。而成马的城市属性形象则集中体现为"风景"，即其标志性的城市历史文化和城市自然景观。这种趋异化的发展增加了两大赛事的"文化距离"，更有利于两者良好的竞争发展态势。

表1-25　2017~2019年重马和成马核心感知形象TOP 5

单位：次

核心感知形象（重马）	词频	核心感知形象（成马）	词频
赛道	209	赛道	160
火锅	95	风景	116
配速	91	都江堰	114
PB	89	青城山	75
补给	86	双遗	63

4. 讨论

通过对成马和重马两大赛事的感知形象进行研究分析，可以发现两大赛事虽在地缘和时间上具有高度集中性，并且均属马拉松赛事，拥有着相同的马拉松文化属性和比赛形式，但仍然可以从多因素高度同质化的背后探索出其差异化的发展道路（见图1-19）。

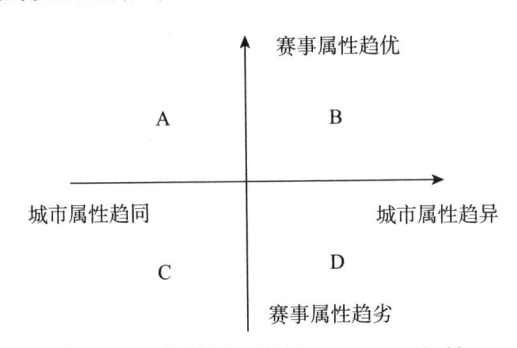

图1-19 马拉松赛事差异化发展坐标轴

（1）赛事属性趋优

不同的马拉松赛事在赛事专业度上具有统一的评定标准，在赛事属性形象上存在的差异也主要体现为赛事专业度的差异，如重马的赛道平坦、陡坡较少，比成马更适合跑出"PB"，同时重马在组织和补给上也获得了参赛者更多的积极情感态度，这均体现了两大赛事在赛事属性上存在差异。所以马拉松赛事中，赛事属性趋优可以让参赛者产生对不同赛事的差异化体验，是马拉松赛事的差异化发展道路之一。

（2）城市属性趋异

文化要素的空间具有非均衡性，形成了区域间两种文化之间的异质性，这种异质性可以用文化距离加以度量，在不考虑个人因素的前提下，旅游动机理论一般认为，文化距离越大，越能满足旅游者求新求异的需要，对旅游者的吸引力越强。[①] 同样的，因马拉松办赛城市存在差异性，不同马拉松赛事在城市属性中也存在着文化距离，城市属性趋异将会使文化距离增大，满足参赛者在参加赛事中求新求异的需求，形成不同赛事之间的良性发展态势。所以城市属性趋异是马拉松赛事的差异化发展道路之二。

本部分研究尚存在一些不足之处，如在对文本进行三级编码时，文本的数据量亦会影响实际编码形成的类属数量，如城市属性形象可能还会存在城市产业、城市卫生形象等方面的内容，但有限的数据量可能会使其无法体现，

---

① 马勇、童昀：《从区域到场域：文化和旅游关系的再认识》，《旅游学刊》2019年第4期。

所以在后续的研究中，增大文本数据量将会使研究结果更为全面。同时，可以将赛事的投射形象也纳入研究之中，依据旅游形象传播的"投射-感知"理论和"认同-错位"理论将更深入地分析马拉松赛事的良性发展之路。

四 基于结构方程模型的马拉松赛事与城市文化研究

（一）地方依恋视角下马拉松赛事与城市文化的关系研究——以成马为例

1. 文献回顾与研究假设

（1）旅游目的地形象与地方依恋

学者的研究主要集中于旅游目的地形象在旅游者目的地旅游决策过程中的作用。[①] 对于体育赛事游客，Hallmann 等人的研究表明，体育赛事和旅游目的地形象会影响其未来对目的地和体育赛事的访问。[②] Kaplanidou 和 Vogt 的研究也讨论了这一点，他们提出并验证了一个理论模型，该模型考察了体育赛事形象、旅游目的地形象、对赛事的满意度、以往对赛事目的地的体验以及重游目的地的意图之间的相互关系。他们发现事件形象感知影响旅游目的地形象感知，而旅游目的地形象感知直接影响重游意图。[③] Kaplanidou 等人提到了赛事和旅游目的地形象属性的相互作用，他们发现体育赛事特征和举办目的地属性可以影响行为意向和地方依恋。[④]

根据 Kyle 等人的研究，地方依恋包括两个维度：地方认同和地方依赖。[⑤] 地方认同是人们对一个地方的一种符号或情感依恋。地方依赖是一种人们基于其作为特定活动环境的重要性对场所功能的依恋。如果地方依恋

[①] Pike S., "Destination Image Analysis: A Review of 142 Papers from 1973 to 2000," *Tourism Management* 5 (2002): 541-549.

[②] Hallmann K., Kaplanidou K., Breuer C., "Event Image Perceptions among Active and Passive Sports Tourists at Marathon Races," *International Journal of Sports Marketing & Sponsorship* 1 (2010): 37-52.

[③] Kaplanidou K., Vogt C., "The Interrelationship between Sport Event and Destination Image and Sport Tourists' Behaviours," *Journal of Sport & Tourism* 12 (2007): 183-206.

[④] Kaplanidou K., Jordan J. S., Funk D., Ridinger L. L., "Recurring Sport Events and Destination Image Perceptions: Impact on Active Sport Tourist Behavioral Intentions and Place Attachment," *Journal of Sport Management* 3 (2012): 237-248.

[⑤] Kyle G., Graefe A., Manning R., Bacon J., "An Examination of the Relationship between Leisure Activity Involvement and Place Attachment among Hikers along the Appalachian Trail," *Journal of Leisure Research* 3 (2003): 249-273.

暗示了与目的地的心理联系，那么旅游目的地形象可以通过加强旅游者与目的地的心理联系来调节。[1]

鉴于赛事形象感知会影响地方依恋和相关旅游行为，即体育赛事和旅游目的地形象、体验会影响体育赛事游客重游目的地的行为意图，[2] 可以预料的是，与体育赛事消费（如跑步参与行为）和目的地（如旅游目的地形象和地方依恋）相关的因素对于理解体育旅游者的行为至关重要。

关于地方依恋的具体方面，Kaplanidou 等人指出，当受到某些事件和旅游目的地形象属性的正向影响时，体育赛事参与者的地方依恋会增加。除了旅游体验因素外，地方认同和地方依赖这两个地方依恋维度受到其余旅游目的地形象因素的影响。[3] Bricker 和 Kerstetter 将地方依恋与参与程度联系起来发现，参与活动程度越高的娱乐者，其地方依恋程度越高。[4] 根据以上文献，本部分提出假设如下。

H1：旅游目的地形象维度会影响参赛者对体育赛事举办目的地的地方认同。

H2：旅游目的地形象维度会影响参赛者对体育赛事举办目的地的地方依赖。

（2）旅游目的地形象与行为意向、满意度

不少学者认为旅游目的地形象对地方认同、地方依赖、目的地吸引力的影响，也会影响体育旅游者选择参与体育赛事的动机。目的地/环境动机和群体/社会认同动机与个人参与体育活动的动机呈正相关。[5] 良好的旅游

---

[1] King C., Chen N., Funk D. C., "Exploring Destination Image Decay: A Study of Sport Tourists' Destination Image Change after Event Participation," *Journal of Hospitality & Tourism Research* 1 (2015): 3-31.

[2] Moon Kae-Sung, et al., "A Mediating Role of Destination Image in the Relationship between Event Quality, Perceived Value, and Behavioral Intention," *Journal of Sport & Tourism* 1 (2013): 49-66.

[3] Kaplanidou K., Jordan J. S., Funk D., Ridinger L. L., "Recurring Sport Events and Destination Image Perceptions: Impact on Active Sport Tourist Behavioral Intentions and Place Attachment," *Journal of Sport Management* 3 (2012): 237-248.

[4] Bricker K., Kerstetter D. L., "Level of Specialization and Place Attachment: An Exploratory Study of Whitewater Recreationists," *Leisure Sciences* 4 (2000): 233-257.

[5] Aicher Thomas J., Brenner J., "Individuals' Motivation to Participate in Sport Tourism: A Self-determination Theory Perspective," *International Journal of Sport Management Recreation & Tourism* 18 (2015): 56-81.

目的地形象更有可能对消费者的行为意图产生积极影响。[1]

Kaplanidou 和 Vogt 表明，旅游目的地形象和过去的目的地经历显著影响了重新访问目的地进行体育旅游活动的意图，而这意图是重新访问体育旅游活动目的地的实际行为的重要影响因素。[2] 体育赛事的特征和举办地的目的地属性可以影响重访目的地和参加赛事的行为意图。[3] 根据这些文献，本部分提出假设如下。

H3：旅游目的地形象维度会影响参赛者对体育赛事的满意度。

H4：旅游目的地形象维度会影响参赛者的行为意向。

（3）满意度与行为意向

Shonk 和 Chelladurai 提出了一个与体育赛事旅游体验质量密切相关的模型，并认为对旅游质量的感知会影响游客满意度。[4] 这一观点得到了 Filo、Funk 和 O'Brien 的进一步支持，他们观察到积极的体育赛事体验可以使参与者对赛事赋予更多的功能、情感和象征意义。[5] 因此，参赛者对体育赛事体验的满意度有可能影响其对行为参与的态度。[6]

满意度在旅游目的地形象感知中也起着关键作用，正如 Moon 等人提出的，体育旅游者的服务质量感知与旅游目的地形象感知正相关。[7] 同样，Yoon 和 Uysal 提出，较高的游客满意度水平可以产生积极的重游行

---

[1] Moon Kae-Sung, et al., "A Mediating Role of Destination Image in the Relationship between Event Quality, Perceived Value, and Behavioral Intention," *Journal of Sport & Tourism* 1 (2013): 49-66.

[2] Kaplanidou K., Vogt C., "The Interrelationship between Sport Event and Destination Image and Sport Tourists' Behaviours," *Journal of Sport & Tourism* 12 (2007): 183-206.

[3] Kaplanidou K., Jordan J. S., Funk D., Ridinger L. L., "Recurring Sport Events and Destination Image Perceptions: Impact on Active Sport Tourist Behavioral Intentions and Place Attachment," *Journal of Sport Management* 3 (2012): 237-248.

[4] Shonk D. J., Chelladurai P., "Service Quality, Satisfaction, and Intent to Return in Event Sport Tourism," *Journal of Sport Management* 5 (2008): 587-602.

[5] Filo K., Funk D. C., O'Brien D., "The Meaning behind Attachment: Exploring Camaraderie, Cause, and Competency at a Charity Sport Event," *Journal of Sport Management* 3 (2009): 361-387.

[6] Funk D., et al., "Capacity of Mass Participant Sport Events for the Development of Activity Commitment and Future Exercise Intention," *Leisure Sciences* 3 (2011): 250-268.

[7] Moon Kae-Sung, et al., "A Mediating Role of Destination Image in the Relationship between Event Quality, Perceived Value, and Behavioral Intention," *Journal of Sport & Tourism* 1 (2013): 49-66.

为，以提高和维持目的地竞争力。[1] 然而，Kaplanidou 和 Vogt 表明，对体育赛事的满意度并不显著影响重新访问体育活动目的地的意图，这可能是由于满意度与意图测量之间缺乏对应关系，后者暗示了此类概念的态度结构。[2] 此外，Kaplanidou 和 Gibson 讨论了态度在体育赛事的满意度和再次参加体育赛事的意愿之间的潜在中介效应，认为良好的态度有利于形成积极的旅游目的地形象和重游意愿。[3] 因此，体育赛事参与者对体育赛事体验的满意度有可能影响旅游目的地形象，特别是当赛事具有重复性时。根据以上文献，本部分提出以下假设。

H5：对体育赛事的满意度会影响参赛者的行为意向。

（4）地方依恋与行为意向、满意度

Ramkissoon 等人认为地方依恋包括很多维度，涵盖了地方依赖、地方认同、地方影响和地方社会联系等，同时地方依恋还可以看作环境背景的其中一个因素，该因素可以对游客的心态和举止产生影响。[4] Tsai 验证了游客对旅游目的地的依恋程度可以成为游客进行再次探访的依据，并且可以影响其忠诚度。[5] 多数研究者认为地方依恋是由地方依赖与地方认同两个维度组成的，地方依赖是人们在需求方面的功能依赖，一般被认为是游憩者参与特定活动时社会与实质资源需求的集合，主要反映地方实质功能对游憩者的重要性，即该地点能满足游客特定活动需要与展现地方独特质量，也就是地方的功能层面可以满足游客实质需求的程度，而地方认同是由心理层面的情感所组成的，主要表达游憩者与特定地点或环境强烈的情感联结，突出特定地方对个人情感联系及象征意义的重要性，是使用者对特定地方

---

[1] Yoon Yooshik, Uysal M., "An Examination of the Effects of Motivation and Satisfaction on Destination Loyalty: A Structural Model," *Tourism Management* 1 (2005): 45-56.

[2] Kaplanidou K., Vogt C., "The Interrelationship between Sport Event and Destination Image and Sport Tourists' Behaviours," *Journal of Sport & Tourism* 12 (2007): 183-206.

[3] Kaplanidou K., Gibson H. J., "Predicting Behavioral Intentions of Active Event Sport Tourists: The Case of a Small-scale Recurring Sports Event," *Journal of Sport & Tourism* 2 (2010): 163-179.

[4] Ramkissoon H., Weiler B., Smith L., "Place Attachment, Place Satisfactionand Pro-environmental Behaviour: A Comparative Assessment of Multiple Regression and Structural Equation Modelling," *Journal of Policy Research in Tourism Leisure and Events* 3 (2013): 215-232.

[5] Tsai S., "Place Attachment, Tourism Marketing: Investigating International Tourists in Singapore," *International Journal of Tourism Research* 2 (2012): 139-152.

的一种特殊情感或归属感。

马拉松赛事具有节庆和事件旅游特征。能够前往具有不同特点的城市及举办地参加比赛，并进行旅游活动，这是参赛者们前往异地参赛的重要动机。由此可以看出，赛事与地方依恋的联系十分密切。[①] Chen 和 Funk 也证明地方依恋会影响马拉松赛事参赛者的再次参赛意愿。[②] 基于以上分析，本部分提出假设如下。

H6：参赛者对举办目的地的地方认同会影响参赛者对赛事的满意度。

H7：参赛者对举办目的地的地方依赖会影响参赛者对赛事的满意度。

H8：参赛者对举办目的地的地方认同会影响参赛者的行为意向。

H9：参赛者对举办目的地的地方依赖会影响参赛者的行为意向。

根据 H1~H9 九条假设，本部分构建了由旅游目的地形象、地方依恋（包括地方认同和地方依赖两个维度）、参赛者满意度和参赛者行为意向等概念组成的假设模型，以研究影响马拉松赛事跑者持续参赛意愿的因素及其影响路径（见图1-20）。

2. 研究方法

（1）研究对象

本部分以成马为研究对象，以旅游目的地形象与马拉松跑者行为意向的关系为研究内容，并以成马参赛跑者为调查对象。

近年来"马拉松+旅游"的热潮愈演愈烈，随着生活水平的提高，人们对运动的追求、对健康的渴望以及对户外旅游的向往逐渐强烈。马拉松作为一项门槛较低、易于推荐宣传且有望普及的大众体育赛事，与旅游的结合不仅可以满足人们对运动本身的需要，还可以带动当地经济的发展，成马在同等级的赛事中，与当地文化、自然景观结合得较为出色。我们认为该赛事具有非常值得挖掘的内在潜力，故选取都江堰作为案例地、成马作为案例赛事，力求进一步为马拉松与旅游的结合提供新的研究思路。

[①] Browna G., Smith A., Assaker G., "Revisiting the Host City: An Empirical Examination of Sport Involvement, Place Attachment, Event Satisfaction and Spectator Intentionsat the London Olympics," *Tourism Management* 2 (2016): 160-172.

[②] Chen N., Funk D., "Exploring Destination Image, Experience and Revisit Intention: A Comparison of Sport and Non-sport Tourist Perceptions," *Journal of Sport & Tourism* 3 (2010): 239-259.

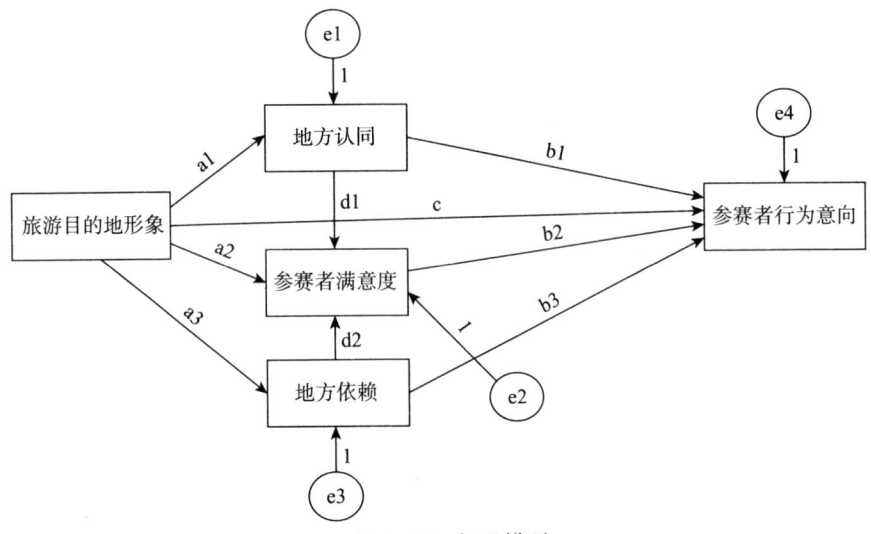

图 1-20　假设模型

注：图中 a1、a2、a3、b1、b2、b3、c、d1、d2 为影响路径。e1、e2、e3、e4 代表误差项，是模型中未被解释的部分，反映了除模型中已考虑的变量之外，其他可能影响相应变量的因素。在图中连接误差项与对应变量的数字"1"，是一种标准化设定，在结构方程模型中，为了确定模型的参数估计，需要对误差项的方差等进行设定，将其设定为 1 是常见的做法。

资料来源：笔者自制。

（2）研究设计

调查问卷分为三个部分。具体可见附录。本部分共涉及旅游目的地形象、地方依恋（包括地方认同与地方依赖两个维度）、参赛者满意度、参赛者行为意向四个主要变量。

旅游目的地形象测量：对 Kim 等人使用的旅游目的地形象量表进行了修改，增加了服务维度。[1]

地方依恋测量：修改自 Ellemers 等人[2]、Luhtanen 和 Crocker[3] 编制修订的问卷，包含了地方认同和地方依赖两个维度，测量题项包括举办城市的

---

[1] Kim J., Kang J. H., Kim Yu-Kyoum, "Impact of Mega Sport Events on Destination Image and Country Image," *Sport Marketing Quarterly* 3 (2014): 161-175.

[2] Ellemers N., Kortekaas P., Ouwerkerk J. W., "Self-categorisation, Commitment to the Group and Group Self-Esteem as Related but Distinct Aspects of Social Identity," *European Journal of Social Psychology* 3 (1999): 371-389.

[3] Luhtanen R., Crocker J., "A Collective Self-Esteem Scale: Self-Evaluation of One's Social Identity," *Personality and Social Psychology Bulletin* 3 (1992): 302-318.

独特性、吸引力和重要性。

参赛者满意度测量：题项参考了 Van Leeuwen、Quick 和 Daniel 的满意度测评量表。[1]

参赛者行为意向测量：采用 Prayag 等人问卷中的题项进行测量。[2]

（3）数据收集情况

在正式调研开始之前，我们进行了小规模的预调研。考虑到当地居民的答案会影响到旅游目的地形象指标测量的准确性，被测试者主要符合以下两个条件：一是有过实际参加成马的经验，二是均为非本地常住居民。预调研的问卷中设置了甄别型题目，询问被测试者是否参加过成马，如果选择"是"，则继续作答，选择"否"，则终止作答。

预调研从 2021 年 10 月 20 日开始到 2021 年 10 月 30 日截止，共收集 105 份问卷，其中有效问卷为 78 份，有效率为 74.3%。借助 SPSS 22.0 对回收的问卷进行了信度、效度检验，其中克隆巴赫 α 系数为 0.948，说明问卷的可靠性较高，有较强的信度。回收 227 份线上问卷，剔除有缺失值的无效问卷，最终获得有效问卷 205 份，有效率为 90.3%。其中，男性占比 59%，高出女性 18 个百分点，说明参与成马的跑者男性居多，但比例差距相对较小，说明在参赛人数方面，没有明显的性别差距。年龄方面，占比最多的年龄段是 19~30 岁及 31~44 岁，分别为 51.7% 和 45.4%，说明参加成马的跑者以青壮年为主，需要说明的是，18 岁以下的未成年人原则上是不允许参加全程马拉松的，半程马拉松与欢乐跑也需要在监护人的同意下参与，同时因为本问卷为线上收集，难以收集到未成年人的数据，所以本部分以 18 岁及以上的成年跑者为主要调查对象。在跑步参与程度方面，大多数被调查者参加跑步项目的次数为 2~4 次；参加马拉松项目至今的时长以 2~5 年居多；每个月跑步的天数分布较为均匀，各个时间段均有分布，以 11~15 天居多；每个月跑步的距离以 101~150 公里为主。以上数据均说明预调研的被调查者有一定的跑步基础。

---

[1] Van Leeuwen L., Quick S., Daniel K., "The Sport Spectator Satisfaction Model: A Conceptual Framework for Understanding the Satisfaction of Spectators," *Sport Management Review* 2 (2002): 99-128.

[2] Prayag G., et al., "Understanding the Relationships between Tourists' Emotional Experiences, Perceived Overall Image, Satisfaction, and Intention to Recommend," *Journal of Travel Research* 1 (2017): 41-54.

3. 分析结果

（1）测量模型分析

本部分对正式问卷信度的检验主要采用克隆巴赫 α 系数来判断，当达到 0.7~0.8 时，表示该量表信度良好，当系数达 0.8~0.9 时，说明该量表信度非常优秀。正式问卷整体量表的克隆巴赫 α 系数为 0.969，通过了信度检验，说明量表总体信度优秀，且各项删除后的克隆巴赫 α 系数均比整体量表数值低，验证出量表题项设置较为合理。本部分还采用 CFA 法，即验证性因子分析法来检验问卷的效度。通过该方法验证了各个指标之间的拟合情况，结果如表 1-26 所示。通过因子载荷量得出平均方差提取值 AVE 和组合信度 CR 的数值。因子载荷量几乎都大于 0.70，只有一项为 0.697，与 0.70 十分接近，这证明此研究模型显著内敛。而 CR 值都大于 0.70，旅游目的地形象的 CR 值高达 0.967；AVE 值也大多高于 0.5，只有参赛者满意度变量的 AVE 值略低于 0.5，但也将近达到标准。这说明各变量之间的建构效度较高。

表 1-26　正式问卷克隆巴赫 α 系数和 CFA 结果

维度测量	因子载荷量	克隆巴赫 α 系数	基于标准化项的克隆巴赫 α 系数	组合信度 CR	平均方差提取值 AVE
整体量表	×	0.969	0.970	×	×
旅游目的地形象	0.785	0.958	0.958	0.967	0.633
地方认同	0.746	0.781	0.782	0.782	0.538
地方依赖	0.737	0.711	0.748	0.7565	0.504
参赛者满意度	0.697	0.724	0.724	0.7269	0.489
参赛者行为意向	0.739	0.770	0.772	0.775	0.519

而拟合指标方面，如表 1-27 所示，各指标基本达标，尤其是卡方自由度比值 χ^2/df 与近似均方根误差 RMSEA 这两项的拟合充分说明此研究模型拟合效度良好。χ^2/df 小于 3 时，说明该问卷的效度十分理想，正式问卷 χ^2/df 值为 1.822，小于 3，说明本问卷的效度十分理想。RMSEA 小于 0.05 说明问卷效度理想，小于 0.08 说明效度在可接受的范围内，本问卷的 RMSEA 为 0.063，小于 0.08 的标准，说明效度是可以接受的。

表 1-27　正式问卷的 CFA 拟合结果

	χ^2/df	CMIN/NF	NFI	IFI	RMSEA	RFI	CF1	PRATIO
拟合标准	<3	1~3	>0.9	>0.9	<0.08	>0.9	>0.9	>0.9
拟合结果	1.822	1.822	0.921	0.895	0.063	0.982	0.949	0.902

（2）结构模型分析

本部分将选取回归分析的方式研究旅游目的地形象、地方依恋（包括地方认同和地方依赖两个维度）、参赛者满意度、参赛者行为意向这几个变量之间的关系，并验证上文中提出的假设是否成立。具体数据如表1-28所示。

自变量与因变量Beta值（下文将用β表示）代表回归系数，标准化的回归系数代表自变量（即预测变量）和因变量的相关情况。研究结果表明，各假设变量之间均呈现正相关，以旅游目的地形象为自变量时，其对其他变量的影响检测结果为：参赛者行为意向（$\beta=0.802$）>参赛者满意度（$\beta=0.785$）>地方认同（$\beta=0.733$）>地方依赖（$\beta=0.651$）。以地方认同为自变量时，其对其他变量的影响检测结果为：参赛者满意度（$\beta=0.0.713$）>参赛者行为意向（$\beta=0.670$）。以地方依赖为自变量时，其对其他变量的影响检测结果为：参赛者行为意向（$\beta=0.612$）>参赛者满意度（$\beta=0.545$）。最后，参赛者满意度对参赛者行为意向的影响检测结果为$\beta=0.769$。

表 1-28　回归分析

自变量	因变量	假设	非标准化系数 B	标准误差	标准化系数 Beta	t
旅游目的地形象	地方认同	H1	0.684	0.045	0.733	15.365***
旅游目的地形象	地方依赖	H2	0.586	0.040	0.651	12.205***
旅游目的地形象	参赛者满意度	H3	0.725	0.040	0.785	18.045***
旅游目的地形象	参赛者行为意向	H4	0.828	0.043	0.802	19.099***
参赛者满意度	参赛者行为意向	H5	0.859	0.050	0.769	17.113***
地方认同	参赛者满意度	H6	0.706	0.049	0.713	14.488***
地方依赖	参赛者满意度	H7	0.674	0.073	0.545	9.264***
地方认同	参赛者行为意向	H8	0.741	0.058	0.670	12.856***
地方依赖	参赛者行为意向	H9	0.749	0.081	0.612	9.187***

注：*** $p<0.001$。

(3) 中介效应分析

Ind1~Ind3 分别为模型中地方认同、参赛者满意度、地方依赖作为旅游目的地形象对参赛者行为意向作用的中介变量所呈现的路径。Ind4 及 Ind5 则是假设出的旅游目的地形象→地方认同→参赛者满意度→参赛者行为意向及旅游目的地形象→地方依赖→参赛者满意度→参赛者行为意向的两个链式中介路径，totind 为总中介效应。

本部分研究通过使用 Amos 中的 Bootstrap 运行出了如表 1-29 所示的数据。结果表明，研究所建立的多中介效应模型中的所有假设路径的 95% 置信区间分别为 [0.052-0.153]、[0.092-0.306]、[-0.064-（-0.056）]、[0.014-0.155]、[0.001-0.004]，在区间内均没有 0 的出现，故本部分所假设的中介路径均成立。

表 1-29 多中介效应模型结果

中介路径	95%置信区间 下界	95%置信区间 上界	间接效应系数	双侧检验 p 值	中介效果
Ind1 旅游目的地形象→地方认同→参赛者行为意向	0.052	0.153	0.056*	0.046	支持
Ind2 旅游目的地形象→参赛者满意度→参赛者行为意向	0.092	0.306	0.186**	0.001	支持
Ind3 旅游目的地形象→地方依赖→参赛者行为意向	-0.064	-0.056	0.002*	0.015	支持
Ind4 旅游目的地形象→地方认同→参赛者满意度→参赛者行为意向	0.014	0.155	0.072*	0.006	支持
Ind5 旅游目的地形象→地方依赖→参赛者满意度→参赛者行为意向	0.001	0.004	0.002**	0.041	支持
总中介效应（totind = Ind1 + Ind2 + Ind3+Ind4+Ind5）	0.181	0.422	0.311**	0.001	支持
总效应（total = p. c+totind）	0.666	0.915	0.779**	0.001	支持

注：* $p<0.05$，** $p<0.01$。

4. 讨论与建议

（1）结果讨论

本部分通过研究旅游目的地形象、地方依恋、参赛者满意度与参赛者行为意向之间的关系，构建参加成马的跑者行为意向的影响模型，并通过验证该模型，为马拉松赛事的举办提供崭新的研究思路，本部分的基本结论如下。

第一，旅游目的地形象与各变量之间的关系。通过回归分析得出，旅游目的地形象对地方认同、地方依赖、参赛者满意度与参赛者行为意向均有正向的影响，且影响较为显著。影响程度从大到小排列分别为：参赛者行为意向、参赛者满意度、地方认同、地方依赖。这说明赛事举办地的旅游目的地形象可正向影响马拉松赛事参与者对该地的认同感与依赖感，从而促使其产生对该地的依恋情绪。这种正向的依恋情绪可以促使赛事参与者再次来到该地参赛，进而可以推动当地旅游业的发展。

第二，地方依恋与各变量之间的关系。地方依恋在本部分以地方认同和地方依赖两个维度呈现，而且这两个变量在结构模型中既是因变量，也是自变量，同时还作为中介变量作用于其他变量之间。旅游目的地形象正向影响地方依恋，同时又通过地方依恋对参赛者满意度、参赛者行为意向有正向影响。地方依恋又直接对参赛者满意度与参赛者行为意向有正向影响，而且地方依恋还可以通过参赛者满意度对参赛者行为意向产生正向影响，地方依恋对参赛者行为意向的影响大于对参赛者满意度的影响，说明提升跑者对参赛地的地方依恋，既可以使参赛者感到满足，也可以使参赛者产生再次参赛的意愿。

第三，参赛者满意度与各变量之间的关系。与地方依恋相似，参赛者满意度在本部分研究中可以作为前置变量、后置变量及中介变量。旅游目的地形象正向影响参赛者满意度，说明参赛者对赛事举办地形象的认知越正面，对该赛事的总体表现越满意。同时，参赛者满意度对参赛者行为意向也有着正向的影响，满意程度越高，参赛者再参赛与推荐他人参赛的意愿就越强烈，因此可以通过提高参赛者满意度来达到加强赛事宣传、扩大赛事规模、提高赛事等级的目的。

第四，地方认同、地方依赖以及满意度的中介效应。本部分通过中介效应检验，验证了前文中设立的几条中介路径，即"旅游目的地形象→地方认同→参赛者行为意向""旅游目的地形象→参赛者满意度→参赛者行为意向""旅游目的地形象→地方依赖→参赛者行为意向""旅游目的地形象→地方认同→参赛者满意度→参赛者行为意向""旅游目的地形象→地方依赖→参赛者满意度→参赛者行为意向"。通过使用 Amos 中的 Bootstrap 检验出每条路径均成立。地方认同、地方依赖以及参赛者满意度作为桥梁，使得旅游目的地形象与参赛者行为意向之间的关系更为稳固。而旅游目的地形象与参赛者行为意向之间存在地方依赖、地方认同→参赛者满意度的链式中介效应，说明了良好的旅游目的地体验所形成的对参赛地的认同与依赖，可以提高参与者的满意度，具体体现为参与者的再参赛以及向他人推荐的意愿增强。

(2) 对策建议

第一，结合目的地形象，深挖赛事特色。赛事举办地的环境会影响马拉松参赛者的整体参赛感受，同时还会进一步影响其对赛事举办地的认同和再参赛及推荐参赛的意愿。将城市的形象元素与马拉松运动文化有机结合，形成一个独特而持久的赛事特色，不仅可以强化参赛者与赛事、赛事举办地的情感联结，还可以凸显城市风貌、城市精神、历史文化、风土人情等城市特征，并与马拉松赛事有机结合，形成该地独有的赛事品牌。

都江堰的建城史有2000多年，这座城市因水而闻名，在民国时期就已经是备受欢迎的风景名胜。无论是文化遗产、历史遗迹还是自然风光与自然景观，都使得都江堰这一马拉松赛事的举办地在跑者心中显得格外特别。这说明通过提升旅游目的地形象的各个要素，可以使得参赛者提高再次参与该赛事的意愿与满意度，同时可以正向影响参赛者对赛事举办地的认同与喜爱，甚至让其对赛事举办地产生一些特殊的情愫，使其与举办地相互联结，产生依恋感，这也能更好地提高在该地所举办的马拉松赛事的知名度，从而推动马拉松赛事的发展。

成马可以结合当地旅游目的地形象的优势要素，如文化遗产、自然风光等，科学合理地利用历史遗迹、风景名胜、深受人们喜爱的大熊猫等独一无二的特色，充分利用自然、历史、文化资源优势，形成独具特色的马拉松赛事文化，以吸引更多跑者参与。同时也可以借助马拉松赛事来弘扬健康向上、不懈奋斗的体育精神，将都江堰的文化底蕴、形象特点与马拉松赛事品牌形象塑造相融合，形成具有都江堰特色的马拉松赛事品牌形象。

第二，提高服务水平，建立情感纽带。地方依恋作为中介变量，对参与者的行为意向的形成有着积极作用。要使参赛者对赛事举办地产生依恋感、归属感，提高赛事水平、提供无微不至的服务是重要的手段之一，比如，在举办马拉松赛事时，比赛时间安排、比赛路线安排、志愿者和裁判员的服务水平等赛事管理安排是马拉松比赛顺利展开的基本保障。而保证赛道质量、确保医疗用具到位、提高住宿质量等基础设施的建设也至关重要。成马的赛道一直受到人们的喜爱，其主要原因是自然环境的优势——景色宜人，得以吸引跑者。但在建设赛道方面仍需进一步加强完善；在医疗救援方面，应设置专业医疗团队、保证 AED 设备供应、增加移动救助人员等，可以借鉴其他高水平马拉松赛事的志愿服务体系，对志愿者进行语言、服务、应急治疗等系统、专业的培训，打造更加优秀的志愿者队伍。提高赛事的服务质量，可以很大程度减少比赛时的突发情况所带来的负面影响，温暖的服务也会使参赛者产生良好的体验，从而产生情感方面的依恋，满意度也会随之提高，使其无论是对都江堰还是成马本身都会更加认同。在比赛中发生的难忘回忆也有可能使参赛者对都江堰及赛事产生特殊的感情，从而建立起特殊的关系。这样的情感联结无论是对再次参加成马还是对重返都江堰进行旅游活动都有着积极的影响。

第三，创新宣传手段，提高重游意愿。成马虽然在跑圈小有名气，但其宣传手段较为简单，官网内容单一且鲜为人知，公众号的内容也不够有特色，很难在阅读之后对其基本情况有一定了解，也很难被其吸引。在信息情报网飞速发展的今天，主办方应多加利用微信公众号等新媒体形式的便利，添加视频账号、强化对赛事的宣传，可以利用公众号进行报名操作、建立跑友群等，提供充分的交流空间。也可以对已经参加过比赛的选手进行采访或鼓励其分享自己的跑步心得，使得跑者在线上线下都能体验更佳的参与感，提高跑者再次参赛的意愿，同时也让其有可能将成马推荐给更多人。

除了使用网络平台进行宣传，主办方也可以通过跑友群等方式积极组织线下跑步交流等活动，或以都江堰悠久的历史文化为宣传点，以历史遗迹、非物质文化遗产等要素作为主题开展一些娱乐性的主题活动。既宣传成马赛事本身，提高了潜在受众对该赛事的兴趣，又可以带动都江堰当地旅游的发展。

（二）城市马拉松参赛者体验对城市旅游形象认知的影响研究——以北京国际马拉松为例

1. 研究设计

（1）研究对象

本部分以马拉松参赛者体验对城市旅游形象认知的影响为研究内容，以北马参赛者为调查对象。

（2）研究方法

文献资料法：根据论文的研究目的及研究内容，通过中国知网、谷粉学术网、sci-hub网站以及北马官方网站等查阅国内外有关城市马拉松赛事、城市旅游形象和体验感知等相关领域的文献、期刊以及学术专著等，并对所收集的文献进行归纳和分析，从而为本部分提供研究所需的理论基础。

问卷调查法：调查问卷分为三个部分，第一部分为城市马拉松参赛者体验，第二部分为城市旅游形象认知，第三部分为个人信息。具体内容如附录B所示。其中，参赛者体验部分以Schmitt体验量表为原型，参考杜建刚、范秀成和张辉等人的赛事体验量表，并结合研究对象设定具体问题，共设置了2个维度8个题项（见表1-30）。城市旅游形象认知部分分别借鉴Russell和Jacalyn的情感形象评价以及Baloglu和McCleary的认知形象评价量表，设置了4个维度共计17个题项（见表1-31）。采用李克特五级量表的形式对测量题项进行计分，即每个题项运用基于语义差异法的表述由负面到正面依次用数字1、2、3、4、5来衡量和计分（1=强烈不同意、2=不同意、3=中立、4=同意、5=强烈同意），分数越高则表示认知程度越高。

表1-30 城市马拉松参赛者体验量表指标

维度	测量题项	题项来源
情感体验	A1. 北京马拉松赛的比赛路线沿途风景美 A2. 整体的赛事氛围给予我良好的感官享受 A3. 我对北京马拉松的赛事服务感到满意 A4. 北京马拉松赛的各个环节让人流连忘返、难以忘怀	张辉等和Schmitt
行动体验	A5. 当我听到或看到北京马拉松比赛的有关事宜时，就会产生强烈的兴趣 A6. 参加北京马拉松赛让我更加了解马拉松的竞赛规则和相关知识 A7. 参加北京马拉松赛让我觉得可以尝试提高自己的参赛水平 A8. 我会因为参加了北京马拉松比赛，而愿意改变自己的生活方式	杜建刚、范秀成及Schmitt

资料来源：张辉、罗建英、孙天星《城市马拉松和城市品牌认知的关系调查——基于现场参与者体验的视角》，《北京体育大学学报》2020年第6期；Schmitt B., "Experiential Marketing," *Journal of Marketing Management* 15 (1999): 53-67；杜建刚、范秀成《基于体验的顾客满意度模型研究——针对团队旅游的实证研究》，《管理学报》2007年第4期；Schmitt B.《体验营销——如何增强公司及品牌的亲和力》，刘银娜、高靖、梁丽娟译，清华大学出版社，2004。

表 1-31 城市旅游形象认知量表指标

维度	变量	测量题项	题项来源
认知形象	体验质量	B1. 符合标准的卫生清洁设施	Baloğlu 和 McCleary
		B2. 高质量的基础设施（交通、通信等）	
		B3. 保障游客安全	
		B4. 良好的夜生活和娱乐设施	
	吸引物	B5. 使人感兴趣的文化景观	
		B6. 使人感兴趣的历史景观	
		B7. 美丽的风景/自然景观	
	价值/环境	B8. 适宜的住宿设施	
		B9. 地方特色美食	
		B10. 有趣和友好的居民	
		B11. 物有所值的旅游价格	
		B12. 未污染/未破坏的环境	
		B13. 好的气候	
情感形象		B14. 令人兴奋的-忧郁沉闷的	Russell 和 Jacalyn
		B15. 激动人心的-枯燥乏味的	
		B16. 令人愉快的-令人不愉快的	
		B17. 令人放松的-令人压抑的	

资料来源：Baloğlu S., McCleary K. W., "A Model of Destination Image Formation," *Annals of Tourism Research* 4 (1999): 868-897; Russell J., Jacalyn S., "Emotion and the Environment," in Stokols D., Altman I., eds., *Handbook of Environment Psychology* (Krieger Pub Co., 1987)。

在问卷发放与回收方面，本部分以北马参赛者为调查对象，同时为了确保样本数据具有针对性和代表性，随机选取不同类型马拉松赛事（全程、半程、10公里等）的参赛运动员，于2020年12月通过电子问卷的形式进行小样本预调研，50名跑者中有46名参加过北马，共得到有效问卷46份，有效回收率达92%，采用内部一致性检验问卷信度，当克隆巴赫α系数达到0.7时，说明量表内部一致性处于可接受的范围，但也有学者认为克隆巴赫α系数不低于0.55也可以接受，这种情况适用于社会科学研究或者某一领域的首创性研究。[1] 预调研问卷信度检验结果为各要素的克隆巴赫α系

---

[1] 陆晨：《大型体育赛事与举办城市形象契合的研究——以上海三大品牌体育赛事为例》，硕士学位论文，上海体育学院，2014。

数值均大于 0.8，问卷内部的一致性较好且可以保留所有题项。

在问卷的信度方面，本部分使用 SPSS 26.0 进行统计分析，得到正式问卷所有组成部分的克隆巴赫系数值均大于 0.8，说明研究量表的一致性较高，具有良好的内部质量（见表 1-32）。

表 1-32　正式问卷克隆巴赫 α 系数结果

维度	项数（项）	克隆巴赫 α 系数
情感体验	4	0.902
行动体验	4	0.870
体验质量	4	0.871
吸引物	3	0.840
价值/环境	6	0.889
情感形象	4	0.936

在问卷的效度方面，通过 SPSS 探索性因子分析检验结构效度，确定数据是否适合做因子分析。具体采用的是主成分分析法，正交旋转后抽取因子，当因子特征值大于 1 的时候进行保留。在取特征值大于 1 的主成分作为因子后，根据 KMO（Kaiser-Meyer-Olkin）度量标准进行划分：检验值大于 0.9 表示非常适合，大于 0.8 表示适合，大于 0.7 是较适合，大于 0.6 是不太适合，大于 0.5 是最低标准，而如果小于 0.5 则极其不适合做因子分析。对于 Bartlett 球形度检验，当检验结果显示 Sig. 小于 0.05 时，各变量间具有相关性，因子分析有效。

数理统计法：采用多元数理统计分析方法和回归方程模型，借助 SPSS 26.0 和 Excel 办公软件对研究的样本数据进行统计、处理与分析，先采用独立样本 T 检验、单因素方差分析进行差异性检验，再运用相关性分析和回归统计方法进行模型验证。

逻辑分析法：运用分类归纳、类比分析、演绎推理等逻辑方法，先对城市马拉松、参赛者体验、城市旅游形象等相关概念及研究进展进行综述，梳理北京马拉松参赛者体验特征和北京城市旅游形象认知特征之间的脉络及关系，再进行相关分析和逻辑分析。

2. 问卷信效度分析

（1）城市马拉松参赛者体验特征的效度分析

KMO 检验值为 0.909，Bartlett 球形度检验近似卡方值为 2017.552，自由度为28，显著性结果 Sig. 为 0.000（p<0.01），说明达到极显著水平，非常适合做因子分析（见表1-33）。

表1-33　城市马拉松参赛者体验特征的 KMO 和 Bartlett 检验

检验类型	指标	特征值
KMO 取样适切性量数	检验值	0.909
Bartlett 球形度检验	近似卡方	2017.552
	自由度（df）	28
	显著性（Sig.）	0.000

由表1-34、表1-35可见，旋转因子后，每一个题项只出现在一个因子上，即每一个因子只有一个维度，并且每一个因子负荷值都大于0.6，累计方差贡献率为75.855%，说明因子分析比较理想，且能科学、准确地解释城市马拉松参赛者体验特征，将2个因子分别命名为情感体验和行动体验。

表1-34　正交旋转后因子的特征值、方差贡献率和累计方差贡献率

单位：%

成分	初始特征值			提取载荷平方和			旋转载荷平方和		
	总计	方差百分比	累计方差贡献率	总计	方差百分比	累计方差贡献率	总计	方差百分比	累计方差贡献率
1	5.172	64.646	64.646	5.172	64.646	64.646	3.195	39.933	39.933
2	0.897	11.209	75.855	0.897	11.209	75.855	2.874	35.922	75.855
3	0.483	6.036	81.891						
4	0.375	4.69	86.581						
5	0.349	4.365	90.946						
6	0.297	3.715	94.66						
7	0.233	2.908	97.569						
8	0.195	2.431	100						

表1-35　旋转后的成分矩阵

旋转后的成分矩阵	负荷值
VAR1#2. 整体的赛事氛围给予我良好的感官享受	0.859→
VAR1#4. 北京马拉松赛的各个环节让人流连忘返、难以忘怀	0.843→

旋转后的成分矩阵	负荷值
VAR1#1. 北京马拉松赛的比赛路线沿途风景美	0.788→
VAR1#3. 我对北京马拉松的赛事服务感到满意	0.777→
VAR2#3. 参加北京马拉松赛让我觉得可以尝试提高自己的参赛水平	→0.850
VAR2#4. 我会因为参加了北京马拉松比赛，而愿意改变自己的生活方式	→0.819
VAR2#2. 参加北京马拉松赛让我更加了解马拉松的竞赛规则和相关知识	→0.757
VAR2#1. 当我听到或看到北京马拉松比赛的有关事宜时，就会产生强烈的兴趣	→0.684

（2）城市旅游形象认知形象的效度分析

KMO 检验值为 0.922，Bartlett 球形度检验近似卡方值为 3280.212，自由度为 78，显著性结果 Sig. 为 0.000（p<0.01），说明达到极显著水平，非常适合做因子分析，具体见表 1-36。

表 1-36 城市旅游形象认知形象的 KMO 和 Bartlett 检验

检验类型	指标	特征值
KMO 取样适切性量数	检验值	0.922
Bartlett 球形度检验	近似卡方	3280.212
	自由度（df）	78
	显著性（Sig.）	0.000

由表 1-37、1-38 可见，测量项目的累计方差贡献率为 72.292%，每一项因子负荷值都大于 0.5，相关性较为显著，因子分析比较理想，城市旅游形象认知形象的 3 个因子分别命名为体验质量、价值/环境和吸引物。

表 1-37 正交旋转后因子的特征值、方差贡献率和累计方差贡献率

单位:%

成分	初始特征值			提取载荷平方和			旋转载荷平方和		
	总计	方差百分比	累计方差贡献率	总计	方差百分比	累计方差贡献率	总计	方差百分比	累计方差贡献率
1	7.329	56.376	56.376	7.329	56.376	56.376	3.847	29.589	29.589
2	1.250	9.613	65.989	1.250	9.613	65.989	2.844	21.880	51.469
3	0.819	6.303	72.292	0.819	6.303	72.292	2.707	20.823	72.292
4	0.751	5.780	78.072						

续表

成分	初始特征值			提取载荷平方和			旋转载荷平方和		
	总计	方差百分比	累计方差贡献率	总计	方差百分比	累计方差贡献率	总计	方差百分比	累计方差贡献率
5	0.503	3.873	81.945						
6	0.427	3.283	85.228						
7	0.367	2.820	88.048						
8	0.340	2.612	90.66						
9	0.308	2.372	93.032						
10	0.262	2.019	95.051						
11	0.244	1.877	96.928						
12	0.209	1.607	98.535						
13	0.190	1.465	100						

表1-38 旋转后的成分矩阵

旋转后的成分矩阵	负荷值		
	1	2	3
VAR4#6. 未污染/未破坏的环境	0.832		
VAR4#5. 好的气候	0.794		
VAR4#4. 物有所值的旅游价格	0.720		
VAR4#1. 适宜的住宿设施	0.661		
VAR4#3. 有趣和友好的居民	0.626		
VAR4#2. 地方特色美食	0.620		
VAR3#2. 高质量的基础设施（交通、通信等）		0.848	
VAR3#3. 保障游客安全		0.742	
VAR3#1. 符合标准的卫生清洁设施		0.731	
VAR3#4. 良好的夜生活和娱乐设施		0.573	
VAR5#2. 使人感兴趣的历史景观			0.831
VAR5#1. 使人感兴趣的文化景观			0.814
VAR5#3. 美丽的风景/自然景观			0.609

（3）城市旅游形象情感形象的效度分析

KMO检验值为0.789，Bartlett球形度检验近似卡方值为1536.345，显著性结果Sig.为0.000（$p<0.01$），说明达到极显著水平，比较适合做因子

分析，具体见表1-39。

表1-39　城市旅游形象情感形象的 KMO 和 Bartlett 检验

检验类型	指标	特征值
KMO 取样适切性量数	检验值	0.789
Bartlett 球形度检验	近似卡方	1536.345
	自由度（df）	6
	显著性（Sig.）	0.000

由表1-40、1-41可见，城市旅游形象情感形象只有1个因子，将其命名为情感形象，累计方差贡献率为84.736%。

表1-40　正交旋转后因子的特征值、方差贡献率和累计方差贡献率

单位：%

成分	初始特征值			提取载荷平方和		
	总计	方差百分比	累计方差贡献率	总计	方差百分比	累计方差贡献率
1	3.389	84.736	84.376	3.389	84.736	84.736
2	0.378	9.460	93.836			
3	0.158	3.956	98.152			
4	0.074	1.848	100			

表1-41　成分矩阵

成分矩阵	负荷值
	1
VAR6#2. 令人兴奋的-忧郁沉闷的	0.941
VAR6#1. 激动人心的-枯燥乏味的	0.932
VAR6#4. 令人愉快的-令人不愉快的	0.930
VAR6#3. 令人放松的-令人压抑的	0.877

3. 研究难点和创新点

（1）研究难点

一方面，就目前的文献检索中，没有直接以城市马拉松对城市旅游形象认知的影响来命题的，需要我们对相关文献进行系统的整理并梳理脉络，

进而构建出研究所需的理论框架。另一方面，由于本部分的研究对象是城市马拉松参赛者和城市旅游形象，要求所涉及的本地参赛者和外地参赛者的样本比例要尽量均衡，否则会对假设的验证带来影响，这使得问卷的发放具有一定难度。

（2）研究创新点

现有的相关研究中，众多学者采用的是定性探索的研究方法，且对于研究的观点及其理论多是以逻辑分析的阐述为主，凸显了主观观察的成分和经验主义思路，以致缺乏对实证研究数据的系统观察和利用。本部分运用理论和实证相结合的研究范式，从核心利益相关者即城市马拉松参赛者的视角出发，探讨城市马拉松参赛者体验与城市旅游形象各构成要素之间的关系及影响。

4. 研究假设与实证结果分析

（1）理论假设的提出

张棉军依托 CIS 理论，分析了城市马拉松赛事对城市形象影响的维度和影响机制，实证研究了南昌国际马拉松赛对城市形象的影响。[①] 杨琳和许秦，从传播仪式与场域理论出发，分析城市马拉松赛事作为传播场域在城市形象传播中产生的作用及效果。[②] 王相飞等人从马拉松跑者价值感知的视角，验证了马拉松赛事对举办地城市形象的影响显著且影响的辐射面越来越广。[③] 张辉等人基于马拉松赛事参与者体验的视角，验证了马拉松赛事参与者的感官体验和思考体验对于城市品牌的认知具有统计学意义。[④] 马琪以郑开马拉松为实证，研究中国旅游城市马拉松赛对城市旅游形象的影响及其提升机制。[⑤] 由于城市形象和城市品牌均属于城市旅游形象的研究范畴，本部分以参赛者的体验感知和形象认知为视角，研究马拉松对城市旅游形象的影响。

---

① 张棉军：《城市马拉松赛对城市形象的影响研究——以南昌国际马拉松为例》，硕士学位论文，华中师范大学，2018。
② 杨琳、许秦：《基于场域理论的国际马拉松赛与城市形象传播策略研究》，《湖南大学学报》（社会科学版）2019 年第 4 期。
③ 王相飞、康益豪、延怡冉：《马拉松赛事对举办地城市形象影响的实证研究——基于马拉松跑者的新视角》，《武汉体育学院学报》2020 年第 3 期。
④ 张辉、罗建英、孙天星：《城市马拉松和城市品牌认知的关系调查——基于现场参与者体验的视角》，《北京体育大学学报》2020 年第 6 期。
⑤ 马琪：《中国旅游城市马拉松对城市旅游形象的提升机理分析》，《四川旅游学院学报》2020 年第 6 期。

结合探索性因子分析的结果，本部分构建了马拉松参赛者体验与城市旅游形象认知的回归方程模型，拟检验、回答以下假设与问题。

H1：马拉松参赛者体验与城市旅游形象的认知形象呈显著正相关。

H1a：马拉松参赛者情感体验与城市旅游形象体验质量存在显著正相关。

H1b：马拉松参赛者情感体验与城市旅游形象吸引物存在显著正相关。

H1c：马拉松参赛者情感体验与城市旅游形象价值/环境存在显著正相关。

H1d：马拉松参赛者行动体验与城市旅游形象体验质量存在显著正相关。

H1e：马拉松参赛者行动体验与城市旅游形象吸引物存在显著正相关。

H1f：马拉松参赛者行动体验与城市旅游形象价值/环境存在显著正相关。

H2：马拉松参赛者体验与城市旅游形象的情感形象呈显著正相关。

H2a：马拉松参赛者情感体验与城市旅游形象情感形象存在显著正相关。

H2b：马拉松参赛者行动体验与城市旅游形象情感形象存在显著正相关。

经过探索性因子分析，马拉松参赛者体验维度分为情感体验和行动体验2个维度，城市旅游形象分为情感形象和认知形象2个维度。而认知形象包括体验质量、吸引物和价值/环境3个因子，所以城市旅游形象共包括体验质量、吸引物、价值/环境和情感形象4个因子。根据研究假设，我们构建了本部分的理论研究模型，如图1-21所示。

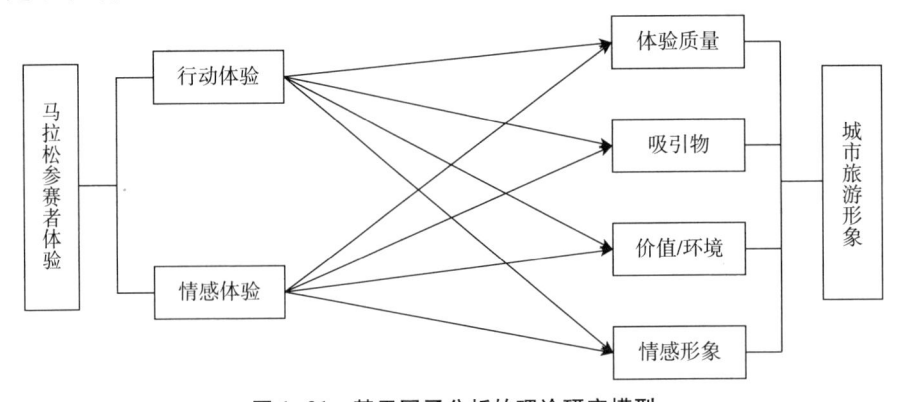

图1-21 基于因子分析的理论研究模型

(2) 马拉松参赛者体验特征与城市旅游形象认知特征的描述性统计分析

参与研究的北马参赛运动员中，男性276人、女性93人，分别占比74.8%和25.2%，男女占比约3∶1，样本结构中的性别分布不均衡，但参赛人群男多女少的分布特征与我国马拉松赛事中的总体性别分布特征相符[①]，这与马拉松赛事具备一定的难度相关。具体见表1-42。

表1-42 样本性别特征描述统计

单位：人，%

变量	频率	百分比	有效百分比	累计百分比
男	276	74.8	74.8	74.8
女	93	25.2	25.2	100.0
合计	369	100.0	100.0	

调查样本中年龄特征分布以30~44岁的壮年群体为主，其有效样本量占到总样本量的52.8%，其次是45~59岁的中年群体，其有效样本量占到总样本量的38.8%，可以看出30~59岁的中壮年群体是北马的主力军。究其缘由，壮年和中年群体更具备马拉松赛事所要求的身体素质和时间、经济成本，具体见表1-43。

表1-43 样本年龄特征描述统计

单位：人，%

变量	频率	百分比	有效百分比	累计百分比
青年（18~29岁）	18	4.9	4.9	4.9
壮年（30~44岁）	195	52.8	52.8	57.7
中年（45~59岁）	143	38.8	38.8	96.5
老年（60岁及以上）	13	3.5	3.5	100.0
合计	369	100.0	100.0	

调查样本的职业分布上，包括了个体户/自由职业者/私营公司老板、企业职工、事业单位职工、政府工作人员、学生、退休、无业和其他，其

---

① 来自中国田径协会大数据。

中企业职工近半数，占比为45.5%，其次是个体户/自由职业者/私营公司老板，占比为17.3%，学生和无业人士占比最低，分别是0.3%和1.4%，这可能因为问卷是在跑团（跑圈）群里发放的，大多是已经工作的社会团体或社群组织成员，所以导致学生样本较少，具体见表1-44。

表1-44 样本职业特征描述统计

单位：人，%

变量	频率	百分比	有效百分比	累计百分比
个体户/自由职业者/私营公司老板	64	17.3	17.3	17.3
企业职工	168	45.5	45.5	62.9
事业单位职工	53	14.4	14.4	77.2
政府工作人员	24	6.5	6.5	83.7
学生	1	0.3	0.3	84.0
退休	25	6.8	6.8	90.8
无业	5	1.4	1.4	92.1
其他	29	7.9	7.9	100.0
合计	369	100.0	100.0	

在受教育程度方面，拥有大专及本科学历的人数最多，占样本总量的64.8%，其次是研究生及以上学历的人数，占样本总量的28.2%，高中及中专、初中及以下占比分别为5.7%和1.4%，可以得出北马参赛者的文化水平或受教育程度普遍较高，具体见表1-45。

表1-45 样本受教育程度特征描述统计

单位：人，%

变量	频率	百分比	有效百分比	累计百分比
初中及以下	5	1.4	1.4	1.4
高中及中专	21	5.7	5.7	7.0
大专及本科	239	64.8	64.8	71.8
研究生及以上	104	28.2	28.2	100.0
合计	369	100.0	100.0	

家庭成员平均月收入为家庭成员月总收入/家庭人口数，家庭成员平均月收入在3001～20000元的分布较为均匀，分别占比7.9%、11.1%、

12.7%、11.9%、7.6%、9.5%和10.0%，其中，家庭成员平均月收入在20001元及以上的样本占总样本量的27.9%，家庭成员平均月收入在3000元以下的占比仅为1.4%，这与北马参赛者的职业分布情况基本相符，具体见表1-46。

表1-46 样本家庭成员平均月收入特征描述统计

单位：人，%

变量	频率	百分比	有效百分比	累计百分比
3000元以下	5	1.4	1.4	1.4
3001~5000元	29	7.9	7.9	9.3
5001~7000元	41	11.1	11.1	20.4
7001~9000元	47	12.7	12.7	33.1
9001~11000元	44	11.9	11.9	45.0
11001~13000元	28	7.6	7.6	52.6
13001~15000元	35	9.5	9.5	62.1
15001~20000元	37	10.0	10.0	72.1
20001元及以上	103	27.9	27.9	100.0
合计	369	100.0	100.0	

在参赛次数方面，2~3次的占比为32.8%、1次的占比为29.5%、4~5次的占比为16.5%、5次以上的占比为21.1%，其中，2次及以上参赛次数的比例达到70.5%，可以得出被调查者当中大部分北马参赛者不只参加过1次比赛，重复参加赛事的意愿较强，可以成为北马的长期参与者，这也表明马拉松运动的爱好者以及北马的忠实支持者较多，具体见表1-47。

表1-47 样本参赛次数特征描述统计

单位：人，%

变量	频率	百分比	有效百分比	累计百分比
1次	109	29.5	29.5	29.5
2~3次	121	32.8	32.8	62.3
4~5次	61	16.5	16.5	78.9
5次以上	78	21.1	21.1	100.0
合计	369	100.0	100.0	

调查样本中外地参赛者居多，占比为 62.9%，北京本地参赛者占比为 37.1%，说明外地参赛者对北京也具有认同感和归属感，更愿意支持北京的赛事，具体见表 1-48。

表 1-48 样本客源地特征描述统计

单位：人，%

变量	频率	百分比	有效百分比	累计百分比
北京本地参赛者	137	37.1	37.1	37.1
外地参赛者	232	62.9	62.9	100.0
合计	369	100.0	100.0	

调查样本中，来自华北地区的参赛者居多，占比达到 74.5%，说明北马的客源地大多来自北京、天津、河北等地区，具体见表 1-49。

表 1-49 样本地域分布特征描述统计

单位：人，%

变量	频率	百分比	有效百分比	累计百分比	备注
东北地区	9	2.4	2.4	2.4	黑龙江、吉林、辽宁
华北地区	275	74.5	74.5	77.0	北京、天津、河北、山西、内蒙古
华中地区	6	1.6	1.6	78.6	河南、湖北、湖南
华东地区	61	16.5	16.5	95.1	山东、江苏、安徽、上海、浙江、江西、福建、台湾
华南地区	1	0.3	0.3	95.4	广东、广西、海南、香港、澳门
西北地区	9	2.4	2.4	97.8	陕西、甘肃、宁夏、青海、新疆
西南地区	8	2.2	2.2	100.0	四川、贵州、云南、重庆、西藏
合计	369	100.0	100.0		

综合以上样本数据描述统计情况可知，参与调查的北马参赛者的主要特性表现为，"两高"（受教育程度高、月平均收入水平高），究其原因是"健康休闲旅游"在我国还属于中产阶级消费群体的一种生活方式；"男多女少"，这与马拉松赛事具备一定的难度相关；"以中壮年为主"，壮年和中年群体更具备马拉松赛事所要求的身体素质和时间、经济成本。

北马参赛者体验感知量表的各一级、二级测评指标的均值和标准差统计情况如表 1-50 所示。

表 1-50　北马参赛者体验感知特征的描述统计

维度	测量题项	均值	标准差	维度均值
情感体验	北京马拉松赛的比赛路线沿途风景美	4.15	0.851	4.25
	整体的赛事氛围给予我良好的感官享受	4.38	0.725	
	我对北京马拉松的赛事服务感到满意	4.31	0.789	
	北京马拉松赛的各个环节让人流连忘返、难以忘怀	4.14	0.897	
行动体验	当我听到或看到北京马拉松比赛的有关事宜时，就会产生强烈的兴趣	4.49	0.692	4.28
	参加北京马拉松赛让我更加了解马拉松的竞赛规则和相关知识	4.27	0.789	
	参加北京马拉松赛让我觉得可以尝试提高自己的参赛水平	4.30	0.771	
	我会因为参加了北京马拉松比赛，而愿意改变自己的生活方式	4.04	0.940	

北马参赛者体验感知特征里，行动体验的整体感知程度高于情感体验。从北马参赛者的受众人群分析，对于北京本地参赛者而言，参加马拉松赛事可以增强其对居住城市的认同感和归属感；对于外地参赛者而言，马拉松赛事作为城市景观赛事是对城市旅游形象的精彩诠释和生动演绎，即使北京的首都风范早已闻名遐迩，但"耳闻"不如"眼见"，而"眼见"终究不如"实践"。

在行动体验感知上，"当我听到或看到北京马拉松比赛的有关事宜时，就会产生强烈的兴趣"这一项认知评价最高，说明参赛者比较注重赛事所烘托的独特运动氛围，这种氛围所带来的记忆体验会在赛后的一段时间里仍然引起参赛者的惊奇和兴趣，进而影响其重复参加赛事的意愿和行为。反之，"我会因为参加了北京马拉松比赛，而愿意改变自己的生活方式"这一项的认知评价较低，这是因为选择参加马拉松赛事是一种发挥主观能动性的自发行为，参赛者大多是因为对马拉松运动的热爱以及对北京这座城市的喜爱而产生想要参赛的动机。

在情感体验感知上，"整体的赛事氛围给予我良好的感官享受"这一项的认知评价最高，是因为参赛者作为赛事主体对赛事的亲身融入性的体验是最深刻的，所以与赛事的情感交流和互动也是最直接最完善的。因为在比赛中所挥洒的汗水，参赛者可能产生悲喜交加甚至会想要哭泣的情绪，这些感受都不是靠浮夸的炫技或者众星捧月得来的，只有用浑实的脚步、撞线的怒喊和英雄的相惜才会产生。从马拉松赛事组织管理的角度来看，赛事组委会对于提高赛事服务水平有着执着的追求，包括赛前衣物寄存、赛中饮水和医疗保障、赛后补给提供以及处理突发情况等，正是因为这些方面的追求，赛事组织运作过程中的各个环节才能日臻完善，这从参赛者对北马这项赛事的好评率递增以及报名人数的逐年增长便可见一斑，这些数据反映了参赛者对赛事的整体满意程度。反之，"北京马拉松赛的各个环节让人流连忘返、难以忘怀"这一项的认知评价最低，经访谈被调查者得出，由于研究调查的局限性，数据的时效性略微不足，参赛者的这种回忆和难忘印象出现模糊，进而影响该项指标的评价结果。

北京市城市旅游形象认知量表的各一级、二级测评指标的均值和标准差统计情况如表 1-51 所示。

表 1-51 北京市城市旅游形象认知特征的描述统计

维度	测量题项	均值	标准差	维度均值
体验质量	符合标准的卫生清洁设施	4.24	0.679	4.30
	高质量的基础设施（交通、通信等）	4.37	0.668	
	保障游客安全	4.46	0.629	
	良好的夜生活和娱乐设施	4.12	0.825	
吸引物	使人感兴趣的文化景观	4.52	0.585	4.47
	使人感兴趣的历史景观	4.57	0.609	
	美丽的风景/自然景观	4.31	0.743	
价值/环境	适宜的住宿设施	3.96	0.822	3.98
	地方特色美食	4.05	0.839	
	有趣和友好的居民	4.18	0.764	
	物有所值的旅游价格	4.11	0.814	
	未污染/未破坏的环境	3.80	0.935	
	好的气候	3.78	0.981	

续表

维度	测量题项	均值	标准差	维度均值
情感形象	令人兴奋的-忧郁沉闷的	4.23	0.779	4.16
	激动人心的-枯燥乏味的	4.25	0.768	
	令人愉快的-令人不愉快的	4.18	0.785	
	令人放松的-令人压抑的	3.99	0.935	

由表 1-51 可知，北京市城市旅游形象认知特征里，体验质量、吸引物、价值/环境和情感形象 4 个因子的均值分别为 4.30、4.47、3.98 和 4.16，均是影响城市旅游形象认知的重要因素。

在认知形象的评价中，吸引物>体验质量>价值/环境，说明构成旅游吸引物的相关指标是影响北京马拉松参赛者对北京市城市旅游形象认知程度的决定性因素。究其缘由，这与调查样本中外地参赛者的比例以及认知特征有关，外地参赛者更多地会被北京这座城市的历史、文化和自然景观所吸引。组成体验质量的相关指标包括城市安全保障水平、城市基础设施建设、城市交通通达程度以及城市居民素质等方面，这些指标也是影响参赛者对城市旅游形象认知程度的重要条件。总的来说，参赛者在对北京市旅游形象的"使人感兴趣的历史景观"和"保障游客安全"指标上给出了较高评价，说明参赛者对北京市具有丰厚的历史文化遗产资源这一形象特征非常认可，同时其也信赖首都及"国马"赛事的安全保障水平，进而对北京这座城市有较强的认同感、归属感和安全感。相反，参赛者对于"未污染/未破坏的环境"和"好的气候"两项指标给出了较低评价，这是快速城市化和过度城市化显现的普遍共性问题。

在情感形象的评价中，对于北京这座城市的整体情感印象，参赛者的认知和评价是积极且正面的。北马之所以能吸引大批参赛者争先恐后地抢占参赛名额，处于"一号难求"的状态，除了赛事组委会丰富的办赛经验之外，比赛当天的现场仪式感也是吸引其参与其中的主要因素。例如，赛道上万人同跑的气氛会让参赛者感到身心愉悦，赛道两旁无数观众的加油助威声会让参赛者感到激动自豪，赛场上与精英运动员的激烈角逐会让参赛者感到紧张刺激，种种跌宕起伏的情绪体验进而转化为对北京这座城市情感形象的认同，所以评价结果偏向"激动人心的"和"令人兴奋的"形象。由此可见，赛事仪式感带给参赛者的情感体验是其他活动所无法比拟的，这也因此吸引了越来越多的参赛者用脚步去丈量城市、用眼睛去欣赏城市的美景。

（3）城市马拉松参赛者体验特征与城市旅游形象认知特征的差异性分析

将人口统计学特征中的性别、年龄、职业、学历、家庭成员平均月收入和客源地作为分组变量①，把参赛者体验特征的情感体验和行动体验作为检验变量，采用独立样本 T 检验的方法对不同性别和客源地的参赛者进行差异性检验，运用单因素方差分析法对不同年龄、职业、学历和家庭成员平均月收入的参赛者进行差异性检验。

由表 1-52 可知，男性和女性两独立样本 T 检验在体验感知各维度上的双侧检验显著性概率 p 值均大于 0.05，没有通过显著性水平为 0.05 的显著性检验，表明不同性别的参赛者在北京马拉松的体验方面不具有显著性差异。情感体验方面，男性和女性两独立样本 T 检验的双侧检验显著性概率 p=0.279>0.05，表明男性和女性参赛者在北京马拉松情感体验方面不具有显著性差异。其中，男性均值为 4.22，女性均值为 4.32，数值均大于 4，且 t 值为-1.085，说明男性和女性参赛者在北京马拉松情感体验方面均达到了满意程度。行动体验方面，男性和女性两独立样本 T 检验的双侧检验显著性概率 p=0.330>0.05，表明男性和女性参赛者在北京马拉松行动体验方面不具有显著性差异。其中，男性均值为 4.25，女性均值为 4.33，数值均大于 4，t 值为-0.976，说明男性和女性参赛者在北京马拉松的行动体验方面均表示满意。此外，从表中数据可知，男性和女性参赛者行动体验的均值高于情感体验，说明无论男性还是女性，在实际行动能力上的表现较为突出。

---

① 由于"参赛次数"更侧重于个体参赛经历的数量指标，其对体验感知的影响可能受多种因素干扰，比如个人身体素质提升、参赛心态变化等，不像性别、年龄等变量具有明确的群体区分性和稳定性，纳入后可能会使差异性分析的逻辑变得复杂，难以精准确定其与体验感知差异的直接关系，因此未将参赛次数作为分组变量。由于"地域分布"是按照大的地理区域进行的划分，这种划分方式过于笼统，在分析参赛者体验感知差异时，这种大区域的划分可能掩盖了诸如城市规模、文化背景等更细致因素对体验的影响，无法精准地定位不同因素对体验感知差异的作用。因此，并未将地域分布作为分组变量。

表 1-52　不同性别参赛者体验感知的差异性分析

变量	情感体验	行动体验
男（$N=276$）	4.22±0.74	4.25±0.69
女（$N=93$）	4.32±0.66	4.33±0.65
t	−1.085	−0.976
p	0.279	0.330

由表 1-53 可知，不同年龄段参赛者在体验感知各维度上的显著性概率 p 值均大于 0.05，没有通过显著性水平为 0.05 的显著性检验，表明不同年龄段的参赛者在北京马拉松的体验特征方面不具有显著性差异。情感体验方面，单因素方差分析结果为 $F=0.055$，显著性 $p=0.983>0.05$，表明青年、壮年、中年和老年参赛者在北京马拉松情感体验感知方面不具有显著性差异。其中，从比较均值方面分析，均值均大于 4 且相差甚微，说明不同年龄段参赛者对北京马拉松比赛所产生的印象感知极其相似，这也证明了北京马拉松在整体赛事氛围和赛事服务方面得到各年龄段参赛者的认可。行动体验方面，单因素方差分析结果为 $F=0.406$，显著性 $p=0.749>0.05$，表明青年、壮年、中年和老年参赛者在北京马拉松行动体验感知方面不具有显著性差异。从比较均值方面分析，中年的均值最高，青年的均值则最低，分别是 4.30 和 4.13，说明中年参赛者追求修身养性，更愿意为了参加北马付诸实际行动，尝试提高自己的参赛水平；而青年参赛者则因为学习能力和适应能力较强，不易因为参加北马而激发对规则的求知欲和改变生活方式的行动力。

表 1-53　不同年龄参赛者体验感知的差异性分析

变量	情感体验	行动体验
青年 18~29 岁（$N=18$）	4.22±0.64	4.13±0.72
壮年 30~44 岁（$N=195$）	4.24±0.74	4.27±0.71
中年 45~59 岁（$N=143$）	4.27±0.71	4.30±0.65
老年 60 岁及以上（$N=13$）	4.25±0.56	4.21±0.58
F	0.055	0.406
p	0.983	0.749

由表1-54可知，情感体验方面，单因素方差分析结果为F=1.065，显著性概率p=0.385>0.05，没有通过显著性水平为0.05的显著性检验，表明不同职业参赛者在北马情感体验感知方面不具有显著性差异。从比较均值方面分析，均值均大于或等于4，说明不同职业参赛者对北马的情感体验感知达到满意程度。

行动体验方面，单因素方差分析结果为F=2.224，显著性概率p=0.032<0.05，通过显著性水平为0.05的显著性检验，表明不同职业参赛者在北马行动体验感知方面具有显著性差异，但由于职业组间的学生个案数不足2个，因此无法对行动体验进行事后检验。从比较均值方面分析，除学生变量外，政府工作人员对北京马拉松的行动体验感知最低，均值为4.01，说明政府工作人员大多因为公务繁忙而没有充足时间去了解马拉松的竞赛规则和相关知识，参加北马更多的是为了追求精神上的愉悦；除其他参赛者变量外，企业职工、事业单位职工对北马的行动体验感知程度较高，均值分别为4.34和4.35，几乎趋同，这表明职工将参加城市马拉松比赛作为时尚潮流风向标，将参加马拉松运动作为闲暇时间里的一种健康生活方式。

表1-54 不同职业参赛者体验感知的差异性分析

变量	情感体验	行动体验
个体户/自由职业者/私营公司老板（N=64）	4.15±0.74	4.15±0.7
企业职工（N=168）	4.32±0.72	4.34±0.63
事业单位职工（N=53）	4.13±0.84	4.35±0.81
政府工作人员（N=24）	4.14±0.56	4.01±0.64
学生（N=1）	4±0	2.75±0
退休（N=25）	4.16±0.72	4.15±0.73
无业（N=5）	4.4±0.45	4.1±0.74
其他（N=29）	4.43±0.55	4.4±0.56
F	1.065	2.224
p	0.385	0.032*

注：* $p<0.05$。

由表1-55可知，不同学历参赛者在体验感知各维度上的显著性概率p值均大于0.05，没有通过显著性水平为0.05的显著性检验，这表明不同学历的参赛者在北马的体验感知特征方面不具有显著性差异。

情感体验方面，单因素方差分析结果为 F=1.806，显著性 p=0.146>0.05，表明不同学历参赛者在北马情感体验感知方面不具有显著性差异。从比较均值方面分析，初中及以下的均值为 4.5，与具有高中及中专、大专及本科和研究生及以上学历的参赛者相比较高。

行动体验方面，单因素方差分析结果为 F=1.183，显著性 p=0.316>0.05，表明不同学历参赛者在北京马拉松行动体验感知方面不具有显著性差异。从比较均值方面分析，研究生及以上均值为 4.17，与具有初中及以下、高中及中专和大专及本科学历的参赛者相比较低。

表 1-55 不同学历参赛者体验感知的差异性分析

变量	情感体验	行动体验
初中及以下（$N=5$）	4.5±0.71	4.45±0.45
高中及中专（$N=21$）	4.21±0.84	4.25±0.65
大专及本科（$N=239$）	4.3±0.71	4.32±0.66
研究生及以上（$N=104$）	4.12±0.71	4.17±0.74
F	1.806	1.183
p	0.146	0.316

由表 1-56 可知，家庭成员平均月收入不同的参赛者在体验感知各维度上的显著性 p 值均大于 0.05，没有通过显著性水平为 0.05 的显著性检验，这表明家庭成员平均月收入不同的参赛者在北马的体验感知特征方面不具有显著性差异。

情感体验方面，单因素方差分析结果为 F=1.662，显著性 p=0.106>0.05，表明家庭成员平均月收入不同的参赛者在北马情感体验感知方面不具有显著性差异。从比较均值方面分析，家庭成员平均月收入在 3000 元以下参赛者的感知程度最高，家庭成员平均月收入在 20001 元及以上的参赛者感知程度最低，均值分别为 4.6 和 4.08。

行动体验方面，单因素方差分析结果为 F=0.645，显著性 p=0.740>0.05，表明家庭成员平均月收入不同的参赛者在北马行动体验感知方面不具有显著性差异。从比较均值方面分析，家庭成员平均月收入在 7001~9000 元的参赛者对行动体验的感知程度最高，家庭成员平均月收入在 3000 元以下的参赛者对行动体验的感知程度最低，均值分别为 4.39 和 4.05。

表 1-56　家庭成员平均月收入不同的参赛者体验感知的差异性分析

变量	情感体验	行动体验
3000 元以下（$N=5$）	4.6±0.55	4.05±0.76
3001~5000 元（$N=29$）	4.48±0.5	4.37±0.59
5001~7000 元（$N=41$）	4.29±0.67	4.29±0.72
7001~9000 元（$N=47$）	4.39±0.61	4.39±0.55
9001~11000 元（$N=44$）	4.28±0.62	4.27±0.67
11001~13000 元（$N=28$）	4.34±0.84	4.28±0.82
13001~15000 元（$N=35$）	4.24±0.61	4.36±0.66
15001~20000 元（$N=37$）	4.16±0.77	4.26±0.73
20001 元及以上（$N=103$）	4.08±0.83	4.17±0.7
F	1.662	0.645
p	0.106	0.740

由表 1-57 可知，北京本地参赛者和外地参赛者两独立样本 T 检验在体验感知各维度上的双侧检验显著性概率 p 值均大于 0.05，没有通过显著性水平为 0.05 的显著性检验，这表明不同客源地的参赛者在北马的体验方面不具有显著性差异。

情感体验方面，北京本地参赛者和外地参赛者两独立样本 T 检验的双侧检验显著性概率 p=0.636>0.05，表明北京本地参赛者和外地参赛者在北马情感体验方面不具有显著性差异。其中，北京本地参赛者均值为 4.25、外地参赛者均值为 4.29，数值均大于 4 且趋近，t 值为-0.474，说明北京本地参赛者和外地参赛者对于北马的情感反应是较好的且具有一致性。

行动体验方面，北京本地参赛者和外地参赛者两独立样本 T 检验的双侧检验显著性概率 p=0.061>0.05，表明北京本地参赛者和外地参赛者在北马行动体验方面不具有显著性差异。其中，北京本地参赛者均值为 4.07、外地参赛者均值为 4.22，表明外地参赛者在北马的行动体验方面高于北京本地参赛者，即外地参赛者更愿意为了北马比赛做出实际行动。此外，从表中的数据可知，北京本地参赛者和外地参赛者行动体验的均值低于情感体验，说明无论是北京本地参赛者还是外地参赛者，对于北马的情感体验总是优于行动体验的，即参赛者先对赛事产生强烈情感和美好印象进而会在今后生活中将其转化为内在驱动力。

表1-57 不同客源地参赛者体验感知的差异性分析

变量	情感体验	行动体验
北京本地参赛者（$N=137$）	4.25±0.63	4.07±0.78
外地参赛者（$N=232$）	4.29±0.71	4.22±0.73
t	-0.474	-1.877
p	0.636	0.061

（4）北京马拉松参赛者对城市旅游形象认知的差异性分析[①]

由表1-58可知，男性和女性两独立样本T检验在城市旅游形象各维度上的双侧检验显著性概率p值均大于0.05，没有通过显著性水平为0.05的显著性检验，表明不同性别的参赛者对于北京市城市旅游形象认知的特征不具有显著性差异。

体验质量方面，男性和女性两独立样本T检验的双侧检验显著性概率$p=0.456>0.05$，表明男性和女性参赛者在北京市城市旅游形象的体验质量方面不具有显著性差异。其中，男性均值为4.31、女性均值为4.26，数值均大于4，且t值为0.746，说明男性和女性参赛者对于北京市的城建基础设施和安全保障等均达到了满意程度。

吸引物方面，男性和女性两独立样本T检验的双侧检验显著性概率$p=0.456>0.05$，表明男性和女性参赛者在北京市城市旅游形象的吸引物方面不具有显著性差异。其中，男性均值为4.48、女性均值为4.43，数值均大于4且均值在各维度中最高，即其对北京市旅游吸引物的满意程度最高。

价值/环境方面，男性和女性两独立样本T检验的双侧检验显著性概率$p=0.679>0.05$，表明男性和女性参赛者在北京市城市旅游形象的价值/环境认知方面不具有显著性差异。其中，男性均值为3.97、女性均值为4.01，相较于其他维度而言均值较低，即表明无论是男性还是女性参赛者，都对价值/环境的满意程度较低。

情感形象方面，男性和女性两独立样本T检验的双侧检验显著性概率$p=0.857>0.05$，表明男性和女性参赛者在北京市城市旅游形象的情感形

---

① 本部分同样未将参赛次数、地域分布作为分组变量，原因如前文所述。

象认知方面不具有显著性差异。其中,男性均值为4.16、女性均值为4.17,均值几乎趋同,表明无论是男性还是女性参赛者在北京市城市旅游形象的情感形象认知方面均表现出较为乐观积极的态度,且具有一致性。

表1-58 不同性别参赛者城市旅游形象认知的差异性分析

变量	体验质量	吸引物	价值/环境	情感形象
男（$N=276$）	4.31±0.57	4.48±0.54	3.97±0.71	4.16±0.74
女（$N=93$）	4.26±0.66	4.43±0.63	4.01±0.64	4.17±0.78
t	0.746	0.745	−0.414	−0.18
p	0.456	0.456	0.679	0.857

由表1-59可知,不同年龄段参赛者在城市旅游形象各维度上的显著性概率p值均大于0.05,没有通过显著性水平为0.05的显著性检验,表明不同年龄段的参赛者在北京市城市旅游形象的认知特征方面不具有显著性差异。

体验质量方面,单因素方差分析结果为$F=0.235$,显著性$p=0.872>0.05$,表明不同年龄段参赛者在北京市城市旅游形象体验质量认知方面不具有显著性差异。从比较均值方面分析,均值均大于4,说明不同年龄段参赛者对北京市城建基础设施和安全保障程度等均达到满意程度。

吸引物方面,单因素方差分析结果为$F=0.874$,显著性$p=0.455>0.05$,表明不同年龄段参赛者在北京市城市旅游形象吸引物认知方面不具有显著性差异。从比较均值方面分析,中年参赛者的均值最高为4.51,而青年和老年参赛者的均值相同,均为4.33,说明中年参赛者对北京市的文化、历史景观和建筑更感兴趣,同时,青年和老年参赛者对北京市城市旅游形象吸引物的认知程度相同。

价值/环境方面,单因素方差分析结果为$F=0.106$,显著性$p=0.957>0.05$,表明不同年龄段参赛者在北京市城市旅游形象价值/环境的认知方面不具有显著性差异。从比较均值方面分析,各年龄段参赛者的均值趋同,而壮年和老年参赛者的均值完全相同,均为3.99,说明不同年龄段参赛者对北京市城市旅游形象价值/环境的认知具有一致性。

情感形象方面,单因素方差分析结果为$F=1.157$,显著性$p=0.326>0.05$,表明不同年龄段参赛者在北京市城市旅游形象情感形象的认知方面不具有显著性差异。从比较均值方面分析,老年参赛者的均值最高,青年参赛者的均值最低，分别是 4.35 和 3.88，而壮年和中年参赛者的均值相同，均为 4.17，说明不同年龄段参赛者对北京市城市旅游形象情感形象的认知具有一致性。

表 1-59 不同年龄参赛者城市旅游形象认知的差异性分析

变量	体验质量	吸引物	价值/环境	情感形象
青年 18~29 岁（$N=18$）	4.22±0.59	4.33±0.6	3.9±0.8	3.88±0.86
壮年 30~44 岁（$N=195$）	4.31±0.6	4.46±0.59	3.99±0.69	4.17±0.75
中年 45~59 岁（$N=143$）	4.29±0.6	4.51±0.53	3.97±0.68	4.17±0.75
老年 60 岁及以上（$N=13$）	4.21±0.58	4.33±0.53	3.99±0.81	4.35±0.46
F	0.235	0.874	0.106	1.157
p	0.872	0.455	0.957	0.326

由表 1-60 可知，体验质量方面，单因素方差分析结果为 F=1.516，显著性概率 p=0.16>0.05，没有通过显著性水平为 0.05 的显著性检验，表明不同职业参赛者在北京市城市旅游形象体验质量的认知方面不具有显著性差异。从比较均值方面分析，均值均大于或等于 4，说明不同职业参赛者对北京市城市旅游形象体验质量的认知均达到满意程度。

吸引物方面，单因素方差分析结果为 F=1.102，显著性概率 p=0.361>0.05，没有通过显著性水平为 0.05 的显著性检验，表明不同职业参赛者在北京市城市旅游形象吸引物的认知方面不具有显著性差异。从比较均值方面分析，职业为企业职工的参赛者均值为 4.53，相比其他职业参赛者的均值较高。

价值/环境方面，单因素方差分析结果为 F=2.275，显著性概率 p=0.028<0.05，通过显著性水平为 0.05 的显著性检验，表明不同职业参赛者在北京市城市旅游形象价值/环境的认知方面具有显著性差异，但由于职业组间的学生个案数不足 2 个，因此无法对其进行事后检验。从比较均值方面分析，企业职工和事业单位职工参赛者的均值相同，均为 4.02，说明企业职工和事业单位职工参赛者对北京市城市旅游形象的价值/环境的认知特征具有一致性。

情感形象方面，单因素方差分析结果为 F=1.411，显著性概率 p=0.2>0.05，没有通过显著性水平为 0.05 的显著性检验，表明不同职业参赛者在北京市城市旅游形象情感形象的认知方面不具有显著性差异。

表1-60 不同职业参赛者城市旅游形象认知的差异性分析

变量	体验质量	吸引物	价值/环境	情感形象
个体户/自由职业者/私营公司老板（$N=64$）	4.17±0.64	4.44±0.58	3.86±0.76	4.03±0.77
企业职工（$N=168$）	4.37±0.59	4.53±0.53	4.02±0.68	4.16±0.78
事业单位职工（$N=53$）	4.31±0.64	4.42±0.68	4.02±0.63	4.2±0.7
政府工作人员（$N=24$）	4.19±0.53	4.44±0.53	3.9±0.69	4.01±0.74
学生（$N=1$）	4±0	3.67±0	2.33±0	3±0
退休（$N=25$）	4.12±0.55	4.28±0.6	3.79±0.75	4.3±0.61
无业（$N=5$）	4.1±0.22	4.33±0.53	3.8±0.36	4.35±0.6
其他（$N=29$）	4.43±0.55	4.51±0.52	4.25±0.62	4.41±0.71
F	1.516	1.102	2.275	1.411
p	0.16	0.361	0.028*	0.2

注：* $p<0.05$。

由表1-61可知，体验质量方面，单因素方差分析结果为F=1.473，显著性概率p=0.222>0.05，没有通过显著性水平为0.05的显著性检验，表明不同学历参赛者在北京市城市旅游形象的体验质量认知方面不具有显著性差异。从比较均值方面分析，均值均大于4，说明不同学历参赛者对北京市城市旅游形象体验质量的认知特征均达到满意程度。

吸引物方面，单因素方差分析结果为F=1.88，显著性概率p=0.133>0.05，没有通过显著性水平为0.05的显著性检验，表明不同学历参赛者在北京市城市旅游形象吸引物的认知方面不具有显著性差异。从比较均值方面分析，初中及以下和研究生及以上学历参赛者的均值相同，均为4.4，说明初中及以下和研究生及以上学历参赛者对于北京市城市旅游形象吸引物的认知特征具有一致性。

价值/环境方面，单因素方差分析结果为F=3.143，显著性概率p=0.025<0.05，通过显著性水平为0.05的显著性检验，表明不同学历参赛者在北京市城市旅游形象的价值/环境认知方面具有显著性差异，由事后检验结果可知，初中及以下学历参赛者对其的认知显著高于高中及中专、大专及本科和研究生及以上学历的参赛者。

情感形象方面，单因素方差分析结果为 F=4.011，显著性概率 p=0.008<0.01，通过显著性水平为 0.01 的显著性检验，表明不同学历参赛者在北京市城市旅游形象情感形象的认知方面具有较大的差异，由事后检验结果可知，研究生及以上学历参赛者对情感形象的认知显著低于初中及以下、高中及中专和大专及本科学历的参赛者。

表1-61 不同学历参赛者城市旅游形象认知的差异性分析

变量	体验质量	吸引物	价值/环境	情感形象
初中及以下（N=5）	4.45±0.57	4.4±0.55	4.37±0.61	4.4±0.55
高中及中专（N=21）	4.3±0.74	4.29±0.64	3.98±0.74	4.4±0.75
大专及本科（N=239）	4.34±0.6	4.52±0.57	4.04±0.7	4.22±0.74
研究生及以上（N=104）	4.2±0.56	4.4±0.54	3.82±0.65	3.96±0.75
F	1.473	1.88	3.143	4.011
p	0.222	0.133	0.025*	0.008**
事后检验			1>2、3、4	4<1、2、3

注：1=初中及以下、2=高中及中专、3=大专及本科、4=研究生及以上，* $p<0.05$，** $p<0.01$。

由表1-62可知，体验质量方面，单因素方差分析结果为 F=0.765，显著性概率 p=0.634>0.05，没有通过显著性水平为 0.05 的显著性检验，表明家庭成员平均月收入不同的参赛者在北京市城市旅游形象的体验质量认知方面不具有显著性差异。从比较均值方面分析，均值均大于 4，说明家庭成员平均月收入不同的参赛者对北京市城市旅游形象体验质量的认知特征均达到满意程度。

吸引物方面，单因素方差分析结果为 F=1.016，显著性概率 p=0.423>0.05，没有通过显著性水平为 0.05 的显著性检验，表明家庭成员平均月收入不同的参赛者在北京市城市旅游形象吸引物的认知方面不具有显著性差异。

价值/环境方面，单因素方差分析结果为 F=1.2，显著性概率 p=0.298>0.05，没有通过显著性水平为 0.05 的显著性检验，表明家庭成员平均月收入不同的参赛者在北京市城市旅游形象的价值/环境认知方面不具有显著性差异。

情感形象方面，单因素方差分析结果为 F=1.58，显著性概率 p=0.129>0.05，没有通过显著性水平为 0.05 的显著性检验，表明家庭成员平均月收入不同的参赛者在北京市城市旅游形象情感形象的认知方面不具有显著性差异。

表1-62 家庭成员平均月收入不同的参赛者城市旅游形象认知的差异性分析

变量	体验质量	吸引物	价值/环境	情感形象
3000元以下（$N=5$）	4.2±0.48	4.33±0.62	3.67±0.77	4.15±0.49
3001~5000元（$N=29$）	4.32±0.51	4.4±0.56	4.07±0.71	4.47±0.62
5001~7000元（$N=41$）	4.32±0.56	4.43±0.6	4±0.7	4.07±0.8
7001~9000元（$N=47$）	4.37±0.53	4.55±0.47	4.16±0.66	4.35±0.71
9001~11000元（$N=44$）	4.38±0.53	4.53±0.45	3.94±0.6	4.01±0.77
11001~13000元（$N=28$）	4.38±0.66	4.64±0.51	4.16±0.61	4.28±0.7
13001~15000元（$N=35$）	4.19±0.71	4.49±0.55	3.96±0.72	4.1±0.74
15001~20000元（$N=37$）	4.14±0.78	4.31±0.79	3.91±0.69	4.18±0.8
20001元及以上（$N=103$）	4.3±0.57	4.45±0.56	3.88±0.74	4.08±0.76
F	0.765	1.016	1.2	1.58
p	0.634	0.423	0.298	0.129

由表1-63可知，北京本地参赛者和外地参赛者两独立样本T检验在城市旅游形象各维度上的双侧检验显著性概率p值均大于0.05，没有通过显著性水平为0.05的显著性检验，表明不同客源地的参赛者对北京市城市旅游形象的认知不具有显著性差异。

体验质量方面，北京本地参赛者和外地参赛者两独立样本T检验的双侧检验显著性概率$p=0.108>0.05$，表明不同客源地的参赛者在北京市城市旅游形象的体验质量方面不具有显著性差异。其中，北京本地参赛者均值为4.41、外地参赛者均值为4.5，数值均大于4且均值在各维度中都是各自最高水平，说明不同客源地的参赛者对北京市旅游形象体验质量的满意程度较高。

吸引物方面，北京本地参赛者和外地参赛者两独立样本T检验的双侧检验显著性概率$p=0.159>0.05$，表明不同客源地的参赛者在北京市城市旅游形象的吸引物方面不具有显著性差异。其中，北京本地参赛者均值为3.91、外地参赛者均值为4.02，相较其他维度而言均值为各自最低水平，说明不同客源地的参赛者对于北京市旅游形象吸引物的满意程度较低。

价值/环境方面，北京本地参赛者和外地参赛者两独立样本T检验的双侧检验显著性概率$p=0.722>0.05$，表明不同客源地的参赛者在北京市城市旅游形象的价值/环境认知方面不具有显著性差异。其中，北京本地参赛者均值为4.23、外地参赛者均值为4.26，均值均大于4且趋同，表明无论是北京本地参赛者还是外地参赛者对价值/环境的认知都达到满意程度，且具有一致性。

情感形象方面，北京本地参赛者和外地参赛者两独立样本T检验的双侧检验显著性概率p=0.051>0.05，表明不同客源地的参赛者在北京市城市旅游形象的情感形象认知方面不具有显著性差异。其中，本地参赛者均值为4.22、外地参赛者均值为4.34，均值均大于4，表明无论是本地参赛者还是外地参赛者在北京市城市旅游形象的情感形象认知方面都表现出较为乐观积极的态度。

在北京市城市旅游形象的总体认知上，外地参赛者对于体验质量、吸引物、价值/环境和情感形象认知的满意程度都要高于北京本地参赛者，这表明北京市的城市旅游形象对于外地参赛者而言有着极大的吸引力，而北京本地参赛者则由于长期工作或生活在这座城市，对城市旅游形象已然形成原始认知。

表1-63 不同客源地参赛者城市旅游形象认知的差异性分析

变量	体验质量	吸引物	价值/环境	情感形象
北京本地参赛者（N=137）	4.41±0.53	3.91±0.69	4.23±0.66	4.22±0.59
外地参赛者（N=232）	4.5±0.58	4.02±0.69	4.26±0.75	4.34±0.6
t	−1.612	−1.411	−0.356	−1.961
p	0.108	0.159	0.722	0.051

5. 假设检验与讨论

（1）相关分析

为了构建回归预测模型，本部分先运用皮尔逊相关性分析法确认参赛者体验和城市旅游形象认知各要素间存在相关关系。

表1-64统计结果显示，各因素之间的相关性检验的显著性均为p<0.01，说明各因素间具有较强的相关性，即情感体验、行动体验分别与体验质量、吸引物、价值/环境和情感形象呈显著性正相关，同时根据r值大小可知，在参赛者体验和城市旅游形象认知形象（体验质量、吸引物和价值/环境）各要素的关系上，相关性大小为行动体验大于情感体验；在参赛者体验和城市旅游形象情感形象要素的关系上，相关性大小为情感体验大于行动体验。

表 1-64　相关分析

维度	情感体验 r 值	行动体验 r 值	体验质量 r 值	吸引物 r 值	价值/环境 r 值	情感形象 r 值
情感体验	1					
行动体验	0.708**	1				
体验质量	0.570**	0.621**	1			
吸引物	0.525**	0.567**	0.707**	1		
价值/环境	0.593**	0.594**	0.721**	0.655**	1	
情感形象	0.594**	0.561**	0.659**	0.531**	0.698**	1

注：** p<0.01。

(2) 回归模型评价

马拉松参赛者体验特征与城市旅游形象体验质量的回归分析如下。在皮尔逊相关性分析的基础上，我们进一步建立了以城市旅游形象体验质量为观察指标的回归模型方程，按照北马参赛者体验子因素 r 值大小的顺序，将行动体验 (r=0.621)、情感体验 (r=0.570) 输入回归方程模型中。数据结果显示，总方程模型能解释数据 41.6% 程度的变异（调整后 R^2=0.416），达到大的效应值，D-W 值为 2.009，在 2 附近说明残差序列无自相关性（见表 1-65）。因此，北马参赛者体验特征表现出直接对城市旅游形象体验质量的预测效应。行动体验、情感体验这两个预测变量回归系数显著性检验 p 值为 0.000 均小于 0.001（见表 1-66）。

表 1-65　北马参赛者体验特征与城市旅游形象体验质量的回归模型 b

模型	R	R^2	调整后 R^2	标准估算的错误	D-W 值
1	0.648	0.420	0.416	0.45680	2.009

表 1-66　北马参赛者体验特征与城市旅游形象体验质量的回归分析系数 a

模型	非标准化系数 B	标准误差	标准化系数 Beta	t	显著性 (p)
1 (常量)	1.740	0.159		10.939	0.000
行动体验	0.382	0.050	0.435	7.712	0.000
情感体验	0.218	0.047	0.262	4.646	0.000

第一章 国内马拉松赛事与城市文化融合状况测度及分析

马拉松参赛者体验特征与城市旅游形象吸引物的回归分析如下。以城市旅游形象吸引物为观察指标，建立回归模型方程，并按照马拉松参赛者体验子因素 r 值大小的顺序，将行动体验（r=0.567）、情感体验（r=0.525）输入回归方程模型中。数据结果显示，总方程模型能解释数据 34.9% 程度的变异（调整后 R^2=0.349），达到大的效应值，D-W 值为 1.974，在 2 附近说明残差序列无自相关性（见表 1-67）。因此，北马参赛者体验特征表现出直接对城市旅游形象吸引物的预测效应。行动体验、情感体验这两个预测变量回归系数显著性检验 p 值为 0.000 均小于 0.001（见表 1-68）。

表 1-67 北马参赛者体验特征与城市旅游形象吸引物的回归模型 b

模型	R	R^2	调整后 R^2	标准估算的错误	D-W 值
1	0.593	0.352	0.349	0.45634	1.974

表 1-68 北马参赛者体验特征与城市旅游形象吸引物的回归分析系数 a

模型	非标准化系数 B	标准误差	标准化系数 Beta	t	显著性（p）
1（常量）	2.252	0.159		14.168	0.000
行动体验	0.325	0.049	0.392	6.573	0.000
情感体验	0.195	0.047	0.248	4.153	0.000

马拉松参赛者体验特征与城市旅游形象价值/环境的回归分析如下。以城市旅游形象价值/环境为观察指标，建立回归模型方程，并按照马拉松参赛者体验子因素 r 值大小的顺序，将行动体验（r=0.594）、情感体验（r=0.593）输入回归方程模型中。数据结果显示，总方程模型能解释数据 40.9% 程度的变异（调整后 R^2=0.409），达到大的效应值，D-W 值为 1.918，在 2 附近说明残差序列无自相关性（见表 1-69）。因此，北马参赛者体验特征表现出直接对城市旅游形象价值/环境的预测效应。行动体验、情感体验这两个预测变量回归系数显著性检验 p 值为 0.000 均小于 0.001（见表 1-70）。

表 1-69 北马参赛者体验特征与城市旅游形象价值/环境的回归模型 b

模型	R	R^2	调整后 R^2	标准估算的错误	D-W 值
1	0.642	0.412	0.409	0.53180	1.918

表1-70 北马参赛者体验特征与城市旅游形象价值/环境的回归分析系数

模型	非标准化系数 B	标准误差	标准化系数 Beta	t	显著性（p）
I（常量）	1.052	0.185		5.681	0.000
行动体验	0.353	0.058	0.348	6.122	0.000
情感体验	0.334	0.055	0.347	6.118	0.000

马拉松参赛者体验特征与城市旅游形象情感形象的回归分析如下。以城市旅游形象情感形象为观察指标，建立回归模型方程，并根据城市马拉松参赛者体验子因素 r 值大小的顺序，将情感体验（r=0.594）、行动体验（r=0.561）输入回归方程模型中。数据结果显示，总方程模型能解释数据 38.8% 程度的变异（调整后 R^2 = 0.388），达到大的效应值，D-W 值为 1.898，在 2 附近说明残差序列无自相关性（见表1-71）。因此，北马参赛者体验特征表现出直接对城市旅游形象情感形象的预测效应。行动体验、情感体验这两个预测变量回归系数显著性检验 p 值为 0.000 均小于 0.001（见表1-72）。

表1-71 北马参赛者体验特征与城市旅游形象情感形象的回归模型 b

模型	R	R^2	调整后 R^2	标准估算的错误	D-W 值
1	0.626	0.392	0.388	0.58686	1.898

表1-72 北马参赛者体验特征与城市旅游形象情感形象的回归分析系数 a

模型	非标准化系数 B	标准误差	标准化系数 Beta	t	显著性（p）
I（常量）	1.090	0.204		5.335	0.000
情感体验	0.310	0.064	0.282	4.876	0.000
行动体验	0.411	0.060	0.394	6.822	0.000

（3）城市马拉松参赛者体验对城市旅游形象认知的影响

根据以上实证数据的验证，我们构建了基于参赛者体验的马拉松赛事对城市旅游形象认知的影响模型（见图1-22）。

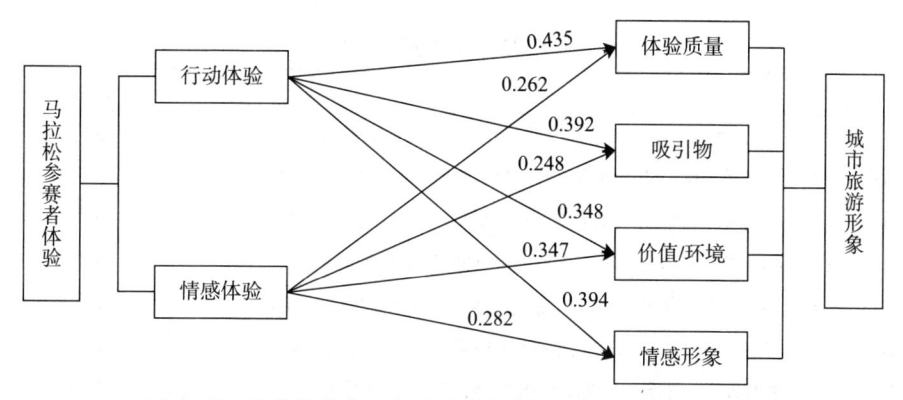

第一章 国内马拉松赛事与城市文化融合状况测度及分析

图 1-22 马拉松参赛者体验对城市旅游形象认知的影响模型

由假设检验结果可知，马拉松参赛者体验分别与城市旅游形象认知各维度之间存在显著性正相关，回归模型的解释变异程度分别为调整后 $R^2 = 0.416$、调整后 $R^2 = 0.349$、调整后 $R^2 = 0.409$、调整后 $R^2 = 0.388$。

马拉松参赛者体验跟城市旅游形象认知形象各要素之间存在相关预测关系且在统计学上是显著的。马拉松参赛者行动体验与城市旅游形象体验质量存在显著正相关，回归系数为 0.435；马拉松参赛者行动体验与城市旅游形象吸引物存在显著正相关，回归系数为 0.392；马拉松参赛者行动体验与城市旅游形象价值/环境存在显著正相关，回归系数为 0.348；马拉松参赛者情感体验与城市旅游形象体验质量存在显著正相关，回归系数为 0.262；马拉松参赛者情感体验与城市旅游形象吸引物存在显著正相关，回归系数为 0.248；马拉松参赛者情感体验与城市旅游形象价值/环境存在显著正相关，回归系数为 0.347。

根据回归系数，马拉松参赛者体验各指标对城市旅游形象体验质量的影响从大到小依次为：行动体验、情感体验。马拉松参赛者体验各指标对城市旅游形象吸引物的影响从大到小依次为：行动体验、情感体验。马拉松参赛者体验各指标对城市旅游形象价值/环境的影响从大到小依次为：行动体验、情感体验。其中各指标均是显著性影响，假设检验成立（见表 1-73）。

表1-73 假设检验结论

假设	结论
H1：马拉松参赛者体验与城市旅游形象的认知形象呈显著正相关	支持
H1a：马拉松参赛者情感体验与城市旅游形象体验质量存在显著正相关	支持
H1b：马拉松参赛者情感体验与城市旅游形象吸引物存在显著正相关	支持
H1c：马拉松参赛者情感体验与城市旅游形象价值/环境存在显著正相关	支持
H1d：马拉松参赛者行动体验与城市旅游形象体验质量存在显著正相关	支持
H1e：马拉松参赛者行动体验与城市旅游形象吸引物存在显著正相关	支持
H1f：马拉松参赛者行动体验与城市旅游形象价值/环境存在显著正相关	支持

马拉松参赛者体验跟城市旅游形象情感形象之间存在相关预测关系。马拉松参赛者情感体验与城市旅游形象情感形象存在显著正相关，回归系数为0.282；马拉松参赛者行动体验与城市旅游形象情感形象存在显著正相关，回归系数为0.394。根据回归系数，马拉松参赛者体验各指标对城市旅游形象情感形象的影响从大到小依次为：情感体验、行动体验。其中各指标均是显著性影响，假设检验成立（见表1-74）。

表1-74 假设检验结论

假设	结论
H2：马拉松参赛者体验与城市旅游形象的情感形象呈显著正相关	支持
H2a：马拉松参赛者情感体验与城市旅游形象情感形象存在显著正相关	支持
H2b：马拉松参赛者行动体验与城市旅游形象情感形象存在显著正相关	支持

6. 小结

基于对马拉松参赛者的调查，发现马拉松参赛者的行动体验和情感体验对城市旅游形象认知的影响具有统计学意义的预测关联性，均表现出较强的相关性。由研究假设结果可知，本部分的假设关系均成立。这些发现揭示了在城市旅游发展中，马拉松运动的开展对于城市旅游形象的塑造具有重要的贡献效应，而且可以通过提升参赛者体验来实现其对城市旅游发展的形象认同。因此，在城市旅游形象建设中，马拉松赛事组织者应全面提高竞赛管理水平、优化赛事服务保障，致力于提升参赛者的行动体验和情感体验，以组织管理精细、参赛体验质量优良且面向国际、兼收并蓄的马拉松赛事向城市发展献礼。

第三节　国内马拉松赛事与城市文化融合分析

一　当前国内马拉松赛事与城市文化融合存在的问题

(一) 马拉松赛事赛道的负面感知较为明显

通过对各个城市的马拉松赛事的研究发现，马拉松赛事的赛道能够展现该地主要的城市文化，但赛道的拥挤等负面感知会影响马拉松参赛者对整个城市文化的形象认知。赛道最为参赛者喜爱的是风景属性，这也是参赛者最直观感受城市文化的途径，除此之外，交通的便捷度、志愿服务满意度等都会影响到参赛者对该城市风土人情的感受。首先，在一些马拉松比赛中，赛道上缺乏必要的安全措施，如隔离栅栏、警示标志等，对参赛选手和观众构成了安全隐患。在国内马拉松比赛中，就曾发生过多名选手失联的事件，这样的事件引发了社会各界的广泛关注，造成了较大的负面影响。其次，在一些城市中，马拉松比赛的路线设置不够合理，导致交通拥堵现象。在比赛进行期间，因为需要封闭道路，部分马路无法开车通行，从而导致周边道路车流量大幅增加，造成严重的交通拥堵和路面混乱。这种情况不仅给当地居民带来不便，也影响了城市的形象。最后，一些城市举办的马拉松比赛对环境的污染问题也值得关注。比如，在比赛后，赛道上会留下大量的垃圾和废弃物，这些垃圾如果不能及时清理，就会对环境产生一定程度的污染，损害城市的形象，进而使参赛者对该城市文化造成负面感知。

此外，一些非参赛的游客也可能会产生类似的负面感知。例如，赛道沿线的噪声污染、赛事结束之后赛道的不整洁等，这些负面的直观形象感知，也会让前来观光马拉松赛事的游客对这个城市的形象产生不良印象，进而影响其对该城市文化的感知评价。

因此，马拉松赛事运营方不仅要保证比赛的安全、提高比赛的质量，还要加强各方的协作，制定更为规范、详细的赛事策略，做好城市市容市貌，注重环境保护和市民利益的维护。相信随着各方共同努力，马拉松赛事赛道问题的负面感知将会逐渐消失，更多的人将参与到这项健康、积极的运动中来。

(二) 马拉松赛事缺乏标志性形象特色

标志性形象或地标特色的正面感知是凸显城市文化的有效手段，但有些马拉松赛事缺乏标识物或标识物特色不够鲜明，从而造成城市文化感知强度弱。很多马拉松赛事在设计比赛标志和标识物时，忽略了与城市文化相结合的元素。这样一来，马拉松赛事就很难对当地文化产生引领作用，并且也不能有效地推广城市文化和形象。

对于一些具有标志性建筑的城市，马拉松赛事的赛道可以沿着标志性建筑进行设置，但对于一些标志性建筑较少或没有的城市，赛事运营方应积极制造标识物，增强参赛者记忆点，从而深化参赛者的感知印象，形成较高的城市文化感知水平。城市文化应该被纳入赛事策划中，马拉松赛事与其相结合，可以形成赛事的独特魅力和标志性形象特色。城市文化代表了城市的风貌、历史底蕴和独特价值观念体系，可以通过赛事的形式传递出去。例如，北马在设计标志和标识物时，将故宫建筑元素融入其中，既突出了北京城市文化的独特性，又使比赛具有文化内涵。厦马设计了以"海上丝绸之路"为主题的标志和赛事T恤，体现了厦门作为海上丝绸之路的起点城市的文化底蕴。

因此，马拉松赛事标志性形象特色与城市文化之间存在着一定的关联性。城市文化是创造赛事形象、赛事特色的基础和推动力量。马拉松赛事策划者应该发掘城市文化资源，将城市的历史、地域、民族等元素融入马拉松赛事中，以建立马拉松赛事与城市文化相互沟通交流的桥梁。这样一来，不仅可以更好地强化比赛的品牌形象，同时也可以通过马拉松赛事推动城市文化的传承和发展。

(三) 马拉松赛事的相关配套服务不完备

赛事的配套服务水平会影响参赛者对该城市文化的认知水平。以城市属性为核心的认知形象主要为城市历史文化形象、城市自然景观形象、城市酒店形象、城市气候形象等，除了客观因素无法改变外，很多负面感知是人为因素引发的，如酒店价格不合理、工作人员服务不到位等，这些都会间接影响参赛者对城市文化整体的认知水平。

对于马拉松赛事来说，相关的配套服务水平尤为重要。如果马拉松赛事的相关配套服务不完备，那么将会对城市文化认知产生很多负面影响。城市形象是城市文化认知的一个重要方面，一个好的城市形象可以提高旅游者对该城市文化的认知水平。马拉松赛事是一个城市文化内涵和形象的重要组成部分。如果马拉松赛事的相关配套服务不完备，那么将会影响到城市形象和文化内涵的展示。比如，如果餐饮服务质量不好，游客就会感到不满意，从而影响到城市的旅游业发展。

因此，政府、社会和市民等各方应该共同努力，提高马拉松赛事的相关配套服务水平，积极推广志愿者文化，借助科技手段提供更好的服务，加强各部门的沟通合作，以实现城市文化认知水平的提升。

二 国内马拉松赛事与城市文化融合发展策略

基于以上分析结果，本章从目标制定、战略选择、控制反馈等方面对我国马拉松赛事与城市文化提出如下融合发展策略。

在马拉松赛事的发展目标制定过程中，各地应以完善赛事属性工作为基础目标、以凸显城市文化属性内容为增长目标、以满足参赛者多元化需求为拓展目标。我国马拉松赛事应当以良好的选手服务和有序的竞赛组织等赛事属性工作为基础目标，以融合城市人文形象、自然形象等城市文化属性内容为增长目标，以满足参赛者多元化的需求为拓展目标，稳步发展路跑赛事。在推进马拉松赛事与城市文化融合发展的过程中，各地应该设定明确的目标。具体来说，可以确定以下目标：提升马拉松赛事的品牌形象和知名度，增强对城市的宣传效果；创新马拉松赛事形象特色，使其成为城市文化的一部分；提高马拉松赛事组织和服务水平，为参赛选手提供更好的体验；带动城市其他相关产业的发展，促进城市经济增长和文化繁荣。

"赛事属性趋优"和"城市属性趋异"是马拉松赛事寻求差异化竞争战略的重要途径。各地应对城市资源和赛事资源进行 SWOT 分析，结合自身优势和劣势，充分挖掘本城市的马拉松赛事特点，并予以重点发展。结合本城市的历史文化、地域特色等资源，打造独特的马拉松赛事形象，并且把这些元素融入赛事中，进一步推广城市文化和形象。对于人文历史底蕴深厚和自然风景优美的城市，定位应偏向于特色型赛事，发展方向应向城市属性趋异化发展；对于现代化程度较高的城市，定位应偏向于专业型赛事，发展方向应向赛事属性趋优化发展；对于两者兼备的城市，可以选择同时向着赛事属性趋优和城市属性趋异的方向发展。

在马拉松赛事的控制反馈阶段，各地应关注到竞赛组织中的重难点，采取多元化控制手段。研究中可以发现：恶劣天气的预警和防治、赛前赛后的组织工作、补给保障等工作均为马拉松办赛的主要难点所在。马拉松赛事方应当对其予以更多的重视，采取事前控制、过程控制、事后控制等多种手段不断加以优化和改善，从而防止负面事件的传播，影响参赛者的感知以及对城市文化的认知水平。此外，马拉松赛事方更应掌握赛事的运营情况，不断进行控制反馈，保证策略实施的效果和质量。具体来说，要制定严格的指标和考核体系，对马拉松赛事的各项指标进行监测和评估；加强与参赛选手、观众和相关企业的沟通和反馈，了解其意见和建议，及时调整和改进赛事组织和服务；对赛事组织和服务方面的人员进行培训和管理，提高工作效率和水平。

各地应引入多元化评价主体、科学评价方法，建立健全马拉松赛事的文化评价体系。在研究中不难发现，对于网络文本的分析可以清晰地呈现马拉松赛事在各项工作中所取得的实际效果，尤其是在马拉松赛事的评价和反馈环节具有独特的优势。因此应当重视互联网信息手段，综合考量跑者的点评和跑记、市民的观感、舆论的评价等利益相关者的评价内容。建立以田协为核心，以参赛者、媒体、赛事方为补充的兼顾马拉松赛事专业性和运营合理性的多元化文化评定体系。

本章小结

首先，本章基于感知形象对国内马拉松赛事与城市文化的融合进行了机制分析，重点阐述了感知形象理论，其中旅游目的地形象是旅游学常用的感知测量概念，而感知形象是旅游者对旅游目的地产生的认识和印象，经过文献梳理发现在对城市文化进行感知建构过程中，个体对城市形象的感知尤为重要，所以本章基于此进行了案例研究，从感知的视角对马拉松赛事与城市文化的联系进行了阐释，并建立了微观的融合机制。

其次，本章选取了部分国内马拉松赛事与城市文化结合的案例，运用了内容分析法、结构方程模型等方法，分别对衡马、南马、西马等进行了感知形象演进分析，对北马和扬马等进行了网络文本分析，从形象类属、构成类目、具体要素、情感形象、总体形象方面进行了比较研究，之后还对成马和重马进行了感知形象研究，研究发现，成马和重马感知形象的最高频均表现为"赛道",情感形象具有高度相关性,赛事属性形象和城市属性形象是总体感知形象的两大类属。本章还基于结构方程模型对马拉松赛事与城市文化进行了研究。在对成马进行建模时,引入了人地关系变量——地方依恋进行分析,研究发现马拉松赛事不仅要结合目的地形象、深挖赛事特色,还要提高服务水平、建立情感纽带,以及创新宣传手段、提高重游意愿,才能彰显城市文化特色。本章在研究对马拉松参赛者体验与城市旅游形象认知的关系时,以北马和北京市旅游形象为例,研究发现马拉松参赛者的行动体验和情感体验对城市旅游形象认知的影响具有统计学意义的预测关联性,均表现出较强的相关性,这对城市旅游形象的塑造具有建设性意义。

　　最后,本章对国内马拉松赛事与城市文化融合的现有问题进行了分析总结,认为马拉松赛事赛道能够展现该地主要的城市文化,但赛道的拥挤等负面感知会影响马拉松参赛者对整个城市文化的形象认知;标志性形象或地标特色的正面感知是凸显城市文化的有效手段,缺乏标识物或其特色不够鲜明,会造成城市文化感知强度弱;赛事的配套服务水平也会影响参赛者对该城市文化的认知水平。在这些问题存在的大背景下,本章也提出了一些发展策略,如在马拉松赛事的发展目标制定过程中,应以完善赛事属性工作为基础目标、以凸显城市文化属性内容为增长目标、以满足参赛者多元化需求为拓展目标。"赛事属性趋优"和"城市属性趋异"是马拉松赛事寻求差异化竞争战略的重要途径。在马拉松赛事的控制反馈阶段,各地应关注到竞赛组织中的重难点,采取多元化控制手段。引入多元化评价主体、科学评价方法,建立健全马拉松赛事的文化评价体系。

第二章
马拉松赛事与城市文化耦合共生关系

城市文化作为一个城市对外宣传的名片，往往承载着多重价值属性，而马拉松赛事作为当今世界越来越受关注的全民运动之一，也逐渐成为塑造、展示、传播和发展城市文化的重要载体。近年来，许多地区通过成功举办马拉松赛事，推动了当地经济的发展，马拉松赛事成为城市对外展示的平台，提升了城市的软实力和竞争力。但与此同时，马拉松赛事和城市文化相脱节、赛事同质化、城市超载等问题也随之而来。由此可见，马拉松赛事和城市文化之间并不是单向的作用，而是呈现休戚相关的耦合联系、共生发展的特性。

耦合共生是指两个或多个系统中的各个要素相互联系并形成共同体进行能量传递、互动创新，以推动共同体不断进化发展的过程。在马拉松赛事与城市文化的耦合共生过程中，耦合体现为马拉松赛事与城市文化相联系的动态过程，在这个过程中，两者相互接触、产生联系，并通过能量传输而逐步稳固联系以达到稳定的耦合协调。共生则体现为马拉松赛事与城市文化建立联系后发生的协同互动活动，在这个过程中，两者相互影响、相互依赖以实现共生共荣。目前学界关于耦合共生的解释中，传播较为广泛的是四维论，即耦合共生关系一般由共生单元、共生界面、共生环境和共生模式四个要素构成。因此，为进一步探索马拉松赛事和城市文化之间的耦合共生关系，本章将基于这四个基本要素详细展开论述。

第一节 基于系统论：马拉松赛事与城市文化耦合共生解析

一 马拉松赛事系统

马拉松是一项大规模的、具有地域偏好的体育赛事。一场马拉松赛事的举办，往往离不开竞赛的组织管理、参赛活动人群和物质条件这三个基本要件。竞赛的组织管理是马拉松赛事得以顺利开展的基石，主要由马拉松赛事组委会负责。一般来说，赛事组委会主要由主办单位、协办单位和承办单位共同构成，主办单位多是中国田径协会和赛事举办地政府或体育局、社会组织，其工作内容涵盖了赛事策划、赛事场地的选择、参赛者招募和安排、志愿者招募和管理、赛事保障等，这些工作依托于组委会成员的管理经验以及准确的数据管理，此外赛事组委会还要做好社群维护和媒体宣传工作。由于马拉松赛事规模较大、参与主体广泛、运动强度较高等，赛事组委会还需要调动各个城市系统以提供完善的保障，比如医疗部门、交通部门、安全部门、媒体部门等，涉及救护车、急救箱、医护治疗帐篷设置，饮料和食物供应，道路管制等工作。在实际开展比赛的时候，由于环境、规模等各个方面的区别，赛事组委会通常会按照不同的职能对组织进行重新排列组合，形成类似于办公室、竞赛部、宣传部、交通安保部、卫生安全部、志愿者部、运动员部等组织架构。

马拉松赛事的参与者主要是指在赛事活动举办过程中不同参赛者的集合，包括专业运动员、业余跑步爱好者和公益团体等。马拉松比赛的竞赛弹性和包容度非常大，对于专业运动员而言可以追求更加卓越的成绩或者高额的奖金，对于非专业的爱好者而言其竞技性要求又相对不高，能够给予其在赛事体验方面的良好感受，因此每场马拉松都有来自五湖四海的选手报名参加，对比其他运动，马拉松赛事的全民参与性优势更为突出。观众和志愿者是参与马拉松比赛的另外两个重要人群。观众和志愿者对比赛的顺利进行和现场氛围的营造产生直接的影响，他们的热情和专业性为比赛带来了不可估量的价值。出于聚集效应和从众心理，当马拉松比赛在城市中举行时，其规模大、赛道长的特点往往会吸引到当地居住的人群，在人流量方面具有天然的吸引力，从而使影响范围尽可能地在城市区域内扩大化。

除了组织者和参与者，马拉松赛事的举办也离不开最基础的物质条件。马拉松赛事虽然不需要特殊的场馆布置或者专用赛道，但为了保障体育的公平、规范和传播，马拉松赛事组委会需要对起点和终点线、隔离带、跑道软硬度、队员识别装备、计时计分器材、拍照和视频设备、灯光和音响等进行设置。因此，马拉松赛事组委会在赛道的选择上要依托城市实际，综合考虑城市本身的地貌环境、交通布局、安保系统等情况，交通和安保设施是赛事的重要配套设施，包括交通警示标志、路障、警车、维修车、消防车等。此外，马拉松赛事的另一大物质需求则体现在资金、物资方面，作为一项长途运动，规模大也就意味着需要为更多的运动员提供相应的条件，路程远则是对沿途的医疗和饮用水补给要求严格，赛事赞助商与赛事合作伙伴因此是马拉松赛事中不可或缺的必要部分。

二 城市文化系统

前文中已经对城市文化的概念进行了界定和回顾，故本章结合马拉松赛事进行简单阐述。城市文化一般由城市物质文化、制度文化和精神文化构成。

城市物质文化往往是指外在可见的有形物质实体，比如标志性建筑、园林景观以及城市建设构造等。这些实体能够最为直接地描绘出一个城市的特点。无论是何种赛事，其举办都需要依托一定的城市物质文化，既包括场馆的选择，也包括交通、医疗等各项基础设施。值得一提的是，不同的体育赛事对于举办场地要求不同，对比而言，马拉松赛道具有更高的可选择性，城市中独具代表性的地域建筑、著名风景点都可能成为马拉松赛道的一个卡点。

城市制度文化一般包括政治制度、经济制度、法律制度以及道德规范，其主要作用在于约束和服务城市居民。以马拉松赛事为例，城市制度文化体现在顶层设计和政府选择两个方面。一方面，中国田径协会下放了群众性体育赛事审批权后，我国不断出台相关的政策文件以鼓励马拉松等赛事的举办，如《马拉松运动产业发展规划》等，各地市也根据自身需要出台了相关的管理办法。另一方面，赛事举办的决定权在于政府，一些知名赛事的举办已经被纳入城市发展战略中，可见体育赛事能否办、如何办、办得怎么样都和城市制度文化息息相关。

城市精神文化则是既包括了能够记录和保存文化的物质载体，如图书馆、博物馆等，也包括了城市的历史、当地的风俗、大众的价值观等无形的内容。城市精神文化中所蕴含的市民精神和人文内涵会影响马拉松赛事的发展程度和方向。城市的市民精神会影响居民对马拉松赛事的接受和包容程度，马拉松赛事的类型和主题的选择也往往立足于城市的历史和人文背景。

三 马拉松赛事与城市文化耦合共生系统运行机制

马拉松赛事与城市文化耦合共生是指马拉松赛事系统与城市文化系统的各个要素相互联系并形成共同体进行能量传递、互动创新,以推动其不断进化发展的过程。马拉松赛事与城市文化耦合共生系统的运行是以耦合与共生两个过程的稳定运行为基础的。

耦合过程的稳定运行需要确立稳定的耦合秩序。根据耦合运行的一般规律,将耦合熵作为度量系统有序性及无序性的工具,在耦合系统中,耦合熵越大,表明系统的无序性越强;耦合熵越小,表明系统的有序性越强。[①]

根据普里戈金的耗散结构理论,母系统的总熵由两部分构成,一个是系统在完全封闭状态下自发运动所产生的熵,另一个是系统在与外界进行物质能量交换的过程中所产生的熵流,与熵不同的是,熵流可正可负也可以是零。令 dS 表示马拉松赛事-城市文化系统的总熵,d_eS 表示马拉松赛事-城市文化系统与外界相互作用产生的熵流所带来的耦合熵,d_iS 表示马拉松赛事-城市文化系统内的不可逆过程导致的熵,即恒有 $d_iS \geq 0$。根据普里戈金的系统熵的平衡方程得出以下公式。

$$dS = d_iS + d_eS \tag{2.1}$$

该式表示总熵等于马拉松赛事-城市文化系统不可逆的熵与耦合熵的和。

按照系统论的观点,可将马拉松赛事-城市文化系统耦合阶段分为形成阶段和发展阶段。

在形成阶段,马拉松赛事-城市文化系统内部基本处于无序状态,即马拉松赛事与城市文化两个子系统之间以及它们与外界环境尚未形成有序的结构,总体处于一种无序的混乱状态。由于该阶段系统内部的有序耦合结构尚未建立,在这一时期系统内部的不可逆的熵相当高。

在发展阶段,随着系统演化,两个子系统开始与外界形成有利的互动发展关系,由此产生了负熵流($d_eS<0$),由于这种有利的互动尚处于初期,因此产生的正向影响不足以抵消系统内部的熵产生,所以此时 $dS>0$ 且仍在

[①] 成思危主编《复杂性科学探索(论文集)》,民主与建设出版社,1999。

增长，但增长速度有所放缓。随着负熵流的绝对值不断增大，开始出现 d_iS 的绝对值小于 d_eS 的绝对值的情况，此时的总熵 dS 开始缓慢减小，马拉松赛事系统与城市文化系统进入了突变过程。而随着系统内部耦合作用的增强，有序的组织结构开始出现，此时马拉松赛事与城市文化的耦合值不断上升，两者开始相互促进发展。如果出现无序的组织结构，则两者的耦合在此阶段就会终结，也就表明马拉松赛事与城市文化不匹配，无法形成耦合共生系统。

在马拉松赛事与城市文化的耦合共生系统运行中，共生过程的核心是进化创新，即两者通过耦合发生联系后，在互动仪式中产生能量、传输能量、互惠发展。在马拉松赛事和城市文化共生的过程中，城市能够吸收不同社会主体的输入，通过多环节的协同合作，产生融合而新奇的文化表达形式，提升城市的形象和文化软实力，促进城市的创新与进步，进一步反哺马拉松赛事。一方面，通过赛事组织者、赛事参与者、城市政府及居民的共同努力，马拉松赛事可以成为城市文化的一个重要载体。城市可以用赛事来呈现自己的不同文化元素，如历史标志性建筑、特色文化和传统文化等，并丰富这些文化元素的解读方式。此外，马拉松赛事可以为城市创造出具有发展前景的行业就业机会。赛事需要大量工作人员的参与，包括陆续的宣传、组织、赛后整理等，因而可以产生工作岗位和就业机会。赛事也可以成为本地商家、餐厅、景区等服务业相关单位的促销机会，促进本地产业发展并增加城市经济收入。另一方面，马拉松赛事的成功举办不仅与赛事组委会的组织和宣传有关，也与赛事所在城市的文化和历史关联紧密。城市可以根据不同的文化特色和习俗，将赛事宣传得更加生动有趣。同时，宜人的城市环境和文化景观也能吸引更多跑者和观众参加到赛事之中。城市各式各样的文化娱乐活动、节日庆典等，都可以通过马拉松赛事的创新发展，融入参赛者和观众的赛事体验之中。例如，在赛道周边增加特色美食展示、民俗表演、现场音乐等活动，不仅能吸引更多参与者和观众，同时也能让赛事变得更加生动有趣和魅力十足。

总之，马拉松赛事与城市文化耦合共生系统是一个以赛事组织者、运动员、赛事观众、场地设施、赛事文化、城市制度文化、城市精神文化、城市物质文化为主要共生单元的能量生产系统。在该系统中，赛事文化、场地设施作为两个系统的耦合共生界面，扮演着能量传输通道的角色。它们在生产、生活、生态环境中为马拉松赛事与城市文化耦合共生系统的各个单元提供能量生产、能量传输的动力。在耦合共生过程中，它们紧密联系在一起，形成一个联系平面。该平面上的能量循环维持了系统的基本稳态，进而推动了共同体的创新发展（见图2-1）。

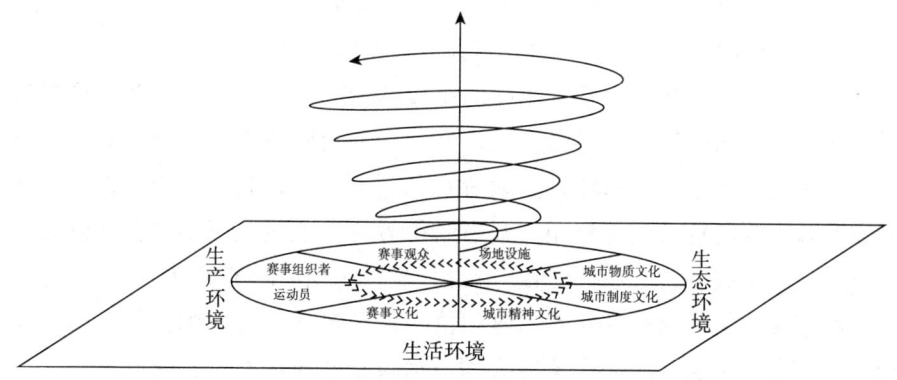

图2-1 马拉松赛事与城市文化耦合共生系统运行机制

第二节 共生单元及能量生产

一 马拉松赛事耦合共生单元

马拉松是一项源远流长、历史悠久的体育运动，在现代社会发展过程中逐渐成为城市发展和文化建设的重要载体，它将体育竞技、文化交流和城市发展有机融合在一起。马拉松赛事中的运动员、组织者、观众、赛事文化和场地设施是与城市文化耦合共生的重要组成部分。下面，我们将展开探讨这五个方面包含的内容和价值。

马拉松运动员是马拉松赛事的核心力量，也是城市文化的生动代表。他们在长期的训练和比赛过程中具备了较为优秀的体能和竞技实力，还传承了运动员应遵循的精神，如拼搏、坚韧、互助等。马拉松运动员在比赛中所展现出的技巧、风范和运动精神，不仅能够为观众提供视觉体验，还是铸造城市文化、展示城市形象和文化内涵的表现。此外，不同国家和地区的马拉松运动员来到赛事举办城市参加马拉松赛事，也能够促进不同文化的交流和传播，为城市文化建设注入新的元素和色彩。

赛事组织者是马拉松赛事的幕后推手。他们参与各个环节，包括策划、宣传、组织和执行等。在赛事组织过程中，赛事组织者是将马拉松赛事的文化元素和精神内涵与城市文化紧密融合的关键人物。组织者从赛事策划、赛道设计、志愿者招募、奖牌设计等方面入手，将城市人文元素的文化符号、历史文化、自然环境融入赛事中，实现赛事、城市和文化的多元融合，丰富城市文化内涵，推动城市文化建设，并激活城市经济。

观众是马拉松赛事中不可或缺的组成部分，观众的参与让赛事现场充满了热闹、喜庆的气氛，增强了城市文化的社会吸引力，并且是城市文化多元化和民族特色的精彩体现。大量观众到场观看，起到了为城市吸引大量游客和支撑商贸活动的作用。赛事组织者可以通过义工制度，加强运动员与观众的交流互动，推动城市文化建设，产生生动的影响力。

赛事文化是马拉松赛事的灵魂和核心，它包括比赛规则、悠久的赛事历史及其文化元素、品牌形象等方面。马拉松赛事的赛事文化在观众、运动员和赛事组织者等参与者的共同努力下推广和传承。马拉松赛事的精神内核如拼搏、坚韧不拔等有助于推动文化品牌的建设，提高民众精神情趣和文化自信。赛事文化要能够适应城市文化的发展和变化，不断创新，组织者也要增强营销推广能力、提升其品质和含量。

场地设施是马拉松赛事成功举办的前提条件之一，良好的场地设施不仅为马拉松赛事的顺利进行提供了保障，还是城市基础设施开发和城市文化扩展的一部分。马拉松赛事场地设施建设涉及起点、终点、沿途补给站、安保设施等多个环节。建立完善的保障系统，能够确保赛事安全和公正，同时场地设施建设也能够提高城市的综合能力和文化形象。优秀的场地设施可以将城市体育文化建设转化为城市文化和经济等多个方面的综合利益。

综上所述，马拉松赛事不仅仅是一项体育竞技，更是一种文化交流与融合的表达。其与城市文化的耦合共生关系，正急剧催生并推进着城市文化、体育与文娱事业发展。马拉松赛事将体育文化与城市的历史、人文、自然环境等元素有机融合，通过赛事文化的发展和创新，展示着中国文化的多元性、包容性和内涵，既提高了城市的美誉度，也为文化发展注入了新的活力。

二　城市文化耦合共生单元

城市文化的耦合共生单元包括城市制度文化、城市物质文化、城市精神文化。城市文化对该城市举办的马拉松赛事产生重要的影响。城市制度文化会影响在场者的价值观和行为方式,决定了对于马拉松赛事的管理和规划,城市政府通过制定马拉松赛事相关政策扶持马拉松赛事的发展。城市政府需要在路线规划与安全措施方面进行审核与提供保障,如制定交通路线的管制、防护障碍物的设置、医疗救护人员的配备等的标准化要求。城市政府还需要指定专门的机构或部门负责组织协调马拉松赛事,对马拉松赛事进行事前、事中、事后的监管,统筹安排各项工作。

城市物质文化是城市文化的重要组成部分,它展示着城市的发展历程和人文精神。马拉松赛事体现了城市运动和社交文化,城市物质文化在马拉松比赛中发挥着十分重要的作用。城市的建筑、街景等物质文化构成了赛事的道路和沿途的观赏点,为马拉松赛事营造了美好舒适的环境,同时也能吸引更多的游客参与其中。城市物质文化还可以展示一个城市的多彩文化底蕴,可以使马拉松比赛更具吸引力。

城市精神文化是城市的思想文化产品,可以体现城市的社会价值观和文化传统。城市精神文化的发展将使马拉松赛事变得更加丰富有趣、激情澎湃。以厦马和重马为例,可见城市精神文化对于马拉松赛事的影响。厦门市突出其卓越的文化特色,一直秉持绿色、健康、环保和社区关怀等理念,为马拉松赛事注入了浓厚的人文气息和城市特色。而重庆市作为一个西南地区的城市,其独特的地理位置和人文历史,更加凸显了重马的特色。重马一直秉持"跑进重庆,过马路是风景"的理念,通过城市的建筑、街景等物质文化为赛事增添了不少亮点和乐趣。同时,名胜古迹、民俗文化也成为重马不可或缺的一部分,这些元素为赛事体验提供了特色和吸引力,同时可以向全国乃至全球展示重庆独特的城市魅力和文化底蕴。

因此,我们可以看到城市文化对于马拉松赛事的影响是极为重要的。每个城市都有自己独特的历史、文化和发展背景,这些都是城市文化的重要组成部分。只有建立在城市文化的坚实基础之上,才能够展现出马拉松赛事的独特特色和城市美丽形象,在当地举办的马拉松才能成为世界级赛事的代表。此外,城市文化是城市形象展示和营销的重要因素,好的城市文化可以促进马拉松赛事的举办和发展,进一步推动城市文化的发展和提升城市的品质。

三 马拉松赛事与城市文化耦合共生单元能量生产

马拉松赛事与城市文化耦合共生单元通过耦合联系来共同生产促进两者共生系统进步发展的能量。

(一) 马拉松赛事与城市物质文化

在马拉松运动员与城市物质文化的互动中,场地、建筑、自然景观等可以为运动员提供合适的训练和比赛环境。例如,高质量的跑道、优美的自然环境、舒适的住宿条件等都可以促进运动员的成长和表现,增强赛事的竞争力。与此同时,通过经济上的投入,城市可以为运动员提供优质的训练设施、交通工具、医疗救援设备等,为运动员的安全和顺利完成比赛提供保障。

在马拉松赛事组织者与城市物质文化的互动中,城市物质文化对马拉松赛事组织者而言是非常重要的因素。例如,场馆、交通、餐饮、住宿等设施都应该满足赛事需求,以便更好地为运动员、观众和工作人员服务。赛事组织者通过布局赛道、组织人员和设备等方面的投入,让城市物质文化得到更好的体现,以增强城市的竞争力和扩大其成长空间。

在马拉松观众与城市物质文化的互动中,城市物质文化是马拉松观众可以切实感受到城市的重要物质载体。例如,场馆、道路、建筑物、自然景观等都能提高观众的观赛体验。此外,为了吸引更多的观众,赛事组织者可以通过加强文化展示、设置特色主题,吸引观众参与,进而拉动城市旅游产业发展。

在马拉松赛事文化与城市物质文化的互动中,一方面,城市物质文化为赛事文化的发展和推广提供了重要的支持;另一方面,赛事文化则可以促进城市物质文化的提升和发展。例如,赛事文化可以促进城市的经济发展、文化交流与科技进步,为城市的产业转型、文化传承和协同发展带来更多动力。同时,城市物质文化的提升可以提高赛事质量,吸引更多的顶尖运动员参加马拉松比赛,吸引更多的观赛游客参与、前来游览,为赛事和城市经济的发展注入强大的活力。

在马拉松场地设施与城市物质文化的互动中,城市物质文化的元素应该被深度运用在赛道设计上,以展现城市的特色,增进场地设施与市民之间的文化情感。例如,可以利用当地的建筑风格布置标识物并巧妙地融合历史文化和现代城市元素,从而为场馆设施的精神内涵注入新的血液,使其更加生动和有感染力。

(二)马拉松赛事与城市制度文化

马拉松运动员与城市制度文化的互动可以加深运动员对城市制度文化的认知和认同。通过在比赛中接触、感受和互动,跑者可以更加深入地了解城市的历史、文化和社会生活,从而更好地融入城市社会制度。这种互动还可以加强城市对健康和体育事业的制度建设,马拉松作为一项重要的群众体育赛事,通过城市制度文化与运动员的互动,可以加大城市对健康和体育事业的宣传和支持力度,为城市的体育事业发展提供更好的环境和条件。作为一种低碳生活方式,马拉松运动员与城市制度文化的互动可以提高城市对环境和可持续发展的关注,在比赛过程中,城市可以引入环保和可持续发展理念,例如通过垃圾分类、利用新能源等措施来避免比赛对环境的污染,从而提高人们的环保意识和责任感。

马拉松赛事组织者与城市制度文化的互动能够在多个方面发挥作用与功能。一方面,这种互动可以加大城市对体育事业的支持力度,促进城市对体育事业的投资与支持,推动城市体育事业的快速发展。另一方面,这种互动还能促进城市与马拉松赛事组织者之间的交流与合作。城市与赛事组织者之间的合作可以是一种互利共赢的关系,城市可以借此吸引更多的参与者和赞助商,赛事组织者则可以获得更好的赛事推广和市场营销机会,在互利共赢中不断完善城市的相关制度建设。

马拉松观众与城市制度文化的互动可以增强社区互动和其对城市的认同感与归属感。例如,在比赛现场设置互动区域,可以让观众与跑者进行互动,借此促进社区内的交流和合作。此外,比赛中广泛采用城市象征物和符号,例如城市徽章、城市绿化标志、地标建筑等,可以唤起本地、外地观众对城市文化的认同感和情感共鸣,让观众更加亲近城市,减少社区之间的隔阂和对立,在生产生活中形成更多共识,为城市制度的构建减少障碍。

马拉松赛事文化与城市制度文化的互动可以推动城市制度和政策的创新和完善,马拉松赛事文化的推广也需要城市制度和政策的支持。例如,政府可以通过政策引导、资源调配、平台建设等方案来提升马拉松赛事的专业化级别;同时,马拉松赛事文化也可以为城市制度和政策的推进提供新的发展机会和思路，例如制定鼓励市民健身锻炼的政策、打造文化区域和运动场馆等。城市可以通过举办和推广马拉松赛事，推动城市制度和政策的完善，并且通过这种完善，促进马拉松赛事文化的发展和传承。这种互动关系是双向的，既可以让马拉松赛事文化得到发扬和继承，也可以让城市制度文化得以提升。

马拉松赛事场地设施与城市制度文化的互动可以促进城市文化和马拉松赛事的相互融合。马拉松作为一项运动赛事，有其独特的仪式感与庆典色彩，城市可以在制度上通过政策引导场地建设，为马拉松赛事提供更好的仪式体验。例如，政府可以提供场地支持，帮助赛事组织者打造赛事的仪式感；又如，城市可以在比赛当天放假、布置花坛等，为赛事营造节日氛围，从而加深参与者和城市文化之间的联系。

(三) 马拉松赛事与城市精神文化

马拉松运动员与城市精神文化的互动主要表现在开幕式等环节中。例如，赛道及沿途建筑风格、自然风光、历史遗迹等都可以展示该城市独特的文化魅力。这些互动活动不仅可以让运动员在比赛中有更好的表现，还可以让运动员深入了解城市文化、感受城市的独特氛围，提高运动员认同感。同时，马拉松运动员坚持不懈、敢于挑战、健康向上的精神也营造了更好的城市精神文化氛围。

在马拉松赛事组织者与城市精神文化的互动中，赛事组织者可以利用城市的历史文化、风俗和市民精神等因素，打造出更加具有特色的赛事活动。同时，还可以通过文化的传承使得赛事具有更强的城市特征，提高赛事的知名度和影响力。

在马拉松观众与城市精神文化的互动中，马拉松观众可以通过观看比赛、参与节目等方式感受到城市的文化氛围。例如，在观看比赛时，他们可以欣赏到城市的标志性建筑，以此抓住城市的文化特色并为运动员加油助威等。同时，观众的参与也可以促进城市知名度的提高和文化的传承，营造比赛场馆的良好气氛，让运动员感受到更加浓郁的比赛氛围。

在马拉松赛事文化与城市精神文化的互动中，城市举办马拉松赛事是增强凝聚力、促进文化交流的重要方式。在赛事宣传和推广的过程中，城市可以强调马拉松运动的健康与坚持的价值，在社会中推动这种精神传承。马拉松赛事文化也可以将比赛的主题、宣传和新闻报道等与城市精神文化相结合，为城市形象注入新的因素，增加城市影响力和品牌价值。

在马拉松场地设施与城市精神文化的互动中，马拉松赛事赛道的设计是体现城市精神文化的重要方面。赛道设计可以加入本地的建筑风格和文化元素，让运动员和观众在赛事中感受到城市的独特魅力。同时赛道设计、建设与优化对于城市文化遗产的保护和文化旅游的推广也是极其重要的，马拉松赛道不仅仅是一块场地，更承载着当地人的故事、文化和精神。

第三节 共生界面及能量传输

一 马拉松赛事与城市文化耦合共生界面

马拉松赛事作为一项兼具体育竞技和文化交流的活动，其开展需要基于城市文化进行组织以形成因地制宜的特色，才能进一步对城市文化建设和形象塑造发挥重要作用。马拉松赛事与城市文化耦合共生界面是两者进行能量传输的中介场所，即物质上的场地设施和精神上的赛事文化，两者的重要性不可忽视。本章从场地设施、赛事文化两方面对马拉松赛事与城市文化耦合共生界面进行阐述。

首先，场地设施作为马拉松赛事参与者与城市文化互动的物质场所，一方面，助力城市更加关注马拉松赛事场地的建设和优化，以此实现比赛和城市文化相互融合的目的。另一方面，良好的马拉松赛道和相关的服务设施，不仅可以为赛事参与者带来更加舒适的比赛体验，也能够更好地展现城市的历史文化、自然风貌和人文特色，让赛事参与者可以了解和感受城市的魅力。因此，场地设施在马拉松赛事和城市文化的耦合共生中，具有重要的中介作用。

其次，赛事文化作为马拉松赛事参与者与城市文化互动的精神场所，集中融合了健康、环保、绿色等现代城市文化的特点和马拉松赛事本身的体育精神，因此赛事文化也成为马拉松赛事与城市文化耦合共生的另一个中介界面。具体来说，赛事文化可以通过各种形式，传承和弘扬所在城市的传统文化和精神，推广城市的历史、文化和自然风光，为城市文化的传播打开新的空间和渠道，而城市文化也可以通过赛事文化的丰富和创新，呈现更加多元和富有特色的面貌，进一步提升城市的品牌价值和吸引力。

最后，场地设施、赛事文化所组成的耦合共生界面能够推动城市的文化创意产业发展。良好的比赛场地和赛事服务体系，可以吸引更多人参与马拉松赛事，激发众多文化活动和消费市场的活力，进而推动文化产业发展。同时，注重赛事文化的品牌塑造和文化特色的传承创新，也可以为城市文化创意产业提供更多的资源和创作灵感，促进文化产业的提质增效。

二 马拉松赛事与城市文化耦合共生界面能量传输

马拉松赛事与城市文化耦合共生界面是赛事参与者与城市文化互动的场所，是赛事参与者与城市文化之间进行能量传输的通道。马拉松运动员、观众、组织者置身赛事场地、利用各种设施、感受赛事文化，在这样的界面中进行能量生产。城市物质、制度、精神文化以场地设施和赛事文化为外在表现形式与赛事参与者互动并进行能量生产。因此，作为能量传输的通道，不断优化场地设施、丰富赛事文化可以加速马拉松赛事与城市文化之间的能量传输、增加能量传输的运载量。

场地设施是马拉松赛事能量传输的重要环节。市场需求是改进设施的首要动力，但同时，属于公共事务的马拉松赛事的设施更新，需要更多政府或民间资本的投入，这里主要就这些方面展开论述。人造路面的优化是建设场地设施的重要内容之一。优质的人造路面不仅可以减轻选手脚部受力，增加比赛时的舒适性，使比赛更具竞技性和体验性，还可以减少赛道冲刺阶段选手的意外伤害发生，保障比赛的安全性。因此，人造路面的维护和更新以及特色建设是增加耦合共生界面能量传输的必要途径。除此之外，一些其他的设施优化也必不可少。比如安排更多的出租车、降低地铁乘坐的价格，可以提升交通的出行体验；增加医疗救援设施的数量，如增加医护人员、加强健康站点建设，可以使选手们在比赛时更加安心。这些设施的升级和补充可以增加观众的观赛时间，通过提升比赛品质来加强耦合共生界面能量传输的效果。

赛事文化是城市文化的重要组成部分，增加马拉松赛事的文化内涵既有助于传承和弘扬传统文化，也有助于创造更多的就业机会，提升城市的形象和知名度，同时还有助于激励更多人采取健康的生活方式。首先，马拉松赛事加强与城市文化的融合，可以体现赛事文化的内涵、增强比赛的参与性和关注度。在众多的马拉松赛事中，城市通过丰富的文化元素，吸引更多的参赛者和观众，展现其独有的魅力。例如，在赛道两旁安排特色展览、文化展示，可以体现城市文化的包容性，提升赛事的文化内涵。其次，赛事文化可以通过更多的创新方式传播。线上自媒体的爆发，突出了信息的全面性与实时性。赛事组织者可以采用定向推送的社交传播方式，扩大赛事声量，打造参赛者与观众间的社交互动场景。最后，通过主题活动的组织和延伸，城市可以增强马拉松赛事的文化氛围，让比赛更加具有人文关怀，丰富观众和参赛者的阅历，提高赛事的社会影响力。一方面，让赛事成为区域旅游重点推广的内容，提升周边商圈及农民收入。另一方面，赛事也可以贯穿更多的文化创意品牌，通过设计特色衍生品、衍生文化活动，吸引更多群体参与，拓宽耦合共生界面。

第四节　共生环境及动力分析

耦合共生环境是指除了共生单元外的其他所有要素的综合。共生理论认为，共生系统的建立与运行，离不开一定的环境，[①] 无论是共生单元、共生界面还是共生模式，其在发生作用时都会受到外在环境的影响，环境对共生系统的影响具有正向或反向作用。一般而言，外在环境包括了政治环境、经济环境、文化环境、自然环境、社会环境。顾名思义，政治环境就是在国家角度研究政策的发展偏向。对于城市文化而言，这与其制度文化的形成息息相关，政府的特点和风格都受到直接的影响；而对于马拉松赛事，则是奠定其发展的基调，无论是"取消商业性和群众性体育赛事审批""放宽赛事转播权限制"，还是"广泛开展全民健身活动"，我国政策中的偏好都为其推广和促进提供了一个良好的舞台。经济环境，则可以简单理解为城市的经济发展水平，这是城市发展的重要衡量指标之一。一场马拉松赛事的成功举办往往耗资巨大，因此城市的经济条件为其提供了最基本的物质保障。文化环境从概念上是指影响一个社会的基本价值观念、偏好和行为的风俗习惯和其他因素，这与城市精神文化的形成密切相关。同样的，马拉松赛事文化的形成也会受到其影响，被城市打上独有的烙印。自然环

[①] 彭萌、刘涛、宋超：《共生理论下马拉松赛事与城市文化协同发展研究》，《体育文化导刊》2019年第6期。

境则是立足于城市形成的天然条件。我国疆域广阔,地势多样,南北东西跨度大,其中差异化的气候条件、地理地势造就了不同区域、不同城市独有的自然风光,这些不仅决定了马拉松赛事举办的时间选取、地点规划等种种条件,还赋予了马拉松赛事在形式上更多的可能性。社会环境,即社会的开放程度,不同的城市形成于不同的背景与条件,其发展基础和资源禀赋也存在差异,因此其社会氛围也是不同的,这在一定程度上会决定人们对马拉松赛事和城市的认同感和归属感。除此之外,城市运动休闲环境也是马拉松赛事与城市文化耦合共生环境的重要组成部分。城市运动休闲环境是基于国家政策红利,城市依托经济环境、文化环境、自然环境和社会环境为居民营造的环境,以提供更多的运动休闲选择,打造城市运动休闲文化品牌。

"三生"空间理论的演化为马拉松赛事与城市文化耦合共生提供了重要的理论依据。"三生"空间理论是指在城市发展过程中,生产、生活、生态三个范畴的功能相互作用,形成城市综合功能的理论。具体而言,"生产"指的是人类的经济活动和生产方式,包括资源利用、产业发展、技术创新等;"生活"指的是人们的生活方式、文化习惯、健康状况等,即人类的物质生活和精神生活;"生态"指的是自然环境和生态系统的健康状况,包括土地、水资源、大气、生物多样性、可持续性发展等。生产、生活、生态三者之间相互作用、相互依存,共同构成了人类社会的可持续发展。如果三者之间不平衡,那将会影响到社会的稳定和持续发展,甚至威胁到人类的生存和发展。

本节基于"三生"空间理论对马拉松赛事与城市文化耦合共生的生产环境、生活环境、生态环境进行分析。

一 马拉松赛事与城市文化耦合共生的生产环境

马拉松赛事的举办需要调动一座城市的各种资源为其服务,尤其是上万人参与的大型马拉松赛事。赛事举办期间,极其考验该城市的对外接待能力,关键在于在短时间内接纳数以千计甚至万计的跑者和相关游客。因此,就城市文化生产而言,城市文化主要奠定了马拉松赛事的经济基础;就马拉松赛事生产而言,马拉松赛事也加快了城市文化产业结构的调整。马拉松赛事与城市文化耦合共生的生产环境促进了城市文化产业、体育产业、旅游产业及其相关产业的融合与发展，乃至对第三产业都有较大的影响。

作为朝阳产业，文化产业能够为城市创造巨大的经济效益，因此城市文化产业是城市文化发展的物质经济基础，是城市文化建设的重要组成部分。近年来，由于运动休闲消费需求攀升、体育赛事增多、全民健身推广等新趋势的涌现，体育产业也正成为众多产业中的新龙头。在国家大力推动"体育+"工程的背景下，推进体育与文化、旅游等产业的融合发展，实现"1+1>2"的综合效益成为每个城市产业发展的重中之重。以马拉松为代表的赛事产业在"文化-体育-旅游"产业融合发展过程中具有明显特征和典型意义。马拉松赛事不仅能够带动整个赛事产业链实际收益的提高，同时因为其巨大的媒体效应还能够吸引以赛事为核心的传媒业、会展业等文化产业的引进和发展。此外，除了报名收入、赞助收入、纪念品收入等直接效益，马拉松赛事同样间接带动了交通、物流、宾馆、餐饮、传媒等相关产业的发展，一些影响力较大、综合效益较好的马拉松赛事所产生的带动效益甚至能超过直接经济效益。

在众多体育产业中，体育赛事文化产业对城市文化产业具有明显的带动作用，从而促进了城市其他产业的发展。与此同时，城市文化产业的发展也成为体育赛事繁荣和持续发展的源泉，这也是城市争先举办赛事，积极鼓励赛事落地的重要原因。

体育赛事本身的激烈精彩程度是吸引大批观众前往赛事举办城市进行旅游活动的因素之一。因此，马拉松赛事对旅游产业的促进效应推动了城市文化产业结构的进一步优化。良好的基础设施是影响游客选择目的地的一大因素，马拉松赛事能够促进城市基础设施的完善，并能够间接扩大媒体宣传范围，营造良好的城市制度环境。马拉松赛事的成功举办对旅游产业具有显著的提升作用，同时引领当地体育旅游产业发展的新风尚，助力城市文化的发展。

综上所述，赛事相关的政策红利、完备的基础设施、直接和间接经济效益等成为马拉松赛事与城市文化耦合共生生产环境的重要元素。马拉松赛事除了能够带动体育服务产业的调整与升级外，对产业结构的调整还体现在以下方面。首先是与旅游、文化、健身、养生保健等产业融合发展从而催生了体育旅游、体育会展、体育康养等新兴产业的发展；其次是马拉松赛事使得其他产业通过调整内部的生产结构迎合跑者所需，从而对服装等其他产业的产业结构产生影响；再次是赛事也会带来投资和就业机会，促进城市经济的发展；最后是高质量的马拉松赛事还能够培育高素质的相关从业人员，这种人力资本和智力资本的不断投入与提升能够有效地提高马拉松赛事以及体育旅游行业的综合效率，进而促进城市"文化-体育-旅游"产业的融合发展乃至推动高附加值第三产业的结构合理调整，有效地推动城市文化发展。

二 马拉松赛事与城市文化耦合共生的生活环境

马拉松赛事是一项具有浓厚文化底蕴的体育赛事，可以展示城市的历史、文化和精神风貌。举办马拉松赛事可以宣传城市形象，促进文化交流和传播，提高城市的知名度和吸引力。城市形象与城市文化内涵不可分割，当马拉松赛事对城市形象产生影响时，必定同样影响着城市文化内涵的发展。城市所蕴含的社会文化、社会价值观及城市居民所选择的健康生活方式建构起马拉松赛事与城市文化耦合共生的精神生活环境与物质生活环境。

第一，城市在众多体育赛事中选择举办马拉松的主要原因在于马拉松的精神价值与城市发展相契合，城市发展需要马拉松赛事蕴含的精神来满足居民的价值观需求。马拉松赛事可以弘扬城市历史传统，延伸城市文化内涵，促进社会交流和互动，增强社会凝聚力和认同感。马拉松赛事倡导的健康、坚持、积极向上的价值观念，一方面能够激发居民参与体育锻炼的热情，另一方面在办赛期间也能够增强居民的社会责任心和围绕着城市所产生的归属感、认同感和自豪感。除此之外，马拉松作为一项身体技术彰显出舒适、愉悦、时尚的社会文化，也为城市居民的身体价值观注入了新概念，进而影响着城市居民的运动休闲偏好与运动仪式感。

第二，城市的基础设施和建筑对居民生活具有非常重要的影响，场馆与设施共同创造出城市居民的生活环境，马拉松赛事的成功举办影响着城市居民的行为方式和生活方式。与其他体育赛事相比，马拉松赛事不需要固定的场馆，从而为城市节省了一笔场馆建设开支，城市选择举办马拉松赛事可以从中获得相应的经济效益。随着社会经济的发展，人们的可支配收入增长，闲暇时间增多，人们的需求层次也从生存型需求逐渐过渡到发展型和享受型需求上，体现为近年来我国饮食服务、文教娱乐服务、医疗保健服务等服务性消费支出逐渐增长。一方面人们对高品质生活的追求欲望不断上升，而另一方面由于现代社会竞争压力的不断加剧，"富贵病"和"现代病"大量出现，亚健康朝着年轻化、常态化发展，这就催生了人们提升健康水平、拥有强健体魄的需求。近年来，我国参加体育运动的人数显著增加，体育消费和人均生活水平明显提高，体育已经成为城市居民的一种流行生活方式。在众多体育运动项目中，马拉松以其休闲性和大众参与性深受群众的喜爱。根据中国田径协会发布的《2023 中国路跑赛事蓝皮书》，2023 年全国共举办路跑赛事 699 场，总参赛规模为 605.19 万人次，全程马拉松项目完赛人次达 54.46 万人次。[①] 从这些数据可以看出，越来越多的人开始加入马拉松跑者队伍，参与马拉松已经成为一种新的时尚生活方式，也成为人们首选的低碳、健康运动休闲方式。

三 马拉松赛事与城市文化耦合共生的生态环境

马拉松的举办，需要联合政府、公安、市民等社会各方面的支持，也需要占据核心市区道路与公共服务资源，因此会对城市的生态环境产生影响。面对资源约束趋紧、环境污染严重、生态系统退化的严峻形势，马拉松赛事必须树立尊重自然、顺应自然、保护自然的生态文明理念，以确保沿着可持续发展的道路开展下去。自然生态环境、社会生态环境、制度生态环境与体育文化生态环境的高度融合为马拉松赛事与城市文化耦合共生提供了生态环境支持。

良好的自然生态环境是参赛者达到预期比赛运动效果的根本保障。马拉松赛事通常会在自然环境较为优美的地方举行，如公园、森林、海滩、山区等。这些地方的优美自然环境可以为参赛选手提供舒适的赛道条件，同时也能为参赛者带来愉悦的视觉享受。然而，由于比赛期间外来人员的大量涌入，马拉松赛事的举办也会对当地环境产生影响，如垃圾产生、地面磨损等。因此，对于城市而言，赛事组织者必须拥有一套针对赛事期间的环境整治方案，尤其是一些以名胜古迹为赛道的城市，不仅要注重赛道周遭自然环境的治理，还要注重对赛道的保护。

---

① 《一图看懂〈2023 中国路跑赛事蓝皮书〉》，新华网，2024 年 3 月 23 日，https://www.news.cn/sports/20240323/971f86cf384c46f0b1545ef07555cba6/c.html。

马拉松赛事与城市文化的耦合共生

社会生态环境中经济效益和社会效益的和谐统一对马拉松赛事及城市文化生态环境的可持续发展意义重大。马拉松赛事的举办不仅涉及运动员和观众,还与社会各方面密切相关,如公共交通、安全保障、志愿者服务等。赛事组织者需要与当地政府、社区和商业机构等各方进行协调,确保赛事能够顺利进行并对当地经济、文化和社会发展做出积极贡献。同时,也要关注比赛带来的社会负面影响,比如马拉松赛事中可能存在的赛场噪声、空气污染、水污染、光污染等自然生态环境问题,以及环境保护意识淡薄、竞赛过度商业化、人口过于聚集、环保体制机制不健全等社会生态环境问题。[①] 唯有基于与城市生态环境的良性互动,从保护城市文化生态角度着手,以减少对当地居民的不良影响为着力点,从促进马拉松赛事及城市文化共生发展的理念出发,马拉松赛事才能够实现健康可持续的发展目标。

健康的制度生态环境才能够培育出优良的赛事品牌,制度生态环境是举办高水平、高质量马拉松赛事的关键要素。马拉松赛事的举办需要遵守相关的规则和条例,如国际田联的规定、当地政府的法律法规等。赛事组织者也需要确保赛事的规则公正、透明,并对选手的违规行为做出严厉的惩罚,以维护比赛的公平性和运动员的尊严。此外,在赛事举办过程中还需要加强反兴奋剂工作,以保障比赛的公平和顺利进行。

马拉松赛事不仅是一项体育竞技活动,还是一种体育文化的传承和创新。体育文化生态环境既包括了能够彰显、记录体育文化的物质载体,如体育场馆、设施器械等,也包括了当地的民风民俗、城市居民的身体价值观以及赛事文化内涵等无形的内容。城市文化所蕴含的市民精神和人文内涵不仅会影响马拉松赛事的发展程度和方向,还会影响市民对马拉松赛事的接受和包容程度,马拉松赛事的类型和主题的选择也往往立足于城市的历史和人文背景。因此,赛事组织者需要注重赛事的文化内涵,如推广马拉松运动的历史和文化、鼓励选手展现体育精神和奥林匹克精神等。同时,赛事也需要吸引更多的年轻人参与,以培育和传承体育文化,推动全民健身和体育产业的发展。此外,赛事还可以通过各种形式的文化活动和社交

---

① 颜景飞、孙辉、张健等:《我国体育运动生态环境研究:脉络演进、前沿热点与发展趋势》,《武汉体育学院学报》2021年第2期。

互动，为参赛者和观众带来更加丰富的体验。

共生环境是复杂多样的，且每一个城市都有其独特的环境特征，这不仅赋予了城市文化以鲜明的特点，也为特色马拉松赛事的举办创造了良好的条件。想要实现马拉松赛事与城市文化耦合共生的环境稳态，需要政府、企业和公民共同努力，采取科学、合理、可持续的发展方式和行动。马拉松赛事的定位最终须着眼于自下而上的可持续性健康发展的战略，即马拉松赛事不仅要成为一张促进城市发展的"名片"，也要成为一个融合个人、企业、城市的健康生态圈。[①] 保护城市生态，促进马拉松赛事生态与城市文化生态的耦合共生，才能够契合习近平生态文明思想，促进马拉松赛事生态本源的回归，推进城市文化的传承与发展。

第五节 共生模式及互惠机制

马拉松赛事与城市文化耦合共生单元互相作用的形式即为共生模式，两者之间的作用强度、作用方式以及共生能量交换关系是共生模式的具体体现。从共生理论的内涵可知，根据发展阶段和条件的不同，共生模式可以呈现不同的形态。一般来说，可从组织维度和行为维度对共生模式进行划分，以此划分的形态在一定程度上是具有对应性和相似性的（见图2-2）。比如点共生和寄生共生都较为明显地表现出单向的特点，前者表示在共生主体之间只存在能够个体联合或者片面相关的"共生点"，后者则是描述了一种强依附性的不平等关系，这两种共生模式中的共生性都较低。间歇共生和偏利共生则是具有阶段倾向，前者表示共生作用的发挥并非持久的，受到相关因素的影响而呈现"间歇"特点，后者则是表明共生主体之间的地位并不平等，某一主体受到的利好偏向要明显优于另一方，即存在利益的失衡。因此，不难看出，以上四种模式都存在不足，难以实现马拉松赛事和城市文化之间和谐、可持续的共生关系的建立和发展。而连续共生、一体化共生和互惠共生则是相对完善的模式，其不但在稳定性和连续性方面能够提供保障，使得共生的发展效益在整体上持续增长，还能够保证共生主体之间能量交换的均衡，避免牺牲一方利益壮大另一方的现象。

[①] 樊红岩：《我国城市马拉松问题诊断及优化策略》，《体育文化导刊》2018年第1期。

马拉松赛事与城市文化的耦合共生

马拉松作为一项年度性的比赛，具有周期性、稳定性较强的特点；而城市文化建设也并非时有时无，是政府长期支持和推动的，因此两者具备可持续共生的条件。与此同时，马拉松具有政治功能、拉动经济功能、提高城市知名度功能、社交功能、健身功能等多方面功能，可以推动城市文化变得更丰富，城市文化也能够为马拉松赛事提供充足的举办条件、物质支持，提升赛事水平。两者的互惠优势明显，充分结合能够使得城市文化和马拉松赛事发挥更大的促进作用。因此，为了实现马拉松赛事和城市文化的高度融合和长期发展，构建一体化共生、对称性互惠共生的模式是必然的选择。

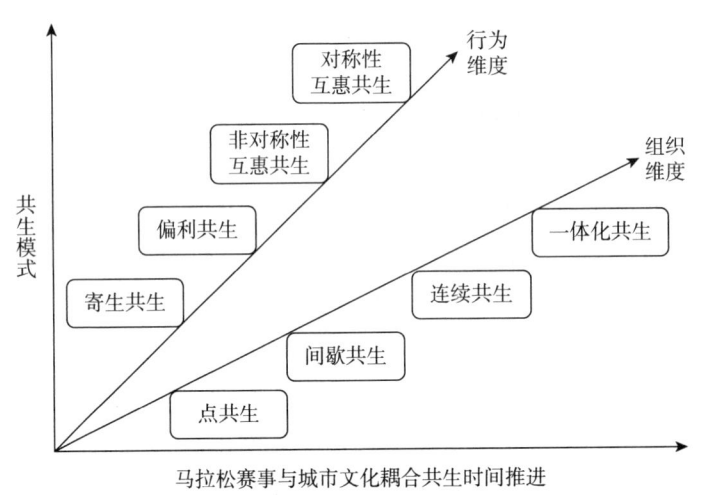

图 2-2　马拉松赛事与城市文化耦合共生模式

一　组织维度共生模式分析

根据马拉松赛事与城市文化共生单元间的联系程度由低到高排序，共生模式可依次分为点共生、间歇共生、连续共生和一体化共生4种。本小节将结合马拉松赛事与城市文化耦合共生的发展阶段对二者组织维度的共生模式进行阐述分析。

点共生是指共生主体之间只在某一时段或某一方面发生作用，共生关系不稳定。间歇共生指的是共生单元之间在某一方面发生的作用具有间歇性、周期性，共生关系不稳定。马拉松赛事与城市文化的点共生、间歇共生模式常出现于马拉松赛事的起步发展阶段。起步发展阶段，一些城市举办马拉松赛事完全是"为了办赛而办赛",举办城市既缺乏对城市自身发展的考虑,也没有认识到城市文化的发展现状和赛事定位、群众基础是否相容与契合。因此,马拉松赛事与城市文化之间的相互作用仅发生在赛事举办过程中,建立在此基础上的赛事文化推广、城市文化发展显然是不具备可持续性的。这种没有可持续性的耦合共生模式,虽然在赛时对于马拉松赛事或城市文化是有利的,但从历史的维度看,会给双方造成不利的影响。例如,马拉松赛事虽在赛时为城市带来了足够多的人流量,使得城市文化在此期间得以宣传,但与此同时,缺乏组织管理的赛事所带来的一系列资源浪费、经济损失等现实问题则会造成城市居民对马拉松赛事的排斥,使得民众对于马拉松赛事的再次举办"心有余悸"。

连续共生是指共生单元在某一封闭时间段内发生连续互相作用或是在多个方面发挥作用,共生关系较为稳定。马拉松赛事作为一种周期性的体育文化活动,会使马拉松赛事与城市文化的耦合共生限制在办赛期间。马拉松赛事一方面能够深化参赛者、观众及居民对于城市文化功能的认知,另一方面能够助力城市文化的产业化与规模化。对于城市文化而言,其为马拉松赛事提供了具有城市文化特色的着力点和发力点,为马拉松赛事打造品牌、提升内涵提供了文化价值。二者的相互作用,对于彼此的品牌塑造起到了关键作用。

一体化共生指的是随着时间推进及共生参与度的不断提升,共生单元之间高度融合,形成共生共荣的稳定关系。马拉松赛事与城市文化实现一体化共生,实际上是马拉松赛事步入成熟发展阶段的必然结果。一体化共生是通过连续办赛多年后才能够实现的一个阶段,马拉松赛事的规范程度、赛事水平、赛事品质得到锤炼,赛事品牌与城市形成绑定,马拉松赛事文化才能自然而然成为城市文化的一部分。因此,如何实现"马拉松赛事因城市文化而富有特色,城市文化因马拉松赛事而出彩"的一体化目标,是马拉松赛事与城市文化耦合共生发展过程中需要着重考虑的问题。

二 行为维度共生模式分析

依据马拉松赛事与城市文化共生单元间利益分配的平等程度,共生模式可分为寄生共生、偏利共生、互惠共生 3 种。本小节将结合马拉松赛事与城市文化耦合共生的发展阶段对二者行为维度的共生模式进行阐述分析。

寄生共生是指共生单元之间存在双边单向的交流机制，这样的共生模式有利于寄生者而不利于寄主的进化与发展。偏利共生指的是共生单元之间某一方面发生的作用仅对一方有利，共生单元之间的作用程度是不对称的。二者均意味着马拉松赛事与城市文化之间的作用和影响是不对等的。例如，随着马拉松赛事的兴起，大多数赛事的举办需要满足打造城市名片的诉求，宣传城市形象和推介城市资源甚至成为赛事举办城市追求的唯一目标。再比如，某些赛事的举办动机仅仅是出于对经济利益的追逐，充满着功利性的色彩，这些与马拉松赛事举办的真义大相径庭，有悖于"为民众办赛、依靠民众办赛"的初心。

互惠共生是指共生单元之间存在多边多向的作用机制，其可细化为对称性互惠共生与非对称性互惠共生两种共生模式。实现马拉松赛事与城市文化互惠共生的模式，前提是马拉松赛事系统与城市文化系统具备足够多的互补资源，也可以理解为二者需具有较多的可互相利用的资源。举办纯商业化马拉松赛事可以实现对称性互惠共生。城市文化具有创造财富、带动就业、吸引游客的功能，商业价值是其重要的支撑体。马拉松赛事若实现纯商业化运作模式，赞助商提供的奖金年年提高，赛事知名度越来越高，商业价值日益凸显，那就能积极地带动就业，扩大城市影响力，促进体育产业、旅游活动以及其他相关领域的发展。从财政角度分析，马拉松赛事对于举办城市的经济发展、文化建设、旅游产业能够产生巨大的影响。从商业价值角度来看，城市文化不能只有名气，还必须能够创造财富、带动就业、拉动经济，[①] 而马拉松赛事的纯商业化运作可以和城市文化产生典型的互惠共生依存关系。

三 马拉松赛事与城市文化共生模式及互惠机制

马拉松赛事和城市文化均具有较强的开放性、包容性，而且二者的关联度、融合度较高，因此两者具备连续共生、一体化共生和互惠共生的条件。本小节结合二者的实际发展情况，选取了如下六种耦合共生模式组合，对马拉松赛事与城市文化的互惠机制进行阐释分析（见图2-3）。

---

① 彭利方、张家喜：《关于上海网球大师赛塑造城市文化品牌的研究——基于共生理论的视角》，《山东体育科技》2019年第3期。

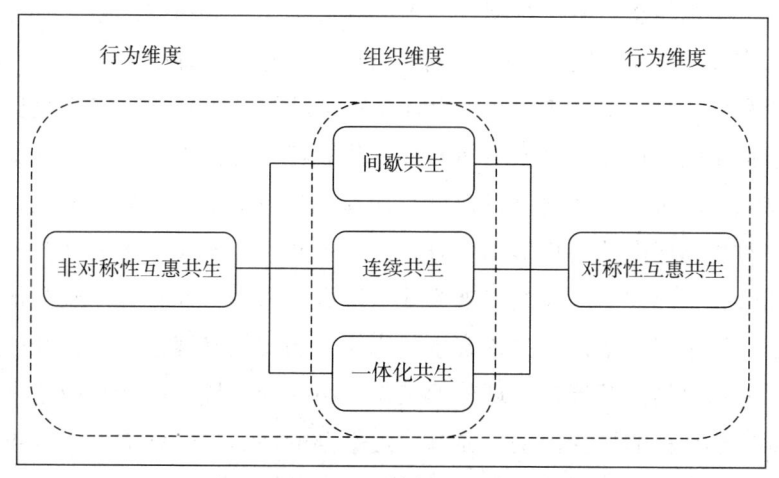

图 2-3 马拉松赛事与城市文化耦合共生模式组合

非对称性互惠共生与间歇共生组合模式是马拉松赛事与城市文化发展进度不匹配且不持久的具体表现形式。例如在马拉松热潮兴起阶段，赛事同质化问题凸显。究其根本，就是马拉松赛事与城市文化耦合共生界面尚不稳定，按照此模式继续发展，终会造成"强者更强，弱者更弱"的局面。

非对称性互惠共生与连续共生组合模式发生于马拉松赛事与城市文化的单向依赖阶段。在此耦合共生模式发展过程中，我们不难发现举办马拉松赛事时城市文化参与度不高及城市文化对马拉松赛事仅存在短期影响的问题。因此，城市在举办马拉松赛事前必须清楚地意识到举办大型赛事需要具备的经济基础与文化条件，倘若盲目地选择，很有可能给城市文化的发展与马拉松赛事的推广带来负面影响。

非对称性互惠共生与一体化共生组合模式是马拉松赛事与城市文化保持单方获利的发展状态。简而言之，在耦合共生过程中马拉松赛事与城市文化之间存在脱节的发展情况。例如，马拉松赛事在举办时所借鉴的优秀实践经验与办赛城市的实际情况不符，进而面临"马拉松赛事成功举办，但城市文化内核未得到充分宣扬""城市文化以马拉松赛事为载体得以传播，但马拉松赛事本体未能充分发挥赛事功能"的单方获利的结果。

对称性互惠共生与间歇共生组合模式是马拉松赛事与城市文化耦合共生系统处于基本稳态的表现。在此耦合共生模式发展过程中，马拉松赛事与城市文化耦合共生程度已发展至较高水平，对称交互的能量循环维护了该系统的基本稳态,但其在耦合共生过程中未能生成新的能量,以打破已有的稳态环境进而形成新的动态平衡,推动共同体的创新发展。

对称性互惠共生与连续共生组合模式是马拉松赛事与城市文化耦合共生系统的阶段性目标。根据不同城市文化的特色与需求,马拉松赛事通过体育文化活动对城市文化进行雕刻与诠释,其与城市文化耦合共生,复合成为一种更高层次的文化形态。对称性互惠共生、连续共生是马拉松赛事和城市文化耦合共生最佳的发展模式。以厦马为例,办赛方以及其他相关利益方高度重视,坚持马拉松赛事的真义,切实做好赛前准备、赛中组织运行、赛后总结提升等各个环节的工作。2011年,厦门围绕马拉松开展了各种具有创新性的配套活动,在马拉松举办的前后,分别举办了马拉松市长论坛、圣火点燃仪式、马拉松回顾展览、马拉松各城市摄影展览、化妆马拉松、体育用品展览、马拉松啦啦队、国际路跑年会、汽车越野赛等活动。厦门的这一做法,使得马拉松赛事与城市文化的协同发展不因马拉松赛事的结束而停止,保持了赛事给城市带来的"热度",从而使马拉松赛事和城市文化连续共生、对称性互惠共生的共生模式成为一种常态。

对称性互惠共生与一体化共生组合模式是马拉松赛事与城市文化耦合共生系统实现双赢的理想模式,是实现整个系统共同体利益最大化的唯一路径。对称性互惠共生与一体化共生组合模式的建立,一方面能够使马拉松赛事的质量、经济收入、社会效益得以提升,使传播媒介获得更多的关注受众,进而使赞助企业增加品牌知名度和市场占有率等;另一方面能够带动配套设施的完善,使得周边的环境得以改善,让城市形成积极向上的态度、文明的社会风貌、良好的公共秩序和浓厚的体育氛围,从而为城市树立良好的形象。同时可以实现城市文化品牌的营销,通过传统媒体的报道,以及新媒体的自发关注传播,体育赛事可以展示城市文化、城市品牌、城市形象。马拉松赛事依托于城市文化内涵,城市文化品牌也因成功举办马拉松而得以提高知名度,大大增强影响力。[1] 简而言之,马拉松赛事与城市文化通过双向交流与互通资源,达到二者对称性互惠共生和一体化共生的双赢目标。

---

[1] 李欣:《城市体育赛事与城市发展的时序演化及耦合研究》,《广州体育学院学报》2021年第4期。

第六节　共生生命周期动态演化过程分析

一　马拉松赛事与城市文化耦合平面形成

耦合平面是指马拉松赛事系统和城市文化系统之间相互联系和作用形成的能量循环面。它是这两个系统的耦合共生关系的产物，是系统耦合的结果。形成耦合平面需要以下几个方面的逻辑。首先，马拉松赛事和城市文化系统之间存在着耦合共生关系。这意味着两个系统不仅相互依存，而且相互促进。马拉松赛事受到城市文化的支持和推动，而城市文化也因马拉松赛事的举办得到了宣传和提升。这种互动关系建立了两个系统之间的联系，为耦合平面的形成提供了基础。其次，马拉松赛事系统和城市文化系统中都包含着各自的共生单元，即赛事组织者、运动员、观众、场地设施、赛事文化、城市制度文化、城市精神文化、城市物质文化，这些共生单元之间的联系可以构成一个能量循环系统。例如，城市制度文化和场地设施的共同作用可以提供马拉松赛事的场地和组织；城市精神文化与赛事文化的共同作用可以吸引更多的观众和参赛者参与其中，提升城市文化和形象。通过这种能量循环的联系，共生单元可以有机地结合成一个平面。最后，马拉松赛事系统和城市文化系统之间的联系需要一些"接口"或"界面"。这些界面是能量在系统之间传递和交换的通道。例如，马拉松赛事需要一个合适的场地或路线，而城市文化需要举办类似马拉松的体育赛事来宣传自己。于是，场地设施和赛事文化就构成了马拉松赛事和城市文化系统之间的耦合共生界面。耦合共生界面和共生单元之间还有着可以进一步细分和交叉的联系，这些联系也可以构成耦合平面的一部分。

在耦合共生单元和耦合共生界面的联系下，马拉松赛事系统和城市文化系统可以形成一个能量循环平面系统，这一系统可以为整个耦合平面的形成提供推动力量。能量的循环在共生单元和耦合共生界面之间进行，维持了两个系统及共同体的基本稳态。

耦合平面是马拉松赛事系统和城市文化系统之间相互联系和作用形成的能量循环面。它的形成逻辑主要包括耦合共生关系的存在、共生单元的联系、共生界面的构成和能量的循环与稳态维持。对耦合平面的形成逻辑进行深入的剖析，有助于我们更好地理解两个系统之间的联系和作用，推动马拉松赛事和城市文化的融合发展。

二 马拉松赛事与城市文化共生矢量推动

马拉松赛事与城市文化共生是指城市发展进程中二者相互补充、相互推动的关系，是城市文化和马拉松赛事交流互鉴、合作共赢的产物。一方面，城市文化为马拉松赛事提供了历史背景和文化底蕴，为其拓展发展空间和传递信息提供了前提条件；另一方面，马拉松赛事为城市文化注入了新元素，为文化传承带来了创新活力和更多观众与参与者。正因为如此，媒体、企业、地方政府等要携手合作，充分利用沉淀在城市文化中的元素，将马拉松赛事融入城市文化，推动二者之间形成持久稳定的耦合平面，发掘更大的共生发展潜力，进一步在互动创新中产生马拉松赛事与城市文化共生的矢量推动作用，促进共同体的发展。

马拉松赛事不仅仅是一项赛事，更是一项城市节庆活动，它深受本地居民和游客的喜爱，具有极高的吸引力和影响力。举办马拉松赛事是促进城市文化发展的重要手段。随着城市的不断发展，马拉松赛事也日益壮大，越来越多的城市开始注重马拉松赛事的举办和发展，利用马拉松赛事来推广和宣传城市文化、提高城市的知名度和影响力。例如，北京、上海、广州等大城市都已经成为马拉松赛事的重要举办地之一，这些城市将马拉松赛事作为对外展示活力和魅力的载体，加强了城市形象的宣传和推广。同时，马拉松赛事的举办也促进了城市文化的发展和传承。一些地方政府和民间力量联合开展马拉松文化生态建设，例如北京和上海的马拉松文化地标建设、海南的马拉松文化嘉年华、成都的国际马拉松文化周，都加强了马拉松赛事与城市文化的联系，提高了城市文化的知名度和参与度。以北京为例，其举办的马拉松赛事与城市文化共生的作用矢量推动力显著。作为中国的首都，北京具有悠久的历史文化和浓厚的现代气息，有极高的文化价值。在城市文化的保护和传承方面，北京一直积极推进各项文化事业。同时，北京作为中国马拉松的重要举办地之一，也在使用马拉松赛事作为载体推进城市文化的发展。首先，北京是全球范围内重要的马拉松举办城市之一，大量世界级的赛事定期在北京举行。北马是北京市最大规模的田径赛事，连续多年获得国际田联"金标赛事"荣誉。举办这些赛事，不仅吸引了来自世界各地的跑者和观众到北京,还通过发扬竞技体育精神、积极拥抱健康生活方式和丰富的公益意义等为北京城市文化带来了新的活力。其次,马拉松赛事的举办对北京城市文化的传承和发展产生了深远的影响。北京在丰富城市文化的同时,深入挖掘马拉松赛事内涵,积极打造马拉松文化品牌,形成了马拉松赛事与其他文化元素之间的融合创新。在北马与城市的多年互动中,赛前体验场馆、"国宝味道"美食、比赛计时技术创新、志愿者队伍完善、跑者接待创新、交通运营优化等各项服务得以有条不紊地开展,比赛中设置的景点、赛事衍生品、跑马文化社群等也极大地促进了赛事推广和北京城市文化的传承。最后,北京还将马拉松赛事文化融入中华美食文化大会、京津冀周末旅游产品联展、北京马拉松博览会等大型文化活动,形成了"北马文化"的良性循环。

马拉松赛事和城市文化之间的共生关系需要城市和马拉松赛事之间的协同发展,增强两者之间的耦合联系,相互吸收能量进行创新发展,丰富城市文化和赛事的内容和元素。这种共生关系推动了城市文化和马拉松赛事在组织、参与和传播等方面的合作、互补和融合,推动了两者的可持续性发展。

三 马拉松赛事与城市文化耦合共生系统的危机与衰败

随着社会经济、文化的发展,马拉松赛事与城市文化系统中出现了一些危机因素,其可能导致其衰败与崩溃。

第一,马拉松赛事商业化趋势的明显增强可能会导致马拉松赛事的危机。赞助商和广告商纷纷加入马拉松赛事的运营体系中,使得赛道两旁的广告海报随处可见,并通过各种方式对参赛者和观众进行推销和宣传,直接或间接地将马拉松赛事变成了一个商业操作的平台。商业化的过度推进会导致赛事的质量和观赛体验下降。例如,赞助商和广告商所在的摊位过多,毫无节制地占据了比赛的舞台,给参赛者和观众带来了很多不必要的干扰,降低了比赛的舒适度和观赛的体验。此外,商业化的过度推进也会加剧赛事的成本压力,使得赛事组织者为了谋取更高的盈利能力,而不得不通过各种方式削减赛事的服务质量和安全性。例如,为了降低参赛者的报名费用,赛事组织者可能会压缩器材购置、人员培训等方面的开支,从而影响比赛的安全和顺畅程度。更何况,商业化马拉松赛事的推出还容易导致观众和商家发生争执。杭州马拉松一度产生争议,赛事当天商家在赛道两旁向观众兜售商品,幸好不少商家因为没有得到活动组委会的批准而被迫离场。商家的出现,使得整个赛道景象变得愈发喧嚣,观众和跑者的赛事体验也受到了影响。

第二,城市制度文化的固化、城市精神文化的淡化以及城市物质文化的贫困化,都会直接对马拉松赛事的举办产生负面影响。城市制度文化是城市发展的重要组成部分,一旦制度文化固化,城市的发展也就难以适应社会和经济的发展。城市制度文化的固化往往会导致赛事举办过程中的烦琐手续、人员管理等问题,这些问题都会直接影响到马拉松赛事的质量和参赛者的体验。例如,一些城市举办马拉松赛事的审批流程过于烦琐、时间跨度过长、申请难度较大,这些都会影响赛事举办的顺畅程度。城市精神文化是城市的核心文化,也是马拉松赛事的重要组成部分。城市精神文化不仅涵盖人文精神、特色文化等,还包括城市的社会道德、社会风气和城市形象等方面。它是城市的内核,是吸引游客、推动城市发展的重要力量。城市精神文化的淡化不仅仅导致城市形象虚无缥缈,更直接影响到马拉松赛事的举办质量。城市精神文化淡化,城市的道德风气建设便会松懈,赛事运营管理、旅游服务等方面也会受到负面影响,严重时甚至会引发不良后果。同时,城市精神文化淡化会使得城市的公共设施和卫生环境等方面出现问题,影响参赛者、游客的赛事体验,从而影响参赛者对赛事的评价。城市物质文化的贫困化意味着赛事举办地区的场馆设施、交通工具、酒店住宿等方面的资源会较为匮乏,很难为参赛者提供优质的服务与设施。这些都会直接影响赛事的举办质量,降低参赛者的满意度和竞争力。

四 马拉松赛事与城市文化耦合共生动态演化逻辑

生命周期理论认为任何事物都具有一个演化周期,包含引入、成长成熟和衰退三个阶段,这个演化过程中存在着动态的耦合共生关系。马拉松赛事与城市文化耦合共生系统也遵循这一生命周期演化规律(见图2-4)。

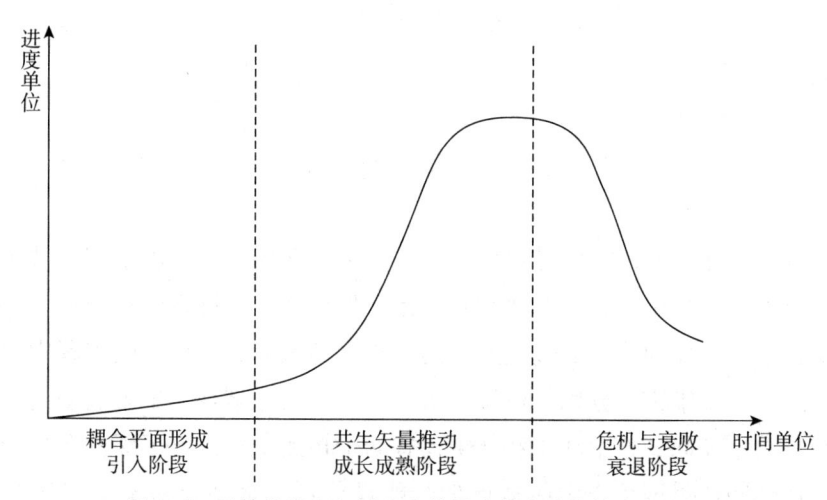

图 2-4　马拉松赛事与城市文化耦合共生演化的生命周期

在成长成熟阶段,马拉松作为一项体育赛事,与城市的文化资源进行有效的对接,建立耦合关系。马拉松赛事的成功举办,会为城市的文化和经济发展注入新的活力和机遇。随着赛事的不断壮大和成熟,马拉松赛事和城市文化之间会形成更加复杂的耦合平面,产生城市的马拉松文化。马拉松赛事不仅是一项体育竞技活动,同时也是城市文化功能的延伸。尤其是在成长成熟阶段,城市文化将为马拉松赛事提供更加优质、多元、高效的场馆与服务资源,使得赛事能够不断创新和发展,让其能引领城市的文化创造力和经济发展。同样,马拉松赛事的成功举办也会推动城市文化的创新和发展,例如推广城市特色文化、吸引文化产业投资等,这些都是马拉松赛事的附带推动效应。在生命周期的衰退阶段,马拉松赛事与城市文化之间的耦合共生关系会遭受危机与衰败。城市文化的危机与衰败会影响到马拉松赛事的举办质量,赛事的规模缩小、参与度下降等问题可能会困扰城市文化的发展。此时,马拉松赛事需要充分利用自身的贡献和影响力,对城市文化问题做出表态和干预,以此降低城市文化危机与衰败带来的负面影响。同时,马拉松赛事也需要不断创新和发展,提升自身价值和对城市文化的贡献,推动耦合共生关系的再次升级。

综上所述,马拉松赛事与城市文化耦合共生系统的动态演化逻辑包括耦合平面形成过程、共生矢量推动过程以及危机与衰败过程等。这一演化过程体现了生命周期理论中的动态演化规律。只有在不断创新和发展中,马拉松赛事才能保持强大的生命力和美好的发展前景,共同体才能顺利度过危机与衰败阶段。

本章小结

本章在理论上,首先对耦合共生进行了概念界定,提出了耦合共生是两个或多个系统中的各个要素相互联系,形成共同体进行能量传递、互动创新,以推动共同体不断进化发展的过程。其次基于耦合共生解释中传播较为广泛的四维论,分别对马拉松赛事与城市文化耦合共生系统中的共生单元、共生界面、共生环境和共生模式四个构成要素进行了深入分析。同时,详细阐述了该系统中能量产生、能量传输的途径,基于"三生"空间理论视角剖析了该系统的动力循环及互惠机制。最后通过解构马拉松赛事与城市文化耦合共生的生命周期,建构出该系统的动态演化过程。

综上所述,马拉松赛事与城市文化耦合共生系统是一个以赛事组织者、运动员、观众、场地设施、赛事文化以及城市制度文化、城市精神文化、城市物质文化为主要共生单元的能量生产系统。马拉松赛事与城市文化的耦合共生单元是一种文化交流与融合的表达,也是一种更高层次的文化形态。在该系统中,赛事文化、场地设施分别作为马拉松赛事参与者与城市文化互动的精神场所、物质场所,构成了两个系统的耦合共生界面,扮演着能量传输通道的角色。在城市生产、生活、生态共生环境的动力支持下,马拉松赛事和城市文化形成了相互作用、相互促进与反哺的交互关系。马拉松赛事与城市文化耦合共生系统随着时间的推进,逐步形成了对称性互惠共生与连续共生的组合模式,这种高关联度的双边双向稳定模式维持了系统的基本稳态,促使马拉松赛事与城市文化耦合共生系统朝着对称性互惠共生与一体化共生组合模式的理想化状态发展,进而推动系统自身的创新发展,实现真正意义上的马拉松赛事与城市文化的耦合共生。

第三章
马拉松赛事与城市文化耦合协调度评价

第一节 耦合评价指标体系构建原则

在构建马拉松赛事-城市文化耦合模型的过程中，由于二者均为体系规模庞大的复杂系统，两个系统之间以及系统内部各要素之间存在相当复杂且紧密的联系，各个构成要素之间相互影响、相互制约，为了科学、准确地研究与评价二者的耦合关系，我们要从以下几个原则出发，包括科学性原则、系统性原则、可行性原则、动态性原则以及可比性原则。

科学性原则。指标体系的设计和构建需要参考大量有关文献，结合实际的研究对象，同时注意指标的概括性、指标体系的层次性，以便能够科学地反映出耦合协调目标的实现程度。

系统性原则，又称整体性原则，即将马拉松赛事与城市文化视为两个系统，在选取两个系统中的一级和二级指标时，一方面应权衡子系统（二级指标）与母系统（一级指标）间的关系，另一方面指标要具有一定的代表性，要符合系统论的要求，即子系统也应成为独立的系统。

可行性原则。在构建评价指标体系时，应选择具体的，而不是抽象且难以测算的指标；应选择能够直接从统计数据中获取的且可量化的，而不是定性的与一般性的指标，以确保实证分析的合理性和客观性。

动态性原则。马拉松赛事与城市文化是两个动态变量，二者的协调程度因城市文化发展程度和赛事规模而异。因此，指标体系不仅要能够反映当前马拉松赛事与城市文化之间的耦合关系，还要注重预测未来的发展趋势，这就要求指标体系具有一定的弹性与灵活度，能够随着时间的推移对指标进行修改、更新与整合。

可比性原则。在选取指标时，必须充分考虑各省市、各赛事方统计指标的差异，考虑到指标的普适性和可传播性，尽量选择具有通用含义的指标，以确保指标间的一致性和可比性。

评价指标的选取和确定是实证分析的关键步骤，也是本章的重点所在，因此在选取的过程中必须遵循上述科学性、系统性、可行性、动态性及可比性五个原则，通过文献梳理及专家访谈，初筛出马拉松赛事与城市文化的评价指标，再利用德尔菲法经过两轮专家打分确定最终的评价指标。

第二节 耦合评价指标选取及确定

一 指标初步筛选过程

通过对国内外现有高水平研究成果的分析，我们发现学界对马拉松赛事与城市文化的耦合发展虽然进行了一定程度的研究，但其中绝大多数停留在定性分析的阶段，极少进行定量研究，导致相关研究成果的影响力与说服力较弱。不过现有研究成果也有可取之处，即马拉松赛事体系与城市文化体系的评价指标构建比较完善、趋于成熟，这为研究构建马拉松赛事系统与城市文化系统耦合发展模型以及为后续对案例赛事与文化的综合发展水平的评价提供了成熟的结果参考与借鉴。在前人研究的基础上，我们拟定了马拉松赛事-城市文化耦合系统的指标体系，并结合专家意见与数理统计结果对其进行修订，最后形成本章的指标体系。

（一）马拉松赛事系统指标的初级筛选

目前确定体育赛事对城市发展的影响以及测量其影响程度的方法有三大类。第一类是将一级指标定为经济效益、社会效益、生态效益及人口效益，并由此设立二级指标，以林立球构建 WTA 超级精英赛评价体系的应用为例；[1] 刘连发在确定大型体育赛事对城市发展影响的指标体系时也采取了这个方式。[2] 第二类是按照规模指数、关联指数等一级指标对体育赛事系统

---

[1] 林立球：《WTA 超级精英赛与珠海城市体育文化耦合研究》，《广州体育学院学报》2019 年第 5 期。

[2] 刘连发：《大型体育赛事对城市发展影响的指标体系构建》，《体育文化导刊》2015 年第 9 期。

进行划分。① 第三类是将体育赛事对城市发展的影响分为两种，分别是直接效益与间接效益，通过影响效果的不同选择不同的指标。② 本章在现有研究的基础上，使用第三类方法，辅以专家访谈法初步构建马拉松赛事的指标体系（见表3-1）。

表3-1 马拉松赛事系统指标初步筛选结果

系统	一级指标	二级指标
马拉松赛事	直接效益	a1：赛事总收入
		a2：赛事总支出
		a3：媒体宣传价值
		a4：电视转播率
		a5：衍生品收入总额
		a6：赞助收入
		a7：外省市地区参与人数
		a8：赛事品牌价值
		a9：境外参与人数
		a10：选手人数与志愿者人数的比例
	间接效益	b1：批发和零售业的间接经济效益
		b2：体育项目投资情况
		b3：各级别选手参赛数量
		b4：固定资产投资增长额
		b5：参与报道的媒体数量
		b6：旅游总收入
		b7：住宿和餐饮业的间接经济效益
		b8：旅客周转量
		b9：教育、文化、体育和娱乐业劳动力人口
		b10：绿地与广场用地占比

资料来源：专家访谈与课题组整理。

---

① 刘润芬：《重庆马拉松赛事与城市发展的耦合研究》，硕士学位论文，武汉体育学院，2017。
② 陈添：《我国城市马拉松赛事经济影响评估指标体系构建研究》，硕士学位论文，武汉体育学院，2019。

(二) 城市文化系统指标的初级筛选

在筛选测量城市文化系统影响程度指标的过程中,本章依据"三生"空间理论与相关学者的研究成果确定了一级指标,分别为文化生产、文化生活与文化生态。选择二级指标时,参考了以下几位学者的研究成果:代明和周飞媚学者尝试构建的"城市文化特质的三维赋值模型"中包含的求新求变的城市文化取向、丰富时尚的市民文化生活及繁荣发展的新文化产业三大方面的12项指标;[1] 陶建杰构建的城市文化构成模型中测量文化基础力、文化保障力、文化生产力、文化吸引力及创新力的33项指标。[2] 具体如表3-2所示。

表3-2 城市文化系统指标初步筛选结果

系统	一级指标	二级指标
城市文化	文化生产	c1:科教文体媒财政支出
		c2:文化投入年度规模
		c3:文化产品出口额
		c4:第三产业占GDP比重
		c5:公共电视广播节目套数
		c6:专利授权量
		c7:展会数量
	文化生活	d1:电影院入场人次
		d2:居民人均教育、文化、娱乐支出
		d3:国内旅游人次
		d4:人均公共图书馆书刊文献借阅次数
		d5:旅行社数量
		d6:人均通过互联网购买的商品和服务
		d7:图书馆藏书量

---

[1] 代明、周飞媚:《创新型城市文化特质的经济学分析》,《城市问题》2009年第12期。
[2] 陶建杰:《十大国际都市文化软实力评析》,《城市问题》2011年第10期。

续表

系统	一级指标	二级指标
城市文化	文化生态	e1：人均绿地面积
		e2：公共图书馆数量
		e3：世界文化遗产数量
		e4：境外旅游人次
		e5：在校大学生数量
		e6：人均教育文化娱乐生活消费支出

资料来源：课题组根据专家访谈资料整理。

二 评价指标确定

（一）专家权威度检验

如表3-3和表3-4所示，我们对指标熟悉程度中的很不熟悉、较不熟悉、一般、熟悉与很熟悉分别赋予0.2~1.0分的分值；对专家判断依据中个人直观感受、对国内外同行的了解、理论分析以及实践经验，分别赋予0.1~0.5分的分值。通过计算指标熟悉程度（Ca）与判断依据（Cs）的算术平均数得出专家权威程度（C），以此衡量该专家对本领域研究的深入程度与本章对其进行咨询与采访所得结论的可信度与可用性，一般认为该值超过0.7分为可以接受。对每一项指标的重要性，按照李克特五级量表进行赋值，评分标准见表3-5。

表3-3 指标熟悉程度赋分

单位：分

指标熟悉程度（Ca）	分值
很熟悉	1.0
熟悉	0.8
一般	0.6
较不熟悉	0.4
很不熟悉	0.2

资料来源：德尔菲法的统计学处理原则。

表 3-4 指标判断依据赋分

单位：分

判断依据（Cs）	影响程度	分值
实践经验	大	0.5
	中	0.4
	小	0.3
理论分析	大	0.3
	中	0.2
	小	0.1
对国内外同行的了解	大	0.1
	中	0.1
	小	0.1
个人直观感受	大	0.1
	中	0.1
	小	0.1

资料来源：德尔菲法的统计学处理原则。

表 3-5 指标重要性评分标准

单位：分

评价项目	等级	分值
重要性	很重要	5
	较重要	4
	一般	3
	较不重要	2
	很不重要	1

资料来源：德尔菲法的统计学处理原则。

结果显示第一轮数据统计结果中，指标熟悉程度均值为 0.847 分、判断依据均值为 0.907 分、专家权威程度均值为 0.877 分，均符合标准，可以接受。第二轮中指标熟悉程度均值为 0.867 分、判断依据均值为 0.920 分、专家权威程度均值为 0.893 分，同样符合标准，证明专家权威性较高（见表 3-6）。

表3-6 专家权威系数情况

单位：分

指标	第一轮			第二轮		
	指标熟悉程度	判断依据	专家权威程度	指标熟悉程度	判断依据	专家权威程度
均值	0.847	0.907	0.877	0.867	0.920	0.893
标准差	0.126	0.077	0.101	0.107	0.065	0.086

（二）第一轮德尔菲结果

对专家进行的第一轮问卷调查中，问卷回收率为100%。其中一级指标的重要性得分均值均大于3分，同时变异系数CV均低于20%，结果表明其可以纳入第二轮专家咨询。肯德尔协调系数通过一致性检验（$p<0.05$），专家协调性较好（见表3-7）。

表3-7 第一轮专家意见集中程度——一级指标

系统	一级指标	均值（分）	标准差	变异系数CV
马拉松赛事	直接效益	4.07	0.68	0.17
	间接效益	3.87	0.62	0.16
城市文化	文化生产	4.33	0.70	0.16
	文化生活	4.00	0.63	0.16
	文化生态	4.13	0.72	0.17

对指标体系中二级指标的统计数据进行分析，发现包括a2、a3、a8、b3、b7、b9、c1、c3、d2、d6、d7、e4、e6在内的13项指标因重要性得分均值低于3分或变异系数CV高于20%，予以剔除。剩余指标纳入第二轮专家咨询。肯德尔协调系数通过一致性检验（$p<0.05$），专家协调性较好（见表3-8、表3-9）。

表3-8 第一轮专家意见集中程度——马拉松赛事系统二级指标

系统	一级指标	二级指标	均值（分）	标准差	变异系数CV
马拉松赛事	直接效益	a1	4.467	0.499	0.112
		a2	3.267	0.854	0.261
		a3	3.067	0.854	0.278
		a4	4.600	0.490	0.106

187

续表

系统	一级指标	二级指标	均值（分）	标准差	变异系数 CV
马拉松赛事	直接效益	a5	4.667	0.471	0.101
		a6	4.800	0.400	0.083
		a7	4.533	0.499	0.110
		a8	2.733	0.573	0.210
		a9	4.267	0.442	0.104
		a10	4.800	0.400	0.083
	间接效益	b1	4.533	0.499	0.110
		b2	4.533	0.499	0.110
		b3	3.133	0.806	0.257
		b4	4.267	0.442	0.104
		b5	4.133	0.499	0.121
		b6	4.400	0.490	0.111
		b7	3.133	0.718	0.229
		b8	4.200	0.542	0.129
		b9	3.200	0.909	0.284
		b10	4.600	0.490	0.106

表 3-9 第一轮专家意见集中程度——城市文化系统二级指标

系统	一级指标	二级指标	均值（分）	标准差	变异系数 CV
城市文化	文化生产	c1	3.267	1.123	0.344
		c2	4.667	0.471	0.101
		c3	3.067	0.854	0.278
		c4	4.200	0.542	0.129
		c5	4.333	0.471	0.109
		c6	4.600	0.490	0.106
		c7	4.133	0.499	0.121
	文化生活	d1	4.667	0.471	0.101
		d2	2.533	0.806	0.318
		d3	4.533	0.499	0.110
		d4	4.267	0.442	0.104
		d5	4.200	0.542	0.129

续表

系统	一级指标	二级指标	均值（分）	标准差	变异系数 CV
城市文化	文化生活	d6	2.933	0.573	0.196
		d7	2.600	0.611	0.235
	文化生态	e1	4.533	0.499	0.110
		e2	4.333	0.471	0.109
		e3	4.267	0.573	0.134
		e4	2.400	0.611	0.255
		e5	4.133	0.499	0.121
		e6	2.867	0.806	0.281

（三）第二轮德尔菲结果

进行第二轮专家咨询，问卷回收率为100%。结果表明，一级指标重要性得分均值均大于3分，且变异系数CV小于20%，可以纳入最终指标体系。肯德尔协调系数通过一致性检验（$p<0.05$），专家协调性较好（见表3-10）。

表3-10　第二轮专家意见集中程度——一级指标

系统	一级指标	均值（分）	标准差	变异系数 CV
马拉松赛事	直接效益	4.33	0.60	0.14
	间接效益	4.33	0.60	0.14
城市文化	文化生产	4.53	0.81	0.18
	文化生活	4.13	0.81	0.19
	文化生态	4.40	0.88	0.20

对二级指标的统计结果进行分析，结果显示a4、a5、b1、b5、c4、c5、e2这7项指标由于重要性得分均值小于3分，或变异系数CV大于20%，应予以剔除，剩余指标纳入最终指标体系。肯德尔协调系数通过一致性检验（$p<0.05$），专家协调性较好（见表3-11）。

表 3-11　第二轮专家意见集中程度——马拉松赛事-城市文化系统二级指标

系统	一级指标	二级指标	均值（分）	标准差	变异系数 CV
马拉松赛事	直接效益	a1	4.267	0.573	0.134
		a4	2.667	0.699	0.262
		a5	2.467	0.499	0.202
		a6	4.267	0.573	0.134
		a7	4.400	0.490	0.111
		a9	4.667	0.471	0.101
		a10	4.800	0.400	0.083
	间接效益	b1	2.533	0.718	0.283
		b2	4.333	0.471	0.109
		b4	4.467	0.499	0.112
		b5	2.867	0.618	0.216
		b6	4.467	0.499	0.112
		b8	4.067	0.573	0.141
		b10	4.533	0.499	0.110
城市文化	文化生产	c2	4.267	0.573	0.134
		c4	3.400	0.800	0.235
		c5	2.667	0.699	0.262
		c6	4.267	0.442	0.104
		c7	4.733	0.442	0.093
	文化生活	d1	4.467	0.499	0.112
		d3	4.733	0.442	0.093
		d4	4.400	0.490	0.111
		d5	4.467	0.499	0.112
	文化生态	e1	4.467	0.499	0.112
		e2	2.533	0.618	0.244
		e3	4.200	0.542	0.129
		e5	4.733	0.442	0.093

综上所述，最终得到的指标体系如表 3-12 所示。马拉松赛事系统通过 2 个维度的 10 项具体指标反映，城市文化系统通过 3 个维度的 10 项具体指标反映。

表 3-12　马拉松赛事与城市文化耦合指标

系统	一级指标	二级指标
马拉松赛事	直接效益	a1：赛事总收入
		a6：赞助贡献率
		a7：外省市地区参与人数
		a9：境外参与人数
		a10：选手人数与志愿者人数的比例
	间接效益	b2：体育项目投资情况
		b4：固定资产投资增长额
		b6：旅游总收入
		b8：旅客周转量
		b10：绿地与广场用地占比
城市文化	文化生产	c2：文化投入年度规模
		c6：专利授权量
		c7：展会数量
	文化生活	d1：电影院入场人次
		d3：国内旅游人次
		d4：人均公共图书馆书刊文献借阅次数
		d5：旅行社数量
	文化生态	e1：人均绿地面积
		e3：世界文化遗产数量
		e5：在校大学生数量

三　指标解释

（一）马拉松赛事系统指标

在评价马拉松赛事直接效益的指标中，赛事总收入既可以衡量赛事规模的大小，还可以判断赛事规格的高低以及通过历年的收入变化评价比赛经济层面的发展。"赞助贡献率"（赞助收入/赛事总收入）用于衡量马拉松赛事市场化运作能力，该比率越高，表明赛事收入对市场化赞助的依赖度越强，而对政府财政支持的依赖性越弱。在我国群众性体育赛事普遍依赖政府资金的背景下，只有具备广泛影响力、经济效益显著的城市马拉松赛事，才能通过其文化辐射力与商业价值吸引高质量赞助商，从而推高赞助贡献率。参赛运动员中外省市地区参与人数以及境外参与人数的数量则体现了该赛事的吸引力与其在国内外的影响力，选手人数与志愿者人数的比例反映了赛事的专业化组织程度与其在社会保障、公益服务方面的投入。

在马拉松赛事指标体系的间接效益层面，马拉松赛事能够在短期内极大地刺激举办城市增加体育项目投资，同时刺激城市基础设施建设，加大固定资产投资力度，因此，体育项目投资情况和固定资产投资增长额一定程度上能够体现马拉松赛事对城市发展的意义。由于马拉松赛事的参赛者与观赛者数量众多，因此马拉松赛事能够在短期内极大地刺激举办城市旅游业的发展，旅游总收入与旅客周转量也能够反映马拉松赛事对城市发展的关键作用。最后，绿地与广场用地占比体现的是城市的绿化建设和城市的基础设施建设情况，该比例越高，马拉松赛事沿途景观对参赛者的吸引力越强。

(二) 城市文化系统指标

首先，在文化生产层面，文化投入年度规模是决定该市城市文化产出的关键指标，目前我国相关产业对政府财政支持依赖性较强，文化投入资金的多少在很大程度上决定了文化产业发展态势与规模。专利授权量能直观地展示一个城市科学技术的发达程度，以及该城市对知识产权的认可度。展会数量是衡量一个城市产业结构是否优化的标准之一，该数量越多，说明城市的经济发展结构越好。

其次，在文化生活层面，电影院入场人次体现了市民对于文化娱乐等发展型、享受型的生活消费的接纳度，该指标一定程度上代表了城市居民的生活质量，同样国内旅游人次与旅行社数量是衡量一座城市文化旅游产业发展水平的关键指标。人均公共图书馆书刊文献借阅次数则体现了该市文化资源的利用程度和居民的文化素养。

最后，在文化生态层面，城市生态文明建设是城市文化的重要组成部分，人均绿地面积越多，说明当地的生态环境越好。世界文化遗产数量是城市文化的重要组成部分，数量越多，说明当地的历史文化底蕴越深厚。在校大学生数量反映了整体高校资源聚集度，高素质人才的竞争是城市文化竞争的一部分，因此该指标的选取是必要的。

第三节 指标权重的确定

通常被研究人员用来确定耦合模型指标权重的方法可分为两种类型，

即主观赋权法与客观赋权法。在主观赋权法中，又有层次分析法、德尔菲法等具体方法，这种方法基于研究人员的经验、知识背景等因素，将指标的重要程度进行比较、赋值和计算从而得出各指标的权重。主观赋权法在决策过程中由于过于依赖决策者的经验和专业性知识，完全脱离实测数据，因此可能存在逻辑性混乱、主观偏好过强等问题。

客观赋权法基于各系统内部评价指标的差异程度而确定各指标的权重，主要包括主成分分析法、变异系数法、均方差法及熵值法等。客观赋权法由于完全依赖于实测数据，可能会导致结果与事实不符的情况发生，但是与主观赋权法相比客观赋权法避免了人为因素带来的偏差，精度较高，客观性更强。因此结合上述理由并考虑到现实可操作性，本章决定采用客观赋权法对指标的权重进行确定。在众多客观赋权法中，熵值法能够深刻地反映指标信息熵值的效用价值。王靖和张金锁认为如果有较为完整的样本数据，则应采用熵值法，并将其结果通过指标间的横向比较做适当修正。[1] 因此，为了较为科学客观地评价各个指标在该体系中的重要程度，排除在确定指标权重的过程中人为因素的干扰，本章将采用熵值法确定各个指标的权重。

一 数据来源

根据前文确定的评价马拉松赛事-城市文化耦合共生系统的指标体系，同时为了保证研究结果的准确性，案例的数据以官方统计年鉴或报告为参考。数据主要来自历年案例地市级统计单位，如北京市统计局、上海市统计局与扬州市统计局编制的《北京统计年鉴》、《上海统计年鉴》与《扬州统计年鉴》，还有各地文旅、体育等主管部门发布的行业报告、各赛事主办单位以及中国田径协会编制的马拉松运动报告等。本章搜集了 2015~2019 年共 5 年的数据，来源权威、可靠，便于接下来对指标权重的分配、对案例城市的马拉松赛事-城市文化耦合共生系统运行过程的分析以及对其耦合度、耦合协调度的评价。

二 数据的标准化处理

为了消除来自马拉松赛事与城市文化两个系统不同的统计口径造成的

---

[1] 王靖、张金锁：《综合评价中确定权重向量的几种方法比较》，《河北工业大学学报》2001 年第 2 期。

指标类型、单位、数量级等差异导致的影响,要先对原始数据进行无量纲化处理,从而确保计算过程的可行性及结果的准确性。常用的无量纲化处理方法有标准化处理法、极值处理法、归一化处理法等。本节选取极值处理法对各指标的数据进行统一的整理,其标准化公式如下:

$$正向指标: x_{ij}^* = \frac{x_{ij} - \min(x_{ij})}{\max(x_{ij}) - \min(x_{ij})} + 0.00001 \qquad (3.1)$$

$$负向指标: x_{ij}^* = \frac{\max(x_{ij}) - x_{ij}}{\max(x_{ij}) - \min(x_{ij})} + 0.00001 \qquad (3.2)$$

其中 x_{ij}($i=1,2,\cdots,5$;$j=1,2,\cdots,10$)表示第 i 年中第 j 个指标的值。x_{ij}^*($i=1,2,\cdots,5$;$j=1,2,\cdots,10$)代表由原始数据无量纲化后得到的标准化数值。$\max(x_{ij})$ 指的是第 i 年中第 j 个指标的最大值,$\min(x_{ij})$ 则表示第 i 年中第 j 个指标的最小值。为了避免无量纲化处理结果中出现零值,借鉴学者的相关研究成果,[①] 在函数后整体加 0.00001。x_{ij}^* 体现的是指标对于整个系统功效的贡献度的高低,正向指标的标准化值数值越大,说明该指标对整个系统的贡献度越大。

三 熵值法计算指标权重步骤

本节采用线性加权综合法对两个系统 5 年的指标进行综合评价,公式为:

$$y_i = \sum_{j=1}^{m} w_j x_{ij}^* \qquad (3.3)$$

其中,y_i 是第 i 年的综合评价值,w_j 是评价指标 j 的权重系数($0 \leq w_j \leq 1$,$\sum_{j=1}^{m} w_j = 1$)。

计算第 j 个评价指标在第 i 年上的标准化值:

$$p_{ij} = x_{ij}^* / \sum_{i=1}^{n} x_{ij}^* \qquad (3.4)$$

计算第 j 个指标的熵值:

[①] 麻学锋、吕逸翔:《张家界城镇居民幸福水平对旅游城镇化集聚的响应识别及测度》,《自然资源学报》2020 年第 7 期。

$$e_j = -\frac{1}{\ln n}\sum_{i=1}^{n} p_{ij}\ln(p_{ij}), 0 \leqslant e_j \leqslant 1 \tag{3.5}$$

计算评价指标 j 的差异系数。对于给定的 j，x_{ij}^{*} 的差异越小，则 e_j 越大；x_{ij}^{*} 的差异越大，则 e_j 越小，指标 j 与被评价对象之间的比较作用就越大。在此基础上定义差异系数 $g_j = 1 - e_j$，g_j 的数值越大，则越应重视该指标在综合评价指标体系中的作用。

权重系数的确定：

$$w_j = \frac{g_j}{\sum_{j=1}^{m} g_j} \tag{3.6}$$

其中，$j = 1, 2, \cdots, 10$，w_j 为各指标最终的权重系数。

对马拉松赛事系统和城市文化系统中各指标的综合发展水平进行测算。马拉松赛事系统的综合发展水平为：

$$f(x) = \sum_{i=1}^{m} w_j X_{ij} \tag{3.7}$$

其中，$f(x)$ 代表马拉松赛事系统的综合发展水平指数，X_{ij} 为马拉松赛事系统中第 j 个指标第 i 年的标准化值。

城市文化系统的综合发展水平为：

$$g(y) = \sum_{i=1}^{m} w_j Y_{ij} \tag{3.8}$$

其中，$g(y)$ 代表城市文化系统的综合发展水平指数，Y_{ij} 为城市文化系统中第 j 个指标第 i 年的标准化值。

四 指标权重分配结果

对前文确定的本次研究构建的马拉松赛事-城市文化耦合模型的指标体系进行权重分配，结果如表 3-13 所示。

表 3-13 马拉松赛事-城市文化耦合模型指标权重分配

系统	指标	权重
马拉松赛事	赛事总收入	0.150
	赞助收入	0.137

续表

系统	指标	权重
马拉松赛事	外省市地区参与人数	0.078
	境外参与人数	0.049
	选手人数与志愿者人数的比例	0.128
	体育项目投资情况	0.081
	固定资产投资增长额	0.085
	旅游总收入	0.125
	旅客周转量	0.088
	绿地与广场用地占比	0.080
城市文化	文化投入年度规模	0.026
	专利授权量	0.100
	展会数量	0.140
	电影院入场人次	0.210
	国内旅游人次	0.118
	人均公共图书馆书刊文献借阅次数	0.076
	旅行社数量	0.133
	人均绿地面积	0.121
	世界文化遗产数量	0.039
	在校大学生数量	0.037

第四节　马拉松赛事与城市文化耦合度及耦合协调度模型构建

一　耦合度模型的构建

对马拉松赛事与城市文化耦合模型进行分析，模型中$f(x)$表示马拉松赛事的综合发展水平，$g(y)$表示城市文化的综合发展水平。参考王淑佳等学者[1]的研究成果构建马拉松赛事与城市文化的耦合度模型如下：

---

[1] 王淑佳、孔伟、任亮等：《国内耦合协调度模型的误区及修正》，《自然资源学报》2021年第3期。

$$C=2\sqrt{f(x)g(y)}/[f(x)+g(y)] \tag{3.9}$$

在该模型中，C代表马拉松赛事与城市文化之间的耦合度，即二者之间相互影响的程度。耦合度$C\in[0,1]$。C值越大，说明马拉松赛事系统与城市文化系统功能的相互作用、相互影响越强烈。关于耦合度的解释，本章参考了前人研究成果，将耦合发展阶段分为低耦合时期、拮抗时期、磨合时期及协调耦合时期。当$0\leqslant C\leqslant 0.3$时是低耦合时期，是耦合的最初阶段，马拉松赛事与已形成的城市文化产生了一定的接触，两个体系存在博弈、竞争的情况，具体表现为二者之间的磨合程度极低，相互抵触，处于无序、混乱的时期。当两个系统的接触逐渐增多，关系有所发展后，当$0.3<C\leqslant 0.5$时，马拉松赛事与城市文化进入拮抗时期，二者之间开始产生一定的相互作用，对外界其他因素的干扰有了一定的抵抗能力，联系程度不断加深。当$0.5<C\leqslant 0.8$时，马拉松赛事与城市文化进入磨合时期，两个系统间更深层次的要素开始充分交融，矛盾与冲突仍然存在，但整体开始呈现相互合作、协调的积极趋势。当$0.8<C<1$时，马拉松赛事与城市文化处于协调耦合时期，两个系统各方面的发展都已成熟，城市文化建设也有显著增强的趋势，二者共同步入高水平耦合阶段。最后，当$C=1$时，说明马拉松赛事与城市文化实现良性共振耦合并趋于新的有序结构。

二 耦合协调度模型的构建及评价标准

耦合度能够反映马拉松赛事与城市文化间的相互作用程度，但存在不能明确各功能是在高水平上相互促进还是低水平上相互制约的缺陷，因此需要进一步引入耦合协调度模型，具体计算公式如下：

$$D=\sqrt{C\times T} \tag{3.10}$$

$$T=af(x)+bg(y) \tag{3.11}$$

其中，D为耦合协调度，T为马拉松赛事与城市文化的综合发展水平，反映了马拉松赛事与城市文化的整体协同效应或贡献，a、b为待定系数，由于马拉松赛事与城市文化对彼此的作用功效并不相同，马拉松赛事能够对城市文化产生一定的作用，但是城市文化是众多因素共同作用的结果。因此参考相关学者的研究成果，a、b分别赋值0.6和0.4。

$f(x) > g(y)$ 表明马拉松赛事发展更快,马拉松赛事对城市文化的作用大于城市文化对马拉松赛事的作用,并将此称为城市文化滞后型;相反,$f(x) < g(y)$ 则表示城市文化对马拉松赛事的作用大于马拉松赛事对城市文化的作用,称为马拉松赛事滞后型。关于耦合协调度的评价标准,本节借鉴相关学者的研究成果,将耦合协调阶段分为严重失调、中度失调、基本协调、中度协调和高度协调五阶段,[①] 如表 3-14 所示。

表 3-14 耦合协调度评价标准

耦合协调度	耦合协调阶段
$0 \leqslant D \leqslant 0.2$	严重失调
$0.2 < D \leqslant 0.4$	中度失调
$0.4 < D \leqslant 0.5$	基本协调
$0.5 < D \leqslant 0.8$	中度协调
$0.8 < D \leqslant 1$	高度协调

第五节 扬州鉴真半程马拉松与扬州市城市文化耦合实证分析

一 扬州市概况

扬州市地处江苏省中部,毗邻长江,因京杭大运河而繁荣兴盛。市内河网密布,水陆交通极为便捷,被称为"中国运河第一城"。扬州城历史底蕴深厚,自公元前 486 年已有史料记载,古称广陵、江都、维扬。古代扬州城的发展在唐代开元盛世达到巅峰,李白也曾为当时跻身世界十大城市的扬州赋诗"万舸此中来,连帆过扬州"。经过 2500 多年的发展,这座"淮左名都"是江苏省的省辖地级市,还是长三角城市群中辐射苏北、鲁南、皖东地区重要的节点城市。

扬州市是我国首批国家历史文化名城,还是世界遗产城市、世界美食之都、东亚文化之都、风景旅游城市,深厚的历史底蕴为扬州市留下了丰

---

① 张旺、周跃云、胡光伟:《超大城市"新三化"的时空耦合协调性分析——以中国十大城市为例》,《地理科学》2013 年第 5 期。

富的文化遗产，形成了诸如运河文化、园林文化等独具扬州特色的地方文化。悠久的历史是扬州市城市文化历久弥新的根本所在。就城市文化生产而言，近年来扬州市政府对文化、体育与传媒产业的财政支出大幅提高，2020年相关支出达176824万元，较2019年增长了56%。数据表明了扬州市政府对于发展文化产业的大力支持，政府为扬州市培育了良好的文化产业环境。就城市文化生活而言，扬州市是国家首批公布的二十四座中国历史文化名城之一，拥有一批国家级、省市级非物质文化遗产。这些非物质文化遗产是扬州市千百年来繁荣发展的见证，也是扬州市百姓们智慧的结晶。扬剧、高邮民歌、扬州清曲等民间非遗极大地充实了扬州市人民的精神文化生活，使得扬州市形成了多元的城市文化。在非物质文化遗产的传承上，扬州市政府不仅推出了旅游直播节目，还打造了扬州486非物质文化遗产集聚区，以此加大对扬州市非遗的宣传和保护力度。就城市文化生态而言，扬州市的旅游资源极其丰富，共拥有国家5A级旅游景区1家，即著名的瘦西湖风景区，14家包括大明寺、个园、何园在内的国家4A级旅游景区以及32家国家3A级旅游景区。旅游名城长期以来都是扬州市的重要城市定位之一，近年来扬州市旅游业保持着良好的发展势头，旅游总收入于2019年突破了1000亿元，入境游客也逐年增长，旅游业的发展不仅使得扬州市对外开放程度逐步提高，也逐渐提升了扬州市的文化影响力，营造了优良的扬州城市文化环境。

二 扬马发展概况

扬州鉴真半程马拉松创办于2006年，自2012年起连续获得国际田联的"金标"赛事认证，是目前我国唯一专注于半程马拉松项目的"双金标"赛事。虽然扬马的赛事历史较短，但得益于扬州市政府的大力支持以及组委会对扬州城市文化内涵的深度挖掘，扬马通过短短十几年的发展，便跻身我国马拉松赛事的第一梯队，并且形成了自己鲜明的赛事特色与独特的文化吸引力。

由中国田径协会、中央电视台体育频道、江苏省体育局以及扬州市人民政府四方联合主办，由江苏省体育竞赛管理中心、江苏省体育产业指导中心与扬州市体育局承办是扬马目前的组织架构。由此可以看出扬马是以政府为主导的体育赛事，同时也是扬州市具有官方性质的体育名片。2016年，为进一步满足赛事组织专业化的需要，扬马引入了北京时博国际体育赛事有限公司作为专业的运营方。专业办赛机构的入驻成为扬马向政企联合经营转型的标志，使扬马能够以更高的市场化程度、更加成熟的运营模式与更专业的姿态进入新的十年。

早在首届扬马举办时，主办方就明确地提出扬马要将扬州市自身极具特色的文化符号——"鉴真精神"与坚持不懈的马拉松精神融为一体。正因如此，扬马是目前国内唯一以城市标志性历史名人命名的、具有知识产权的马拉松赛事。扬马始终坚持"精神引领，文化立赛，凸显历史，融入城市"的办赛宗旨，首创"名城、名人、名赛"的办赛策略，将蕴含了锲而不舍、百折不挠的"鉴真精神"与挑战自我、超越极限的马拉松精神相融合，塑造了十分立体的扬马形象。

三 扬马与扬州市城市文化耦合实证结果分析

（一）扬马与扬州市城市文化综合发展水平

根据前文所确定的马拉松赛事与城市文化耦合权重体系，与已完成构建的马拉松赛事-城市文化耦合度模型，将扬马与扬州市城市文化的数据代入相关公式，计算出扬马与扬州市城市文化的综合发展水平、耦合度以及耦合协调度，结果如表3-15所示。总体来看，2015~2019年，扬马与扬州市城市文化综合发展水平的各项指标均总体呈上升趋势，尽管在某些年份有所下降，但上升趋势明显，而且城市文化的综合发展水平均高于马拉松赛事，因此扬州市属于"马拉松赛事滞后型"的耦合协调类型。2015~2019年，扬州市城市文化综合发展水平的增长速度超过了扬马赛事该指标的增长速度。

表3-15 2015~2019年扬马与扬州市城市文化综合发展水平

城市	年份	马拉松赛事$f(x)$	城市文化$g(y)$	协调类型
扬州	2015	0.164	0.274	马拉松赛事滞后型
	2016	0.072	0.309	马拉松赛事滞后型
	2017	0.155	0.355	马拉松赛事滞后型
	2018	0.170	0.419	马拉松赛事滞后型
	2019	0.268	0.471	马拉松赛事滞后型

出现这个结果的原因可能有以下几点。首先，扬州市作为我国首批历史文化名城，自身具有源远流长、底蕴深厚的城市文化。其文化内涵与扬

州市的中国式现代化发展进程充分融合。近年来，在扬州市整体经济发展的过程中，政府对本市文化产业，尤其是文旅融合、特色文创、互联网文化传媒等领域的大力扶持是扬州城市文化综合发展水平能够持续稳定增长的重要原因。其次，从马拉松赛事视角出发，扬马已经成功举办十余年，并且早在2012年就被评为"金标"赛事，具有极大的发展潜力，但相较于更为成熟的城市文化系统仍有值得提升的空间。扬马的综合发展水平在2016年出现过一次波动，这与2015年庆祝扬马成功举办十周年的特殊庆典活动相关，例如特别成立的"中国声谷杯"，使2015年的综合发展水平指数成为一个接近2015~2019年高点的特殊值，因此2016年的下降并不代表扬马综合发展水平的下降。最后，由于扬州市政府对城市文化产业的大力支持，以及对本市"文化名城"品牌的建设工程的推动，城市文化的发展速度得到大幅度提升，相较于发展进入平稳期的扬马具有更强的增长势头，因此发展速度更快。

（二）扬马与扬州市城市文化耦合度与耦合协调度

2015~2019年，扬马与扬州市城市文化的耦合呈现基本稳定、偶尔波动的趋势。由于扬马已经保持了十余年的成功、稳定举办，因此，进入赛事举办的第二个十年后，扬马与扬州市城市文化已经进入稳定的协调耦合时期，二者呈现从基本协调向中度协调以及在可预见的未来达到高度协调发展的趋势（见表3-16）。

表3-16 扬马与扬州市城市文化耦合度与耦合协调度

城市	年份	耦合度 C	耦合发展阶段	耦合协调度 D	耦合协调阶段
扬州	2015	0.968	协调耦合时期	0.460	基本协调
	2016	0.783	磨合时期	0.386	中度失调
	2017	0.920	协调耦合时期	0.485	基本协调
	2018	0.906	协调耦合时期	0.517	中度协调
	2019	0.962	协调耦合时期	0.596	中度协调

由表3-16可知，扬马与扬州市城市文化的耦合度（C）除在2016年出现波动性下降以外，均保持在0.9以上的高水平，且在大多数时间实现了增长。受2015年十周年庆典活动的影响，2016年二者回落至磨合时期，说明尽管总体呈现积极趋势，但在未来每一届赛事举办的过程中仍需要根据当

年的环境、条件主动做出调整，否则会陷入反复磨合的循环中。在扬马自身出现波动时，扬州市的城市文化没有受到影响，说明扬州市的城市文化发展受马拉松赛事影响较小，拥有比较稳定的发展路径。

2015~2019年，扬马与城市文化的耦合协调度（D）与耦合度（C）的发展趋势类似，除在2016年出现下降外，其余时间均保持增长，并且于2018年开始由基本协调进入中度协调阶段，表明二者正在向着互利共赢的高度协调发展。2016年后，扬州市积极响应国家政策，对本市文化产业进行供给侧结构性改革，推动文化企业向创新型企业转型，使扬州的城市文化各指标获得新的发展契机，但扬马在2016年这一年没有针对政策环境变化做出相应调整，使二者的耦合协调度出现中度失调的情况。

2015~2019年，扬州市城市文化快速发展，在此基础上，扬马应积极探索适应新时代的办赛理念与实践方式。在摆脱新冠疫情的今天，马拉松赛事将迎来巨大的恢复性发展潜力，如何改变已经维持了五年之久的马拉松赛事滞后型协调类型，提升马拉松赛事对整体城市文化的影响力将成为扬马主办方与参与者亟待解决的关键问题。

第六节　上海马拉松与上海市城市文化耦合实证分析

一　上海市概况

上海市位于我国华东地区，地处海岸线中部，是长江与黄浦江入海汇合点，地理位置优越；气候温和宜人、四季分明；空气质量优良，水资源丰富且水陆交通便利。上海市简称"沪"或"申"，自唐代起政府开始在该区域设置治所，南宋年间设"上海镇"，新中国成立后上海市成为直辖市之一，历史悠久。近代时期，上海市是我国工业化的起点和工人阶级的摇篮，逐渐成为亚太地区最繁华的城市；现在的上海市是我国的经济、金融、贸易和航运中心，有超过2400万人在此安居乐业。海派文化是上海市的标志，无论是鸦片战争后被迫开埠与列强通商，还是改革开放后主动与世界接轨，东西方文明均在此交汇。根植于中华优秀传统文化，融合西方各国文化精华，上海市造就了以"海纳百川、追求卓越、开明睿智、大气谦和"为信条的当代上海文化。

近年来，上海市大力发展文化事业，打造城市品牌形象，依托当地吴越特色文化传统，以独具特色的上海方言为根基，连接起十里洋场的旧日回忆与浦东新区的崭新未来，僻静幽深的弄堂与繁华夺目的外滩天际线交相辉映。上海文化讲究海纳百川、兼收并蓄，长居在此的市民超过半数来自全国各地，这为上海市带来了丰富多彩的文化元素。上海市政府大力发展文化、体育、旅游等相关产业，2021年对包括教育、科技在内的财政支出超过1600亿元，相关从业人员超过60万人。正因如此，上海市始终是我国在世界舞台上的名片，是中国现代化发展的代名词。上海市始终践行人民城市重要理念，广泛开展群众文化活动，截至2022年末，拥有公共图书馆20个，总流通人次达580余万人次。上海市全年旅游收入在2019年超过了5500亿元，接待了3.6亿人次来沪旅游。2024年，上海市已拥有5家5A级旅游景区、71家4A级旅游景区、67家3A级旅游景区以及100余家星级宾馆，以此为依托，承担起庞大的客流。2019年，上海市举办的会展活动超过1000个，已成为国内名副其实的会展第一城。上海市定期举办的体育活动包括世界一级方程式锦标赛、ATP1000网球大师赛、国际田联钻石联赛等世界顶级赛事。上海市的民间体育参与热情极高，截至2023年底人均体育场地面积达到2.6平方米。2022年，上海市新建和改建市民健身步道92条、市民健身点612个、多功能运动场77个、健身驿站92个，建设新型体育服务综合体达到17个。上马作为我国水平最高的马拉松赛事正是在如此浓厚的体育氛围中孕育而生。2023年，上海市摆脱新冠疫情困扰的文体旅产业迎来了崭新的发展契机，充分发挥积蓄了三年之久的发展势头，上海市作为现代化的模范为全国做出了表率。

二　上海马拉松发展概况

2022年11月27日，第26届上马如约而至，近20000名跑者齐聚一堂，共同享受马拉松运动带给参与者和它赋予城市的魅力。1996年，上马正式开赛，但上海市与马拉松运动早已结缘。1927年，上海市第一次举办了具有马拉松性质的长距离路跑赛事，全长约27公里，有40余名运动员参与。同时期的"上海万国越野跑赛"自1904年起每年举办一次，已成熟运作近30年，这些早期赛事被认为是上海市民参与马拉松运动的源头。新中国成立后，长跑潮流在20世纪70年代悄然而生。由沪上媒体发起的群众性路跑活动"上海市迎春长跑比赛"于1974年1月20日举办；1981年4月2日，首届上海杯马拉松比赛在上海嘉定举行。此后各式各类马拉松赛如雨后春笋般在上海出现。1996年9月28日，由中国田协与上海市体育总会联合举办的"1996年上海国际市民马拉松赛"鸣枪起跑，吸引6000人参赛。上马20余年的发展见证了上海的现代化建设，从嘉定郊区到横跨黄浦江，再到从浦西穿城而过，比赛路线的改变则体现着上海城市景观与文化发展的脉络。

上马在2020年3月荣获"白金标"认证，世界上只有12个同级别的赛事，这充分证明了上马赛事运营、竞赛规格等各方面的高水平。上马的成功不仅体现在竞赛与组织层面，还体现在商业运作层面。上马利用自身庞大的运动员群体，巧妙地将赛事与展会结合，带动上海（国际）赛事文化及体育用品博览会的成功举办。2022年，上马与东丽集团、耐克、银联、沃尔沃、携程、太平洋保险等知名企业合作，在赛事举办期间，为城市创造3.2亿元的直接经济价值及超6.8亿元的间接经济价值，足以证明上海地区庞大的体育消费市场以及上海马拉松与赞助商可以实现深度的合作共赢。

三 上海马拉松与上海市城市文化耦合实证结果分析

（一）上马与上海市城市文化综合发展水平

根据前文所确定的马拉松赛事与城市文化耦合权重体系，以及马拉松赛事-城市文化耦合度模型，将上马与上海市城市文化相关指标数据代入计算公式，得出各自的综合发展水平、耦合度以及耦合协调度指数，其中关于二者综合发展水平的具体结果如表3-17所示。2015~2019年，上马与上海市城市文化的综合发展水平均总体呈现上升势头，马拉松赛事综合发展水平由2015年的0.502增至2019年的0.719，同时城市文化综合发展水平由2015年的0.420增至2019年的0.635。二者中上马的综合发展水平高于城市文化的综合发展水平，五年来二者之间的协调类型始终属于城市文化滞后型，但城市文化综合发展水平的增速高于马拉松赛事，说明两个体系都比较成熟且处于发展阶段，遇到突发外界影响的稳定性较高、抗风险能力较强。

表 3-17　2015~2019 年上马与上海市城市文化综合发展水平

城市	年份	马拉松赛事 $f(x)$	城市文化 $g(y)$	协调类型
上海	2015	0.502	0.420	城市文化滞后型
	2016	0.574	0.471	城市文化滞后型
	2017	0.564	0.525	城市文化滞后型
	2018	0.644	0.581	城市文化滞后型
	2019	0.719	0.635	城市文化滞后型

二者的综合发展水平出现这个结果，与上马 20 余年的成功与稳定举办以及上海地区甚至长三角地区浓厚的马拉松运动文化有关。首先，前文提到上海市作为我国最先接触西方现代体育思想与文化的城市之一，其运动健身、长距离路跑等体育文化要素早在 20 世纪初期就已显露萌芽。其次，上马由 20 世纪 70 年代的群众性长跑迎春活动演变而来，群众基础扎实且认可度高，早已在本市居民群体中形成稳定的文化影响力与自我更新、进步的成熟路径。再次，上海市整体的体育氛围十分浓厚，无论是在此举办的高水平赛事，还是群众对各个项目的体育运动的参与都位居全国前列。足球、篮球、网球、游泳、跳水甚至赛车在此都有广泛的市场。最后，由于上海市自古以来就是通商口岸，南北商人在此聚集，近代以来又广泛融合西洋文化，改革开放后成为长三角地区的核心城市，近年来又走在时代前列成为互联网文化尤其是各亚文化群体的聚集地，整体城市文化系统受外界冲击较大，来自世界各地的移民带来的丰富文化元素在此交融、杂糅，导致上海市以兼收并蓄的海派文化为标志，产生了独属于自身的文化特色。综上所述，种种原因导致上马对上海市城市文化的影响与前文案例扬马对扬州市城市文化的影响相比，前者显然是更强势的一方，这使上马与城市文化的耦合共生系统于 2015~2019 年始终处于城市文化滞后的耦合协调阶段。

（二）上马与上海市城市文化耦合度与耦合协调度

2015~2019 年，上马与上海市城市文化系统的耦合呈现水平较高且十分稳定，而且仍有增长的积极趋势。仅从数据分析结果来看，上马与上海市可作为马拉松赛事与城市文化耦合发展的典范案例。具体结果如表 3-18 所示，2015~2019 年，上海马拉松赛事-城市文化系统耦合模型的耦合度 C 始终保持在 0.99 以上，表明二者处于协调耦合时期；同时耦合协调度 D 由

2015年的0.678稳步增长至2019年的0.822，由中度协调阶段发展到高度协调阶段。

表3-18　2015~2019年上马与上海市城市文化耦合度与耦合协调度

城市	年份	耦合度 C	耦合发展阶段	耦合协调度 D	耦合协调阶段
上海	2015	0.996	协调耦合时期	0.678	中度协调
	2016	0.995	协调耦合时期	0.721	中度协调
	2017	0.999	协调耦合时期	0.738	中度协调
	2018	0.999	协调耦合时期	0.782	中度协调
	2019	0.998	协调耦合时期	0.822	高度协调

上马对上海城市文化的影响始终强于上海城市文化对上马的影响，表3-18结果进一步说明上马与上海市城市文化之间的相互作用在2015~2019年始终处于较高水平，表明上马通过20余年的成熟运作，已经进入二者协调发展的后期。赛事与城市文化的各个方面相互匹配、相互支撑、相互弥补缺陷，协调程度在2019年达到高度协调。上海马拉松自1996年正式成立以来，早已成为上海市当之无愧的城市名片，作为中国规格最高的马拉松赛事与现代化发展程度最高的城市之一，上马与上海市城市文化的耦合发展已达到国际先进水平，正在逐步缩小与在世界范围内具有国际影响力的马拉松赛事-城市文化组合之间的差距，例如波士顿、伦敦、柏林、东京等。2022年底，冲破新冠疫情阴影的上马打出"全城以待，申爱依燃"的办赛口号，表明赛事组委会与马拉松运动参与者乃至整个城市同频共振的期望。除常规的评价指标，如上马在运营管理水平、路线设置、赞助商收入以及与文化、旅游产业的融合方面有稳定提高外，上马还热衷于探索马拉松赛事影响城市文化的新路径。例如，上海的"黑暗跑团"投身公益事业，积极帮助残障人士参与马拉松赛事。上马还设有医疗跑者，他们在普通参赛者身边奔跑，时刻注意可能出现的紧急情况以便及时伸出援手。在体育赛事中实践的公益、救援、志愿服务等事业对城市文化的影响是巨大的，体育赛事在这个过程中扮演着功效增幅器的角色。综上所述，上马应该继续发挥目前在"城市文化滞后型"的耦合类型中所扮演的主动角色作用，为上海市整体城市文化探索适应新时代环境的发展路径。

第七节　北京马拉松与北京市城市文化耦合实证分析

一　北京概况

北京，是中华人民共和国的首都，是由国务院确定的我国的政治中心、文化中心、国际交往中心和科技创新中心。北京位于北纬39度56分、东经116度20分，地处华北平原北部，东部与天津市毗连，其余均与河北省相邻。北京是世界著名的古都，西周时期周武王将此地分封于召公，后燕国灭蓟国，故称"燕京"。秦汉时期，此地属于幽州，蓟县为治所。辽在北宋时期大败宋军，在北京地区建立陪都；金朝建立后，完颜亮正式在此建都，称为"中都"；元朝同样定都北京，称"元大都"。明朝时期先以南京为首都，北京短暂改称北平，燕王朱棣夺位后于永乐十九年（1421年）正式迁都北京。民国时期政局混乱，行政中心与体系几经更改。1949年1月31日北平和平解放，同年9月27日中国人民政治协商会议第一届全体会议通过了《关于中华人民共和国国都、纪年、国歌、国旗的决议》，北平再次更名为北京，10月1日，中华人民共和国中央人民政府在北京宣告成立。

截至2023年，北京共有16个市辖区，总面积为16410平方公里。根据《北京市第七次全国人口普查公报》，北京常住人口超过2100万人，其中约40%为外省市来京人口。2022年，北京地区生产总值达41610.9亿元，第三产业占比达83.8%。北京是全国教育最发达的地区之一，重点大学数量位居全国第一，同时北京也是中国最大的科研基地。在文化、体育与旅游领域北京同样名列前茅，截至2022年末有公共图书馆21个，其中中国国家图书馆为世界第三大图书馆；以中国国家博物馆与故宫博物院为代表的备案博物馆有210个；全国重点文物保护单位共有100余个；2022年成功举办第二十四届冬奥会后，北京成为世界上首个"双奥之城"。以皇家建筑、胡同民居、中轴线、京剧、北京民俗等文化元素为代表的北京文化几乎成为我国优秀传统文化在世界范围内的代名词。

2022年，一届精彩绝伦的冬奥会让这个千年古都再次大放异彩，北京的群众体育文化借此契机得到进一步的发展。由于北京拥有为数众多的高等学校与科技创新型企业，聚集了众多追求时尚与潮流的年轻消费者，新兴运动项目拥有了潜力巨大的体育消费市场，例如极限飞盘运动的参与人数在2022年就创造了奇迹般的增长；同时，由于北京举办过多次全国性与世界级的综合性体育赛事，参与体育锻炼的观念深植于北京中老年人心中。不论是传统的三大球、田径、游泳、武术等项目，群众喜闻乐见的马拉松、越野跑、公路车骑行、徒步露营等长距离耐力型项目，还是近年来得到迅速发展的冰雪运动，如滑雪、冰球等，在北京均有庞大的参与人群和由体育技能培训、装备用品消费、群众性赛事以及民间团体构成的稳定市场。

二 北京马拉松发展概况

北京马拉松创办于1981年，是我国创办时间最早的群众性马拉松路跑赛事，自2008年至今，连续多次被国际田联授予"金标"赛事。诞生于北京这样一座富有文化底蕴的城市，北马自然具有浓厚的体育人文内涵，在马拉松运动参与者心中占据着无可比拟的荣誉地位。由于近年来北马的参赛门槛愈发提高以及报名人数持续增长，众多专业跑者以能够参与北京马拉松为荣，以2019年为例，北马预报名人数超过16万人，中签率仅在16%左右。再加上北马固定在北京气候最宜人的金秋九月举办，在最大程度上将气候与景观融入比赛，使参赛者在鸣枪起跑的一瞬间即可进入一个与日常世俗生活隔绝的世界，在从天安门出发，一路向北经过金融街、学府路、中关村，直到奥林匹克公园的赛道上尽情享受运动带给人的非凡体验。

北马自创立之初就开始尝试商业化的运营模式，20世纪80年代，参与北马的高水平运动员中有很多来自日本，最初的商业合作伙伴也多为日本跨国公司。当时的北马在比赛性质上仍属于专业化比赛，对资金周转的需求较低。进入21世纪后，北马的赛事规模逐渐扩大，组委会将赛事商业运营权转让给世界知名体育营销机构八方环球公司，使北马在赞助合作、市场营销以及传媒影响力等方面获得极大提升。2010年，中奥路跑接手北马，这家公司由中国田径协会与中奥体育产业有限公司合办，在运营理念上更符合新时期的市场需求。新的组织者将北马的赛事体系进行了全方位的改造升级，让其影响力进一步得到提升。

三 北京马拉松与北京市城市文化耦合实证结果分析

(一) 北马与北京市城市文化综合发展水平

根据前文确定的马拉松赛事与城市文化耦合权重体系,以及马拉松赛事-城市文化耦合度模型,将北马与北京市城市文化相关指标数据代入计算公式,得出北马与北京市城市文化的综合发展水平、耦合度以及耦合协调度指数,其中关于二者综合发展水平的具体结果如表3-19所示。2015~2019年,代表马拉松赛事综合发展水平的$f(x)$参数分别为0.534、0.642、0.752、0.829与0.912,而代表城市文化综合发展水平的$g(y)$参数分别为0.516、0.561、0.601、0.646与0.695,通过对比可得出五年来北马的综合发展水平始终高于北京市城市文化的综合发展水平,这说明北马对北京城市文化的影响力始终高于北京市城市文化对北马的影响力,也就说明北京马拉松赛事相较于城市文化具有更强的发展活力与更快的发展速度。

表3-19 北马与北京市城市文化综合发展水平

城市	年份	马拉松赛事$f(x)$	城市文化$g(y)$	协调类型
北京	2015	0.534	0.516	城市文化滞后型
	2016	0.642	0.561	城市文化滞后型
	2017	0.752	0.601	城市文化滞后型
	2018	0.829	0.646	城市文化滞后型
	2019	0.912	0.695	城市文化滞后型

北马的主办方为与国际高水平马拉松接轨,积极探索赛事举办的先进理念,将先进经验与我国具体情况相结合,使北马成为一个极具生命力的成功赛事与自主品牌。北马对城市文化的影响体现在每一届比赛中,超过3万名参赛选手是通过严格的参赛资格审查与抽签确定的,表明北马对马拉松跑者有极大的吸引力。北马的报名要求运动员提供曾经参与过的马拉松赛事的完赛证明,对参加比赛的时间、比赛的级别与完成时间成绩均有极高要求。严格的报名条件促使志在参与北马的跑者去持续参与其他赛事,无形中对整个马拉松赛事产业产生了积极作用。

北京马拉松赛事与北京市城市文化的耦合发展是城市文化滞后型,这与发展已进入成熟时期的城市文化系统不无关系。北京市拥有近3000年的历史，长期作为区域性乃至全国性的统治核心城市，皇家文化赋予北京特殊的文化烙印，这个印记使北京市的城市文化流传至今不曾出现重大变动。北京市始终以一种接纳者的地位吸收来自各地的文化精粹，在与本地文化的融合中取其精华、去其糟粕，形成现在的文化体系。正因如此，北京市城市文化的发展速度相较于东南沿海城市有所不足，同时高速发展的北马却能在很大程度上对底蕴深厚的北京文化产生积极影响。

（二）北马与北京市城市文化耦合度与耦合协调度

2015~2019年，北马与北京市城市文化系统的耦合水平处在较高的发展阶段。从数据分析结果来看，具体结果如表3-20所示，北京马拉松赛事-城市文化系统耦合模型的耦合度 C 曾在2015年达到过最高值1，之后几年有微弱的下降但始终保持在0.99以上，二者处于协调耦合时期；同时耦合协调度 D 从2015年的0.724逐步上升至2019年的0.892，跨过了中度协调阶段向高度协调阶段的门槛。从2017年开始，北马与北京市城市文化正式进入高度协调的发展阶段。

表3-20 北马与北京市城市文化耦合度与耦合协调度

城市	年份	耦合度 C	耦合发展阶段	耦合协调度 D	耦合协调阶段
北京	2015	1.000	协调耦合时期	0.724	中度协调
	2016	0.998	协调耦合时期	0.775	中度协调
	2017	0.994	协调耦合时期	0.820	高度协调
	2018	0.992	协调耦合时期	0.855	高度协调
	2019	0.991	协调耦合时期	0.892	高度协调

北京马拉松赛事系统已经成功且稳定运作40余年，在北京地区乃至全国范围内形成了较高的知名度，自身体系完善、成熟。北马的赛事组织、运营模式先进，与国际标准接轨；商业开发体系健全，赞助合作伙伴均为行业内的领先企业；参与人群稳定且市场潜力巨大；赛事与文化、旅游、传媒等相关产业的融合发展已进入较深层次。仅以志愿服务人员为例，自2008年第二十九届夏季奥运会举办以来，北京市在公共服务、社会保障领域出现了大量的志愿服务人员。人民群众逐渐了解保障赛事运行各个方面所需的服务，逐渐拥有在医疗急救、物资补给、竞赛准备等各方面开展服务的能力并且具备相当丰富的服务经验。这得益于北京市成功举办的两届

奥运会以及其他高水平赛事，因此北马在赛事组织的各个方面也均表现出国内一流水平。长时间的稳定办赛使北马充分地与北京市城市文化相互融合、相互影响，且有进一步增强的潜力。北马的参与者来自北京的各行各业，以运动员与志愿者为基点，将呈几何式地传播马拉松文化与体育运动人文精神。

本章小结

在本章节中，我们通过梳理前人研究成果，确定了本章构建马拉松赛事系统与城市文化系统耦合模型的工作原则，包括科学性、系统性、可行性、动态性与可比性，并依照上述原则开展了耦合模型的构建。在确定耦合模型的指标系统时，使用了文献资料法与专家访谈法，分两个轮次筛选出各级指标，并使用了熵值法计算各指标的权重，确定了马拉松赛事与城市文化耦合度与耦合协调度模型及相应的评价标准。最后，选择了三个案例进行耦合实证分析，分别是扬州鉴真半程马拉松与扬州市城市文化、上海马拉松与上海市城市文化以及北京马拉松与北京市城市文化。结果显示，各赛事与城市文化的耦合度与耦合协调度发展情况均可用前文构建的模型进行解释。

第四章
国外马拉松赛事与城市文化融合发展的经验借鉴

第一节 波士顿马拉松与城市文化发展经验

一 波士顿马拉松历史根源

波士顿马拉松起源于1897年,被誉为历史最悠久的城市马拉松赛事,是全世界马拉松爱好者心中最高的殿堂。现代奥林匹克运动催生了城市马拉松,波士顿马拉松在第一届夏季奥运会之后孕育而生。波士顿马拉松主管机构波士顿田径协会(Boston Athletic Association,B.A.A.)的会员暨美国奥运马拉松代表队教练约翰·格拉汉姆(John Graham)在跟随美国奥运代表团观看1896年的第一届夏季奥运会时,启发于风景如画的赛道、庄严的赛事组织和运动员表现出的顽强精神。回到美国后,他下定决心在波士顿举办一场马拉松赛事。为此他招募赛事组织人员,向马萨诸塞州政府和波士顿田径协会寻求帮助,最终在商业财团的赞助下设计出了一条起始于阿什兰梅特卡夫,途经弗雷明汉、纳蒂克、韦尔斯利等城镇,最终到达波士顿欧文顿的线路。[①] 第一届波士顿马拉松于1897年4月19日上午成功发枪举行。经过120多年的发展,波士顿马拉松已经成为与伦敦马拉松、东京马拉松、纽约马拉松、柏林马拉松和芝加哥马拉松并列享誉全球的六大马拉松满贯赛事之一,作为众多跑者心中的马拉松魁首代表了当今马拉松运动的最高水平。

---

① 刘昌亚、朱卫东、邵崇禧、雍明:《波士顿马拉松赛及其启示》,《体育文化导刊》2017年第5期。

二 波士顿马拉松概况与发展阶段

(一) 概况

1. 开赛时间

在最初的71年间,波士顿马拉松始终设定每年4月19日即"爱国者日"为开赛日,可能在除周末的任何一天开赛;直到1968年,马萨诸塞州州长约翰·沃尔佩(John Volpe)签署了一项"爱国者日周—假期"的法案以贯彻当天节日日程安排的一致性,该法案将爱国者日调整为每年4月的第三个星期一,波士顿马拉松比赛的开赛时间与之保持一致并持续到今天,产生了"马拉松星期一"的说法。2021年,第125届波士顿马拉松因新冠疫情推迟到10月举办,这是波士顿马拉松比赛历史上第一个秋季开始的赛季。

2. 比赛路线

在1923年之前,波士顿马拉松的距离为39.4公里。1924年,国际田联重新认定马拉松的标准距离为42.195公里,波士顿田径协会竞赛管理委员会为确保波士顿马拉松的距离符合这一标准,随即对赛道进行了调整,将起点从梅特卡夫改为霍普金顿,同时保留了原赛道的大部分内容。自1924年起,波士顿马拉松成为一项独立的比赛。这条赛道从霍普金顿镇(Hopkinton)开始,穿过阿什兰(Ashland)、弗雷明汉(Framingham)、纳蒂克(Natick)以及韦尔斯利(Wellesley),在进入牛顿镇(Newton)之后,赛道的海拔上升,进入著名的伤心岭/心碎坡(Heartbreak Hill)。当跑者到达最高点的时候,他们可以第一时间在4英里之外眺望波士顿市中心,在穿过布鲁克莱恩(Brookline)后进入波士顿(Boston),整条赛道的终点设在了波士顿中心的科普利广场(Copley Square)[①]。波士顿马拉松赛道总上升320米,总下降450米,由于赛道的高度变化十分明显,因此赛事纪录成绩并不会被国际田联认可。

3. 赛事现状

自1897年首届赛事举办至2021年,波士顿马拉松已经成功举办了125届。历史上,波士顿马拉松面临过两次重大赛程变动。第一次是1918年,

---

① 科普利广场(Copley Square)的原址为欧文顿(Irvington Oval)。

由于第一次世界大战的影响，波马以军事马拉松接力赛的形式代替了个人赛；第二次是2020年由于新冠疫情的影响，第124届波士顿马拉松首次被迫取消现场比赛，调整为线上虚拟赛的形式。自创办以来，波士顿马拉松一直受到长跑运动员和普通民众的欢迎：在截至2021年的125届比赛中，单届最高参赛人数纪录是1996年第100届波士顿马拉松保持的，该届马拉松有38708人参加，完赛人数达到了35868人，完赛率达93%。① 2021年，第125届波士顿马拉松共有来自104个国家和美国50个州的15473名选手参赛。除了线下的波士顿马拉松之外，还有22890名运动员在世界各地完成了第125届虚拟波士顿马拉松。② 据估计，波士顿马拉松每年现场观众人数为50万~100万人，③ 赛事直播已经覆盖全球200多个国家和地区。④ 2025年，波士顿马拉松赛事奖金共计1137500美元，各赛道纪录奖金为50000美元。⑤

（二）发展阶段

根据波士顿马拉松的两次重大改革进行划分，其发展过程可分为三个阶段（见表4-1）：首次重大改革为女性运动员正式参赛，第二次重大改革则是赞助商、慈善活动等资本介入。

表4-1 波士顿马拉松发展阶段分类

	萌芽阶段	发展阶段	创新阶段
时间划分	1897~1971年	1972~1985年	1986年至今
准入标准	无限制	需符合年龄组别要求	不断提高
参赛情况	首届15人	女性运动员正式参赛	人数进行限制
项目类别	只限男性	男子、女子、轮椅	男女子、轮椅、残疾

---

① "History of the Boston Marathon,"波士顿马拉松官网，https://www.baa.org/races/boston-marathon/history。

② "125th Boston Marathon Official Program & Racers' Record Book,"波士顿马拉松官网，https://www.baa.org/races/boston-marathon/official-program-racers-record-2021。

③ "The Complete Boston Marathon Database [374 Stats and Facts]," runrepeat，2024年1月26日，https://runrepeat.com/the-complete-boston-marathon-database。

④ "Boston Marathon 2024-Live Stream," watchathletics，2024年4月15日，https://www.watchathletics.com/schedule/watchlive/7931。

⑤ "2025 Boston Marathon Prize Money & Awards,"波士顿马拉松官网，https://www.baa.org/races/boston-marathon/prize-money。

续表

	萌芽阶段	发展阶段	创新阶段
赛事奖励	橄榄枝、奖牌	橄榄枝、奖牌	橄榄枝、奖牌、奖金
资本介入	无	无	赞助商、慈善活动

资料来源：《从数据看波马系列 ①｜波士顿马拉松的历史演变》，澎湃网，2019 年 4 月 23 日，https://m.thepaper.cn/newsDetail_forward_3333611。

1. 萌芽阶段

1897 年首届波士顿马拉松仅有 15 人参与，共有 10 名跑者完赛。从那时起，参加波士顿马拉松的运动员数量并没有很大幅度地提升，十年后突破了百人，达到 105 人参赛，直到 1968 年，参赛人数才突破了千人。萌芽阶段，波士顿马拉松的参赛形式并未出现重大变化。1970 年，波士顿田径协会提高了报名门槛，即要求参赛者有 4 小时完赛的资格认证，然后协会制定了新的测试标准，并根据年龄进行了分组。

2. 发展阶段

社会的发展带动人们对美好生活的向往，随着体育运动的普及，大众参与其中的热情不断攀升，女性开始渴望参加到马拉松赛事中。然而在 20 世纪 60 年代的美国，女性的许多行为受到了限制。根据美国业余体育联合会（Amateur Athletic Union of the USA，AAU）的硬性规定，女性参加路跑比赛的长度不能超过 2.41 公里，所以女性并不被允许参加马拉松赛事。1966 年，一位名叫芭比·吉布（Bobbie Gibb）的女性选手通过打扮隐藏了自己女性的身份，在没有获得官方许可的情况下窜入起跑人流，成为第一位完成全程波士顿马拉松的女性。吉布的完赛证明了女性选手也有能力完成马拉松，并且可以做得比男性更加出色，这打破了当时社会对于女性参加长距离运动的刻板印象。随着美国社会女性权利意识的觉醒，越来越多的女性开始为自己的权利而战。次年，凯瑟琳·斯威策（Kathrine V. Switzer）效仿吉布，通过注册中性名字"K. V. Switzer"的方式拿到了属于自己的"261 号"号码布，成为第一个拥有号码布并完成波士顿马拉松的女性选手。虽然赛事组委会发现后坚决撤销了她的参赛资格和成绩，但是她与许多女性跑者的努力间接推动了美国宪法第九条修正案的颁布实施。最终在 1971 年秋，美国业余体育联合会更改相关规定允许女子参加马拉松赛事。1972 年，女性运动员首次正式参加波士顿马拉松，共有 8 名女选手完赛。

1975年和1977年，组委会分别设立了男子轮椅组和女子轮椅组比赛。

3. 创新阶段

伴随着跑步的热浪，波士顿马拉松参赛人数不断增加，与此同时其参赛准入门槛也愈来愈高。百年历史和文化使波士顿马拉松成为全世界跑者心目中的"马拉松麦加"。随着资本的介入，波士顿马拉松也迎来了重要变革。

20世纪80年代，资本开始介入马拉松赛事，优秀运动员被赞助公司所追捧，给予商业赞助和奖金。作为爱国主义和自由精神的象征，波士顿马拉松却对资本的入局表现出迟疑态度，这使得其对高水平跑者的吸引力锐减。值得注意的是，在1986年之前，波马遵循希腊传统，对获奖者只奖励用橄榄叶编织的头冠、颁发奖杯和独角兽奖牌，并没有奖金。为了降低不设奖金而失去高水平跑者的风险，1985年波士顿田径协会与当地著名的恒康金融服务公司（John Hancock Financial）签订了赞助协议，并在1986年开始颁发奖金。与此同时，波马积极寻求慈善机构的参与，形成了热衷公益的传统。为了预防"罗茜·露易丝丑闻"的发生（Rosie Ruiz 在比赛中乘坐地铁拿到了1980年的波士顿马拉松赛冠军），波士顿马拉松在赛事策划、组织、监管保障方面逐步确立了严格的规定，使得赛事更加公平和透明。

2021年，波士顿马拉松开始设立残疾人比赛通道，并为有视力障碍、下肢障碍和上肢障碍的运动员提供奖金和奖励。这使得波士顿马拉松成为第一个为所有三个类别的残疾人运动员提供奖金和奖励的大型马拉松比赛。同年参加波士顿马拉松残疾人比赛的30名运动员中有残奥会运动员、世界纪录保持者和超级马拉松运动员。

可见，波士顿马拉松的发展经历了由简入繁、逐步成熟的过程。在百年积累与创新的路途中，波士顿马拉松始终坚守自己对爱国主义和自由精神的追求，实现了其文化的沉淀与传承的突破。

三 波士顿马拉松赛事特征

(一) 严苛的参赛门槛

除了通过赞助商名额或慈善名额（价格约5000美元）参赛外，报名者需要达到波士顿马拉松准入标准（Boston Qualification，BQ）才可参赛。每年波士顿田径协会会根据报名人数和成绩对 BQ 进行相应调整,报名者需达到与年龄和性别相对应的成绩门槛才能获得波士顿马拉松的报名机会。报名者申报的全马成绩须在当年比赛的前三年内产生,并且须在国际长跑协会认证赛事或美国田径协会认证赛事中取得。由于比赛规模的限制,不能保证每位成功报名的参赛者均最终能获得参赛资格,事实证明,当报名者的成绩超过门槛越多,越有可能被优先录取,原因是组委会会使用"最短时间差"对报名者进行进一步筛选。报名成绩与参赛门槛差距在最短时间差范围内的报名者会被淘汰,即使达标也无法获得参赛资格。以 2019 年为例,被录取参赛跑者的最慢成绩比达标门槛快 4 分 52 秒。这个时间差在 2020 年更是达到 7 分 47 秒,造成 9215 名 BQ 达标者(23824 份达标申请中只有 14609 份可以参赛)未能获得参赛资格,创造了波马历史最高准入门槛(见表 4-2)。BQ 的设立使众多跑者无缘波士顿马拉松的赛场,但正是比赛资格的严格限制,造就了波士顿马拉松赛事独一无二的地位,大大增加了其对高水平跑者的吸引力。

表 4-2　2020 年波士顿马拉松准入标准

单位:岁

年龄组别	男子	女子
18~34	3 小时 00 分 00 秒	3 小时 30 分 00 秒
35~39	3 小时 05 分 00 秒	3 小时 35 分 00 秒
40~44	3 小时 10 分 00 秒	3 小时 40 分 00 秒
45~49	3 小时 20 分 00 秒	3 小时 50 分 00 秒
50~54	3 小时 25 分 00 秒	3 小时 55 分 00 秒
55~59	3 小时 35 分 00 秒	4 小时 05 分 00 秒
60~64	3 小时 50 分 00 秒	4 小时 20 分 00 秒
65~69	4 小时 05 分 00 秒	4 小时 35 分 00 秒
70~74	4 小时 20 分 00 秒	4 小时 50 分 00 秒
75~79	4 小时 35 分 00 秒	5 小时 05 分 00 秒
80 及以上	4 小时 50 分 00 秒	5 小时 20 分 00 秒

资料来源:"Registration for the 2020 Boston Marathon Opens Monday, September 9,"波士顿马拉松官网, https://www.baa.org/registration-2020-boston-marathon-opens-monday-september-9。

(二)成熟的赛事体系

为了使马拉松成为波士顿的全民运动,同时提高波士顿马拉松的影响力，1997年波士顿田径协会举办了针对青少年的马拉松接力赛和环城锦标赛，前者在每年春季举行，后者在每年秋季举行。这两项赛事自举办以来，广受青少年欢迎，每年有数千名运动员参加。

2001年后，波士顿田径协会开始组织一系列波士顿马拉松的附属赛事。其中，波士顿田径协会距离混合赛（B. A. A. Distance Medley）是三场比赛组成的系列赛，包括4月在波士顿马拉松周末举办的波士顿田径协会5公里赛、6月举办的波士顿田径协会10公里赛，以及10月举办在哥伦布日周末的波士顿田径协会半程马拉松赛，报名参加距离混合赛的选手最终以三项比赛总成绩进行排名。除此之外，还有波士顿田径协会1英里邀请赛以及"市长杯"越野赛。

2020年，受到新冠疫情影响，波士顿马拉松取消了线下全马比赛，开启了第一场虚拟波士顿马拉松赛。此后一年的第125届波士顿马拉松虚拟赛，成功吸引了世界各地逾2万名跑者居家完成约26.2英里（42.195公里）的比赛，加上线下比赛人数，成就了有史以来规模最大的波士顿马拉松，参赛人数接近4万人。

波士顿田径协会在波士顿马拉松发展过程中，逐步增设多样化的比赛项目，丰富赛事形式，将单一赛事衍生为面向不同人群的系列赛事，使得更多跑步爱好者成为波马家庭的成员，形成了完善的波士顿马拉松赛事体系，跑者数量和赛事影响力日渐提高。

（三）具有人文情怀的慈善赛事

波士顿马拉松作为世界上历史最悠久和最具标志性的比赛之一，每年会吸引近百万名的观众观看比赛，并带来数千万美元的慈善捐款，这些捐款将惠及患有重大疾病的人群、残疾人、老人、儿童和其他需要帮助的人。热衷于为困难群体筹集善款体现了波士顿马拉松一贯的人文主义情怀。

每年，波士顿田径协会都会向官方慈善计划（B. A. A. Official Charity Program）和约翰汉考克的非营利计划（John Hancock Non-Profit Program）相关的非营利组织提供参加波士顿马拉松的邀请函。非营利组织可以直接管理运动员的申请流程以及设定筹款的最低限度、截止日期和其他要求。以慈善名义参赛的参赛者，需要申请这些非营利组织的名额，并完成其设定的筹款任务。[①] 除此

[①] "Boston Marathon Fundraising Surpasses ＄400 Million Milestone,"波士顿马拉松网站，2021年10月22日，https://www.baa.org/boston-marathon-fundraising-surpasses-400-million-milestone。

之外，波士顿田径协会还会在比赛期间设立慈善捐助点，让参赛者和观众可以捐赠自己的个人物资。

2019年，第123届波士顿马拉松创下了3870万美元的筹款纪录，其中包括波士顿田径协会的官方慈善计划筹集的2030万美元、约翰汉考克的非营利计划筹集的1400万美元，以及来自其他达标选手和邀请赛跑者的440万美元。自1989年波士顿马拉松慈善计划启动以来，截至2021年第125届波士顿马拉松，波士顿田径协会共筹集了超过4.26亿美元的善款。

（四）完善的志愿服务与赛事保障

面对无数前来朝圣的跑者，波士顿田径协会不遗余力地为参赛者保驾护航。为此，每一届波士顿马拉松都会招募近万名志愿者前来协助，保障其顺利进行。波士顿马拉松的志愿者分为赛前志愿者、博览会志愿者、赛事起点志愿者、赛事终点志愿者、医疗志愿者、比赛日业余无线电志愿者和其他志愿者。

赛前志愿者负责赛前的众多事项，主要包括波士顿马拉松物资准备工作；博览会志愿者主要负责波士顿马拉松博览会和粉丝节的筹备工作，在为期3天的博览会期间，博览会志愿者将协助参赛者领取比赛物资、提供相关赛事信息；赛事起点志愿者主要负责出发区标志带的布置、热身区的秩序维护、对热身完毕的参赛者至相应出发区的引导、对裁判的协助、对参赛者个人寄存物资的接收与装车等工作；赛事终点志愿者主要负责参赛者最终名次和成绩的计取、对男女组前三名运动员参加颁奖的引导、为终点参赛者分发补给食品、归还参赛者寄存的个人物资等工作；医疗志愿者将在专业医疗机构的指导下，向参赛者宣讲参加马拉松的医学注意事项，并在赛时对发生意外状况的参赛者提供必要的医疗救护等；比赛日业余无线电志愿者由波士顿田径协会通信委员会招募和管理，为全长42.195公里的赛道提供至关重要的通信服务。

其他志愿者包括安保志愿者、饮水站志愿者和车辆志愿者。安保志愿者主要负责维持赛道秩序，保持赛道畅通；饮水站志愿者负责为参赛者提供波士顿马拉松官方指定饮用水，并保障赛道的整洁卫生；车辆志愿者负责将起点寄存的参赛者物资运送至终点，并接收赛时赛道上无法完赛的参赛者和赛后赛道沿途的裁判和工作人员。

可以看出，波士顿田径协会根据赛事职能对志愿者进行了详细分工，周到的志愿者服务和完善的赛事保障是波士顿马拉松经久不衰的保证。

四 波士顿马拉松赛事营销推广对城市的影响

（一）波士顿马拉松赛事营销

波士顿马拉松作为最负盛名的城市马拉松，其发展需要赛事推广和营销所带来的稳定现金流。波马的主要收入来源为四个方面：赛事转播权、商业赞助、报名费和周边产品收入。

赛事转播权方面，由于波士顿马拉松的关注度居高不下，其自然成为世界主流媒体争相报道的对象，其重要的资金来源之一就是向外出售赛事直播权和转播权。目前波马信号覆盖了美洲、欧洲、亚洲、非洲、大洋洲200余个国家和地区的电视及网络频道，CBS Boston 作为波士顿马拉松的独家当地广播公司，提供现场比赛报道，NBC 体育网络和 NBC 体育作为独家国际流媒体和电视合作伙伴，提供赛事直播，其余 BBC、FOX、ESPN、Eurosport、Eurosport（India）、SKY（New Zealand）等国际知名电视台对波士顿马拉松进行赛事转播。

商业赞助方面，波士顿马拉松拥有一支规模庞大的赞助商团队，为赛事提供资金、实物或者技术支持。根据赞助的性质和方式不同，可将赞助商分为两类：一类是为赛事提供资金或者实物支持的赞助商，如恒康金融服务公司提供赛事奖金、阿迪达斯提供赛事官方运动服饰、佳得乐提供赛事官方饮料、Poland Spring 提供官方饮用水、Maurten 提供碳水化合物凝胶产品、Citgo 石油公司提供赛事燃料等；另一类赞助商为赛事提供技术支持，如印度塔塔集团为赛事提供通信和信息技术咨询服务。作为回报，波士顿田径协会允许赛事赞助集团在进行商业营销时使用"波士顿马拉松官方指定赞助商"的标识，并在波马官网设置"赛事官方赞助商"专栏，在专栏中对赞助商的赞助性质、商业规模、企业结构以及产品服务等进行详尽的介绍，并提供一些赞助商参赛名额。

报名费方面，有线下比赛报名费和线上虚拟赛报名费两部分收入。2020年线下比赛报名费为本土参赛者205美元、国际参赛者255美元，[①] 每年变

[①] 《2020年波士顿马拉松官网报名日程公布！》，搜狐网，2019年5月17日，https://www.sohu.com/a/314708447_501209。

动幅度不大。以第 125 届波马为例，所有参赛者被额外收取 25 美元的费用，用于缓解组委会为应对新冠疫情所付出的额外防疫压力。2020 年，在第 124 届波士顿马拉松因赛事搁浅失去转播权和赞助商收入时，组委会为缓解压力，推出线上虚拟波士顿马拉松赛。以 2021 年第二届线上波马为例，共开放 7 万个线上赛名额，18 岁以上即可报名，分为两种套餐：第一种套餐为起跑线套餐，报名费为本土参赛者 75 美元、国际参赛者 95 美元，可获得独角兽的奖牌；第二种套餐为 125 周年庆典套餐，报名费为本土参赛者 125 美元、国际参赛者 145 美元，可获得独角兽奖牌和阿迪达斯长袖参赛服。对于波马动辄数万人的线下和线上报名人数来讲，报名费也是一笔相当可观的收入。

周边产品收入方面，赛事营销团队与阿迪达斯等公司签署协议，在赛事的纪念品、服装等销售方面与其进行市场化合作。同时，与美国旅游观光公司、美国国际旅游公司等签订合同，共同负责赛事相关的旅游资源开发与观光活动。波士顿马拉松博览会被认为是新兴产品和服务的运营企业盛会，可以吸引近 10 万人参展，展会上提供大量波马主题的周边产品，以取得可观的经济效益。

（二）波士顿马拉松对城市的影响

与波士顿马拉松相关的活动，包括马拉松周末的波士顿马拉松博览会和波士顿田径协会 5 公里比赛等，每年为波士顿带来数十万人的游客和与之相关的衣食住行等消费机会，为当地经济注入了巨大的游客支出收入。近年来，波士顿田径协会及旅游局编制了波士顿马拉松经济影响的总结报告，预估波马为波士顿经济注入了超过 2 亿美元（见表 4-3）。

表 4-3 2018 年波士顿马拉松相关支出收入

单位：美元

类别	金额
超过 3 万名参赛者在波马和相关活动中的总支出	1.068 亿
波士顿马拉松参赛者的慈善筹款	3500 万
波士顿马拉松和相关活动的观众和游客总支出	3220 万
赞助商和媒体相关总支出	1560 万
波士顿田径协会总支出	1140 万

资料来源："2018 Boston Marathon Will Mean over $ 200 Million for Greater Boston Economy," 波士顿马拉松官网, https://www.baa.org/2018-boston-marathon-will-mean-over-200-million-greater-boston-economy。

对于波士顿来说，波士顿马拉松和围绕其所展开的诸多活动为参赛者和游客提供了一个完美展示该市无与伦比的文化、历史和体育等相关资源的绝佳机会。爱国者日一天的假期里波士顿全城庆祝，从早上的红袜队棒球赛到其后的波士顿马拉松赛都在波士顿独特的城市背景下举行。对于波士顿旅游业来说，爱国者日波士顿马拉松的开赛标志着波士顿游客旺季的开始。从周末的波士顿田径协会五公里比赛及周一的波士顿马拉松赛的数万名运动员到赛道旁数十万人的观众，以及近万名志愿者，几乎所有人都会光顾波士顿地区的当地企业。波士顿马拉松对城市经济的积极影响显而易见。

五 波士顿马拉松与城市文化

（一）波士顿城市文化特征

城市文化是城市发展过程中所创造的物质财富和精神财富的总和，是城市发展的内在驱动力和城市经济发展的基础，同时也是城市塑造形象和形成城市特色的基础，是城市核心竞争力的源泉。[①]

波士顿是马萨诸塞州的首府，为全州人口最多的城市。波士顿是美国社会发展过程中许多历史的发生地，作为美国最伟大的历史名城之一、新英格兰地区的精神首都、美国革命的发源地以及美国最早的文化中心之一，波士顿已经影响了美国大约三个世纪，如今仍然是一个重要且不断发展的大都市。波士顿在经过几代人的政治斗争、社会动荡和产业变革后，逐渐成为美国教育、文化、体育、医学和科学活动最多元化和最具有活力的焦点地区。作为一个具备历史传统、卓越文学和高文化标准且被誉为"美国雅典"的城市，波士顿在历史的更迭中孕育了自身独特的城市文化：爱国主义、自由精神、人文主义、永不服输的体育精神。

1. 爱国主义

波士顿是美国独立战争的策源地。在1775年4月19日美国独立战争开始之前，新英格兰地区的马萨诸塞州民兵在莱克星顿与数百名的英国士兵爆发冲突，莱克星顿"一声枪响"也标志着美国独立战争正式打响。

同时，整个波士顿作为美国历史和爱国主义的发源地之一，著名的波

[①] 陈柳钦：《城市文化：城市发展的内驱力》，《理论学习》2011年第1期。

士顿倾茶事件和独立战争的爆发都镌刻在这座城市的历史丰碑上。这里不仅有发现美洲大陆的哥伦布塑像,还有纪念林肯废除奴隶制的纪念雕塑,而最著名的则是贯穿波士顿市中心的"自由之路"。[①] "自由之路"是波士顿历史发展的重要之路,也是美国爱国主义教育的必经之路,1951年由一名当地记者提议而修成。这条由两行红砖铺成的长约4公里的线路,串联了16处历史文化遗迹,从波士顿公园开始,连接马萨诸塞州议会大厦、国王礼拜堂、波士顿大屠杀遗址等历史地标,结束于波士顿东北面的邦克山纪念碑。作为美国十分重要的爱国主义教育城市,波士顿在它的许多赛事活动中始终贯彻爱国主义精神。

2. 自由精神

自由精神是波士顿最为重要的城市文化标签之一。象征着自由和独立的爱国者日是马萨诸塞州的法定州立节日,用来纪念莱克星顿和康科德的战斗。美国人民争取独立走向自由的历史被波士顿市的"自由之路"所铭刻。漫步于波士顿的"自由之路",人们可以回想起1620年五月花号抵达距波士顿仅60公里的普利茅斯湾、东印度公司船只上的茶叶被愤怒的民众倾倒入大海以及莱克星顿打响美国独立战争的第一枪的众多追求自由的情景。

对于波士顿人乃至美国人民来说,走向自由的道路是步履蹒跚的。从建立美利坚合众国打破英国的统治、废除奴役制到重新确立公民的权利、为女性争取平等的权利等过程,美国人民经历了无数挫折,自由的代价是血与泪的付出。正是这种历史渊源,锻造了波士顿城市文化中独特的自由精神。

3. 人文主义

波士顿有"美国雅典"和"学府之都"的美誉,整个大都会区集聚了100多所大学和学院,来自世界各地的25万名大学生在这里接受教育。除了哈佛大学、麻省理工学院、波士顿大学、波士顿学院、布兰迪斯大学等多所人们耳熟能详的世界顶级名校外,还有波士顿法学院、波士顿建筑学院、伯克利音乐学院等一批规模虽小,却在各自领域独占鳌头的私立学

---

① 《美国爱国主义基地成为众矢之的》,"环球网"百家号,2020年7月13日,https://baijiahao.baidu.com/s?id=1672062049860034461。

院，它们比肩而立，呈现着不一样的个性。除高等学府外，波士顿还拥有丰富多样的文化生活，其中波士顿交响乐团吸引着对音乐充满热爱的众多波士顿人。美国文化中心的美誉很大程度上体现在波士顿众多遗产性质的著名博物馆上，并且在美国城市中，波士顿以其丰富的学术和公共图书馆而知名，这座城市对美国文学的贡献也得到了广泛认可。总而言之，波士顿城市自身散发着浓厚的人文气息，人文主义贯穿于波士顿人的日常生活中。

4. 永不服输的体育精神

波士顿拥有浓厚的体育氛围，是唯一一个所有职业体育项目都由私人拥有和经营的城市，体育产业高度商业化体现了当地居民对体育的热爱及对自身体育文化的认同，这份热爱也融入了这座城市的文化中。

体育是这座城市的骄傲。波士顿坐拥美国四大联盟球队，分别是美国职业橄榄球大联盟 NFL 的新英格兰爱国者队、美国职业棒球大联盟 MLB 的波士顿红袜队、美国职业篮球联赛 NBA 的波士顿凯尔特人队和美国职业冰球联盟 NHL 的波士顿棕熊队。这四支球队都是众所周知的传统豪强，拥有在各个联盟夺冠的实力，历史上各支球队为波士顿拿下了几十个冠军。除四大联盟外，波士顿还有美国职业足球大联盟 MLS 的新英格兰革命足球俱乐部。同时，大学联赛在波士顿一样受到欢迎，这里有四支全美大学体育协会 NCAA 成员队伍，分别是哈佛深红色队、东北大学爱斯基摩犬队、波士顿大学猎犬队和波士顿学院鹰队。百年历史的波士顿马拉松沿袭着古老的传统，自然是波士顿不可或缺的体育比赛看点。

除了赛事众多，波士顿还是不少著名运动品牌的发源地和总部所在地，包括运动品牌中的"慢跑之王"新百伦 New Balance 和帆布鞋品牌匡威 Converse，以及时尚户外靴添柏岚 Timberland。

(二) 波士顿马拉松与波士顿城市文化的耦合共生逻辑

马拉松赛事不仅是赛事参与者、观赏者的在场体验过程，还是社会意义的建构过程。马拉松赛事作为一种连接城市文化的特殊活动事件，通过赛事本身蕴含的对美好生活向往的人文价值，与城市文化内涵相得益彰。波士顿城市文化与波马的耦合共生也是城市文化符号的建构过程，是城市文化价值和意义的转移过程。波士顿马拉松的繁荣发展除了自身具有特殊性之外，还因为它符合了波士顿特定的价值观与理想，[①]包括爱国主义、自由精神、人文主义和永不服输的体育精神等。

（三）波士顿马拉松文化符号与波士顿城市文化契合分析

波士顿马拉松的文化符号多承载于器物、赛道或建筑地标，而这些符号的意义大多数来自城市文化，[②]并通过波士顿马拉松所展现的精神与城市文化相融合（见表4-4）。

表4-4 波士顿马拉松文化符号与波士顿城市文化

波士顿城市文化	波马文化符号	符号内涵
爱国主义	爱国者日开赛	波士顿马拉松展现的精神正好契合爱国者为自由而斗争的信念。为纪念美国独立战争第一枪"莱克星顿枪声"，波士顿马拉松定在爱国者日开跑
	波士顿公园鸣枪	在爱国者日当天，身穿传统军装的士兵会在波士顿的公园内重新上演当年莱克星顿的枪响，以此宣告爱国者日及波马的开始
	美国精英代表队	波士顿田径协会每年会选拔招募人员组成美国精英代表队。这支由美国精英跑者所组成的队伍将会向世界级的国际参赛者发起挑战，力求在爱国者日获得梦寐以求的橄榄花环
	火元素	战争历史的缅怀
自由精神	用橄榄叶编成的花冠	自由与平等的象征
	凯瑟琳·斯威策的"261号牌"	作为女性争取马拉松参赛资格的代表，斯威策的号码被永久保留，不再使用
人文主义	韦尔斯利学院"尖叫隧道"（Wellesley Scream Tunnel）	韦尔斯利学院位于赛道中点的位置，在比赛日当天停课。学院成百上千名的女生会在"尖叫隧道"边举着自制的彩色标语以兴奋的欢呼来迎接选手，经常可以看到"kiss me"的字样。整个隧道边聚集众多观众，充满着尖叫声、音乐声，是与参赛者击掌、拥抱甚至亲吻的一个特殊地点
	波士顿学院	波士顿学院位于波士顿马拉松的后半段。当选手越过心碎坡后，就到达了这里。波士顿学院的啦啦队和观众会举着"The Heartbreak Is Over"（心碎已经结束）的巨大标语来鼓舞每一位选手

[①] 许春蕾、周家婷、王苏凯：《波士顿国际马拉松旅游形象建构与意义表达及启示》，《体育文化导刊》2020年第10期。

[②] 张晓琳：《波士顿马拉松文化溯源与启示》，《北京体育大学学报》2020年第4期。

续表

波士顿城市文化	波马文化符号	符号内涵
人文主义	波士顿田径协会青年和社区计划	波士顿田径协会通过组织波士顿马拉松附属赛事，如波士顿田径协会1英里邀请赛和中学生一千米赛、"市长杯"越野赛、波士顿田径协会接力挑战赛（B.A.A. Relay Challenge）等，吸引当地3.5万名青少年参与其中
	观众	波士顿当地居民在爱国者日假期并没有闲下来，而是在红袜队的比赛结束后直接出来观看波士顿马拉松，这是爱国者日给当地居民的礼物，居民观赛是为庆祝社区精神和追求卓越运动
	赛道沿途景点	波士顿马拉松赛道贯穿许多历史性地标建筑和景点，如大钟楼、费雷明汉火车站、霍伊特队雕塑、"尖叫隧道"、心碎坡和波士顿学院等，每个景点都拥有许许多多的赛道故事
永不服输的体育精神	125届悠久赛事	一方面，"尖叫隧道"、心碎坡这些百年不变的赛道象征波士顿马拉松文化，见证了无数荣耀和刻骨铭心的时刻。另一方面，拥有着百年历史的波士顿马拉松，已经为波士顿构建了独特的城市记忆。无论是历史上首位参加马拉松比赛的女选手，还是2013年爆炸事件，波士顿马拉松的赛道上承载着全世界跑者的梦想与记忆。100多年来，无论是二战的炮火还是恐怖袭击，都没能让波士顿马拉松停下脚步①
	参加波士顿马拉松	不少跑者的目标就是参加波士顿马拉松，为此他们努力达标BQ，将能参加这场"殿堂级赛事"视为最高成就
	独角兽奖牌	独角兽标识出现在夹克、奖牌和奖杯上，这个神话中的生物，最初是波士顿田径协会的象征，是一位创始成员的家族徽章。现在独角兽是所有波士顿系列赛事的象征，是波马品牌形象的体现。独角兽隐喻永远触及不到的梦想，象征着追求，只有追求卓越的人才能够不断接近它，而它永远在远方，它让所有波马选手都竭尽全力，即使可能无法达到目标也不应停下脚步，在奔跑过程中实现自身的超越
	心碎坡路段（Heartbreak Hill）	心碎坡路段通常被认为是波马赛段中最艰难的部分。经过几英里的缓坡后，跑者必须在32.5公里处爬上约600米的陡峭上坡。此时参赛者恰好处于体能"撞墙"的时间段，所以挑战性很大。好在有许多观众会在这里为参赛者加油打气，鼓励他们继续坚持下去

① 《马拉松不是刚需，它是比刚需更重要的信心与希望》，搜狐网，2020年5月20日，https://www.sohu.com/a/396432955_114613。

续表

波士顿城市文化	波马文化符号	符号内涵
永不服输的体育精神	波士顿马拉松爆炸案及"波士顿日"	2013年,波马发生的恐怖袭击造成3人死亡,这是波马史上最惨痛的事件,事件发生后,波士顿人以无私和爱心回应仇恨。2015年4月15日,"波士顿日"正式诞生,以纪念那些受到伤害的人。对于参加波士顿马拉松的选手来说,他们拥有的力量要比那些妄图破坏它的势力更强大。2014年,波士顿马拉松参赛者的决心也没有被阻挡,他们高喊"拿回我们的终点线"的口号,热情不亚于以往的任何一届马拉松,让人明白马拉松无所畏惧的精神。"Boston Strong"这句极具凝聚力的口号在网络上迅速得到传播,并在后续赛事中成为波士顿马拉松精神的代名词
	霍伊特队	霍伊特队是由迪克·霍伊特和瑞克·霍伊特父子组成的运动队伍。儿子瑞克是一个脑性麻痹患者,但是父亲迪克带着瑞克以霍伊特队的名义参加了30次波士顿马拉松。波士顿田径协会为他们在霍普金顿建立了一尊铜像雕塑

(四)波士顿马拉松对城市文化的影响

1. 对波士顿历史文化的影响

(1) 百年赛道展示城市魅力

波士顿马拉松是波士顿城市的传统赛事,也是最古老、最坚韧和最具标志性的赛事。波马百年不变的线路,造就了波士顿马拉松文化,不断吸引着全世界跑者前来踏上这条百年历史沉淀的赛道。城市景观环境和城市文化在波马赛道得到充分展示,下降的海拔可以帮助参赛者创造更加优秀的全马成绩。路线的不变性一方面赋予波马悠久的历史属性,另一方面也向众多参赛者和赛事关注者展示了这条赛道途经小镇和波士顿城市的魅力。

(2) 文化标识提升城市认可度

波士顿马拉松已经成为波士顿地区的著名文化标识。波士顿可以借助波士顿马拉松的影响力,依托于传统媒体和新兴媒体,对城市的历史遗迹和城市精神进行宣传。波士顿马拉松所带来的强大的向心力可以给全世界跑者在心中留下波士顿历史名城的美好印象,这带来的不仅是城市知名度的提高,同时还有波士顿城市文化传播的辐射效应。与美国爱国主义和自由精神相结合,波士顿马拉松的举办使参赛者感受到波士顿浓厚的历史文化风韵和人文气息,进一步提升其对波士顿这座城市的认可度。

2. 对当地居民行为的影响

（1）提升自豪感与认同感

波士顿马拉松文化的传播可以凝聚波士顿地区居民的向心力。大型体育赛事的申办成功，能极大增强市民的向心力，其带来的荣誉感、自豪感易于激发市民积极向上的奋发精神和强烈的爱国主义情感。[①] 爱国者日星期一是波士顿人的节日，提起这一天波士顿人可以自动联想到一天的假期、早间的红袜队比赛和随后的波士顿马拉松，所以波士顿马拉松也称爱国者日马拉松。赛事期间，不管是波士顿田经协会5公里比赛、波马博览会、音乐节还是正赛，街道上一眼望去都是穿着波士顿马拉松官方纪念衫的人群，认同感和自豪感洋溢在他们的脸上。波士顿马拉松爆炸案发生后，波马带给当地居民的凝聚力更加明显，"Boston Strong"和"We are one"的标语在第二年和随后的诸多比赛中随处可见。

（2）提高体育运动参与度

波士顿马拉松的主管机构波士顿田径协会成立于1887年，历史比波马还要久远。波士顿田径协会在其成立的100多年间积累了众多忠实的会员，其初衷是通过跑步类的体育运动促进普通人的身体健康发展，进而帮助其采取积极向上的生活方式。作为波士顿居民信任的机构，百年来波士顿田径协会深耕本地运动，一方面运营筹办了众多针对当地居民的波士顿马拉松系列赛事，增加了居民对赛事的亲和感；另一方面通过青年和社区计划提高了青少年的健康意识，帮助他们培养了体育锻炼的良好习惯，为他们将来更加主动地参与到其他体育活动中打下基础。

（3）培养慈善意识

波士顿马拉松每年可以吸引数千万美元的慈善款项，这些捐款惠及成千上万名需要帮助的人。毫无意外的是，通过三十多年的慈善努力，波士顿马拉松已经成为波士顿社区最鼓舞人心的重要赛事，激励着波士顿人在赛事期间贡献自己的一部分力量，从捐款到捐赠一些个人物资，人们都在为了自己支持的非营利组织而努力。在波士顿马拉松积极影响下，波士顿建立了一个更健康、更和谐的社区，人们为了更大的共同利益而团结起

[①] 刘力维、何立军：《重大体育赛事对城市文化软实力建设的影响——以第11届全运会为例》，《中国集体经济》2010年第10期。

来，逐步培养起市民的慈善意识。

3. 对城市文化建设的影响

（1）彰显城市积极进取精神

一个热爱运动的城市，一定是积极向上、具有进取精神的城市。波士顿马拉松诠释着波士顿人积极的生活态度。数万人参与并期盼着完成比赛，传递出无与伦比的正能量，这对每一位参加比赛的选手来说都是一次内心激荡与洗礼的过程。同时，马拉松所蕴含的积极参与、坚持不懈、勇于突破的精神也促进了全民运动的开展。马拉松所展示的精神与勇于创新、热爱挑战的波士顿人民天性相契合，这使得波士顿马拉松成为全美乃至全球最负盛名的马拉松赛事之一，同时也向世界彰显出波士顿马拉松与众不同的进取精神。

（2）促进社会融合与和谐

波士顿马拉松打破社会排斥并促进社会融合。在波士顿马拉松发展历程中，涌现过许多为自身权益奋斗过的女性，如芭比·吉布和凯瑟琳·斯威策，她们为女性参加马拉松赛事做出了卓越贡献。在20世纪70年代后，波马对女性参加比赛不再有严格的限制，并且只要符合准入条件，不同年龄组别的男性和女性都可以报名，在波士顿马拉松这个平台上公平竞争，即使是草根选手，也有机会和世界最顶尖的跑者同台竞技。正是波士顿马拉松所倡导的积极健康的生活方式，使相互陌生的社会个体能在马拉松精神的激励下，成为迎接共同挑战的友人，[①] 促进社会的开放与融合、包容与和谐。

（3）塑造与弘扬城市精神

波士顿马拉松通过构建城市群体记忆，塑造和弘扬了城市精神。自诞生起，波士顿马拉松就与城市群体记忆产生了关联，并随着社会文明的发展，不断丰富自身的文化内涵。其文化形式呈现于赛事、城市发展和居民生活之中，主要体现了爱国主义、对自由的向往和永不服输的精神追求。百年历史进程中，波士顿马拉松赛道故事成为城市群体记忆，并最终化作了城市精神。城市精神蕴含着波士顿人的价值追求，展示着城市形象，并向外产生了影响力和辐射力。

---

① 蒙彩娥：《马拉松与城市文化的契合及优化路径研究》，《体育科研》2015年第5期。

第二节　伦敦马拉松与城市文化发展经验

一　伦敦马拉松历史根源

伦敦马拉松创办于1981年，是全世界规模最大的慈善马拉松赛事，也是世界六大马拉松赛事之一。它的诞生是受纽约马拉松的启发，由约翰·迪斯利（John Disley）和克里斯·布拉舍（Chris Brasher）共同创办。一天晚上，他们两人在跑步俱乐部的酒吧聊天，发现旁边俱乐部成员正在乐此不疲地讨论纽约马拉松赛况，而且成员们大都已经参加过1978年的纽约马拉松。听完这些讨论之后的几周，布拉舍和迪斯利亲自去看了纽约马拉松。后来，他们提前做了一些跑步训练并参加了1979年的比赛。他们两个人一起完赛，并且亲身经历了一场美好的城市马拉松，其中世界著名景点、欢呼的观众和友好的运动员，都令他们两人赞叹不已，回味无穷。

赛后回家的路上，布拉舍为《观察家报》写了一篇名为《世界上最有人性的比赛》的文章，并在文章中提出了这样的问题，"伦敦是否也可以举办这样的活动？我们有路线，景色非常优美的路线……但我们是否拥有一颗热情好客的心来欢迎全世界呢？"随后，《观察家报》的编辑唐纳德·特雷尔福德（Donald Trelford）在1980年初举办了一场午餐宴会，使布拉舍和迪斯利能够与组织马拉松比赛的有关部门人员见面，主要涉及伦敦市议会、警方、伦敦市政府、业余体育协会、伦敦旅游局等。他们对伦敦举办马拉松的利弊进行了讨论，一致认为这个想法是可行的。在寻求赞助商方面，幸运的是当时吉列放弃了对吉列杯板球的赞助，并经过再三考虑，最终选择了赞助伦敦马拉松的协议。顺理成章，吉列就成了伦敦马拉松的第一个冠名赞助商，每年赞助75000英镑并持续三年。

5个月后，1981年3月29日，首届伦敦马拉松正式举办，近2万人报名，最终7747人成功参赛，6255人完赛，赛事当天，成千上万名观众在道路旁观看，还有很多跑步爱好者在BBC上观看比赛直播。在首届伦敦马拉松男子赛上，美国的迪克·比尔兹利（Dick Beardsley）和挪威的英格·西蒙森（Inge Simonsen）上演了经典一幕，两人共同携手越过终点线并获得冠军。两个孩子的母亲乔伊斯·史密斯（Joyce Smith）则赢得了女子赛的第一名并打破了国内纪录。次年,伦敦马拉松收到了来自世界各地超过9万名跑者的申请,最终比赛人数限制在了18059人。从那时起,伦敦马拉松在规模、地位和声望上逐渐扩大。现如今,伦敦马拉松已经被确立为跑者日历上的重要赛事,在全球近200个国家和地区的电视网络上都能看到它的赛事直播。

二 伦敦马拉松概况

(一) 概况

1. 开赛时间

通常情况下,伦敦马拉松一般在每年4月中下旬开赛,然而受新冠疫情影响,2020年伦敦马拉松延期至10月4日举行,这也是伦敦马拉松自1981年诞生以来首次延期举行。受此影响,2021年伦敦马拉松于10月3日举行,而2022年伦敦马拉松在10月2日举行。

2. 比赛路线

自1981年首届比赛以来,举世闻名的伦敦马拉松路线基本保持不变,并包含许多伦敦最迷人的经典地标。总体来说,比赛线路曲折平坦、景色优美,是选手们体验伦敦风土人情的最佳赛事选择。

起点:格林威治。伦敦马拉松的挑战始于格林威治布莱克希思附近的三个起跑线,分别为蓝色、绿色和红色,这代表不同类型伦敦马拉松的起点。1884年,格林威治成为世界时间的中心,所有时区均以格林威治公园的子午线为起点。一个世纪后,全世界观众每年都可以看到成千上万名跑者从世界时间起点开始与时间赛跑。

第10公里:卡蒂萨克。卡蒂萨克是一艘快船,在英国和中国之间运送酒和茶,现在则是伦敦马拉松的代名词。这艘快船于1954年被转移到格林威治的一个干船坞,虽然在2007年5月发生了毁灭性的火灾,但它还是逐渐恢复了昔日的辉煌。在马拉松日卡蒂萨克周围的氛围是最热烈的,也是最受观众欢迎的比赛线路之一。

第19公里:碎片大厦。碎片大厦高309.6米,是英国最高、欧洲第五高的建筑,也是伦敦马拉松路线上的最新地标。自2010年以来,玻璃覆层的金字塔形大厦开始出现在天际线,伦敦马拉松的跑者从塔桥就能看到碎片大厦的外观。

第 20 公里：伦敦塔桥。伦敦塔桥是这条比赛路线上最著名的地标，它提供了无与伦比的背景，展示了英国首都伦敦的所有辉煌。这座塔桥建于 1886 年，1894 年对外开放，位于马拉松比赛的中途点前，为来自世界各地的数百万名观众和参赛者提供了从南到北穿越泰晤士河畔的壮丽景色。

第 30 公里：金丝雀码头。金丝雀码头曾是世界上最繁忙的码头之一，1991 年成为英国新的金融中心。占地 39 万平方米的码头拥有一系列闪闪发光的摩天大楼，其中包括加拿大广场一号，它是英国 20 年来最高的建筑，后来被碎片大厦超越。1930 年，加那利群岛种植的水果开始运抵码头，该地区因此得名为金丝雀码头。

第 40 公里：伦敦眼。当参赛者沿着维多利亚堤岸前往威斯敏斯特时，伦敦眼占据了天空之境。1999 年 12 月 31 日，当时的英国首相托尼·布莱尔宣布伦敦眼正式开放，它是当时世界上最高的摩天轮——高 135 米。伦敦眼原本将作为一个五年租约的临时景点，但现已成为伦敦首屈一指的观景平台，每年接待超过 375 万名游客。

第 41 公里：大本钟和国会大厦。大本钟和国会大厦的壮观景象是参赛者进入伦敦马拉松最后一英里的冲刺标志。钟楼（绰号大本钟）于 1859 年竣工，2012 年正式更名为伊丽莎白塔，以纪念伊丽莎白二世女王的钻禧。

第 42 公里：白金汉宫。当参赛者通过伦敦马拉松的倒数第二个弯道时，将与白金汉宫面对面，并且知道距离终点线仅剩 385 码。

终点：圣詹姆斯公园林荫大道。1981 年，伦敦马拉松的终点是圣詹姆斯公园与白金汉宫之间的林荫大道（The Mall），1982 年因为施工，终点改到了威斯敏斯特桥，这一终点便保持了 12 年。1994 年，因这座桥的维修工作，终点线又被移到了林荫大道，从那以后终点就一直在林荫大道。

3. 赛事现状

自 1981 年首届比赛以来，伦敦马拉松已经成功举办了 40 余届，一般在每年的春季举行，直到 2020 年受新冠疫情影响该赛事不得不推迟到 10 月 4 日星期日举行。2020 年，精英选手们在圣詹姆斯公园的闭环赛道上参加比赛，而大众选手们则参加第一场线上虚拟伦敦马拉松比赛，这是第一次选手们在不同赛道上共同参与伦敦马拉松赛事。2020 年，首届线上虚拟伦敦马拉松比赛共有37966人完成，而大多数线上选手在24小时内跑完马拉松，创造了新的吉尼斯世界纪录。[1]

次年，2021年10月3日第41届伦敦马拉松正式开赛，这也是其自2019年新冠疫情之后，首次举行的大众组别线下赛，使马拉松回归具有伦敦味道的比赛赛道。这次赛事也是大约5万人在现场比赛，还有5万人在线上参与，前12名都有奖金，冠军奖金达到5.5万美元，此外，还有赛道纪录奖金和破世界纪录奖金，最高可达35.5万美元。最终，埃塞俄比亚选手莱马以2小时4分1秒的成绩摘得男子组冠军，肯尼亚女将杰普科斯盖以2小时17分43秒的成绩收获女子组桂冠。

伦敦马拉松的组织规模和慈善事业每年都在发展壮大。2016年，随着第10万名完赛者越过赛事终点线，伦敦马拉松累计已有超过100万名完赛者。每年伦敦马拉松赛事组织都将盈余捐赠给伦敦马拉松慈善信托基金。自1981年以来，该基金组织已向伦敦和整个英国的1490多个项目授予总额超过9300万英镑的赠款。因此，伦敦马拉松是世界上规模最大的筹款赛事活动，2019年该赛事活动为慈善机构筹集的资金总额超过10亿英镑。[2]

此外，该赛事在历史上还打破过七项世界纪录，包括保拉·拉德克利夫在2003年创下的2小时15分25秒的历史纪录。2020年4月，国际田联更新了2019年世界城市马拉松赛事排名，伦敦马拉松位列世界第一。

4. 愿景、价值观和目标

赛事的愿景：鼓舞人心的活动。

赛事的价值观：激励、卓越、诚信、团结和乐趣。

赛事的目标：在纷繁复杂的世界中获得乐趣并提供一些快乐和成就感；向世界展示，有时人类可以团结起来；激励更多人参与体育运动；增加慈善机构的收入；提高英国长跑的整体水平和地位；为在伦敦、组织活动的地区和英国各地提供娱乐设施筹集资金；帮助伦敦旅游业；展示英国最好的组织活动；在大众参与活动的可持续性方面激发和提供创新。

---

[1] 《10万人参与！2021伦敦马拉松要搞事情》，新浪网，2021年1月25日，https://sports.sina.com.cn/run/2021-01-25/doc-ikftpnny1486981.shtml。

[2] 《伦敦马拉松：当大不列颠遇到热情如火的跑步盛宴》，环球网，2019年4月23日，https://run.huanqiu.com/article/7M6lCtSRwTm。

(二) 参赛方式

参加伦敦马拉松有多种方式和渠道。大部分跑者会采取抽签的方式获得参赛名额，赛事组织方每年会通过社交媒体渠道以及向一些赞助商和合作伙伴提供少量名额，如跑者在 X、Instagram 和 Facebook 上关注赛事官方信息，就有可能获得名额。报名申请达到 12.5 万份时，注册系统将会关闭。抽签通常在 24 小时或更短时间内进行，中签者由系统随机选择。如果未被选中，系统则会询问申请人是否愿意将报名费捐赠给伦敦马拉松慈善信托基金，随后，捐出报名费但未获得名额的申请人将有机会成为随机抽取的另外 2000 名选手之一。

但错过抽签的跑者仍可尝试以其他方式参加比赛，具体如下。

海外抽签。非英国居民可申请海外抽签。海外注册与常规注册同时进行，通常也迅速满员，但海外报名的成本大约是普通报名的两倍。

旅行社。许多经过批准的旅行社可以为跑者预订马拉松旅行套餐，其中包括一个比赛号码。

慈善事业。缺席抽签的跑者可承诺为赛事慈善伙伴筹集资金，以确保拥有参赛资格。超过 750 个英国慈善机构是赛事的金牌合作伙伴，它们购买参赛资格并将其赠予那些承诺为慈善事业筹集 4 位数资金的参赛者。

参与资格选拔赛。如果速度够快，跑者还可通过参与资格选拔赛获得参赛资格。每个年龄组获得资格的时间不同，18~40 岁男选手必须在 3 小时内完赛，而 18~49 岁女选手则必须在 3 小时 45 分钟内完赛。

俱乐部及锦标赛参赛选手。英国田径俱乐部可根据其会员人数收到一定数量的参赛资格证，由俱乐部将比赛资格颁发给幸运的会员。如果跑者是某个英国运动俱乐部的成员，且最近获得过经英国马拉松协会认证的锦标赛资格成绩，则可在报名开始时提交申请。

三 伦敦马拉松赛事特征

(一) 人文关怀和全方位的帮助

伦敦马拉松作为世界上最著名的六大马拉松赛事之一，有着高质量的服务团队和服务保障，其深切的人文关怀和全方位的细致帮助，更是为选手和观众提供了很多便利。

1983 年，伦敦马拉松首次设立轮椅组别的比赛，在此之后的每一年都有特殊人群参赛，这符合伦敦马拉松赛事中所宣扬的"相信运动和活动应该被所有人接受"。为此，伦敦马拉松成立了专业的团队致力于各种残障人士的赛事保障，无论是精英轮椅运动员，还是日常参与者，保障团队都将帮助他们顺利地完成伦敦马拉松赛事。

伦敦马拉松每年都会筹备选手的培训日，使选手与各方面的专家进行交流，从而获得最专业的建议、技巧、备战方法等，以帮助其充分准备并取得更好的成绩。比如，2021 年伦敦马拉松赛事组织方以线上视频的方式为所有参与者举办了专家见面会，提供有关营养、培训、伤害预防和慈善筹款的建议。除了特定的演讲嘉宾之外，新百伦团队的专家还提供了定制建议，帮助选手找到最合适的跑鞋，而来自葡萄适的营养科学家则分享了马拉松期间运动员补充水分的技巧。

伦敦马拉松赛事组织方还会为参赛者提供科学的训练计划，无论是首次参加伦敦马拉松，还是已经获得了几枚奖牌，它都会为初学者、改进者或高级训练者提供由伦敦马拉松专家精心编制的学习课程和运动计划，以帮助参赛者通过训练在马拉松日取得最佳成绩。

（二）创造更新奇的吉尼斯世界纪录

2007 年，伦敦马拉松首次与吉尼斯世界纪录组织合作，为最具创意和雄心勃勃的趣味选手们提供打破马拉松吉尼斯世界纪录的机会，同时也有助于促进和宣传其筹款活动。多项吉尼斯世界纪录被打破和创造，成功为慈善事业筹集了数百万英镑。每年都会有选手穿着独具创意的服装，装扮成有趣的形象，通过这种方式为慈善事业募集善款，并在比赛中挑战吉尼斯世界纪录。大多数人也许没有能力打破真正的马拉松世界纪录，但可以通过穿上奇装异服，成为最特别的马拉松选手。

2019 年伦敦马拉松创造了 40 项新的吉尼斯世界纪录，这些纪录从 79 次尝试中获得。例如，有穿着丝带跑得最快的马拉松参赛者、穿着医生制服跑得最快的马拉松参赛者、装扮成僵尸跑得最快的马拉松参赛者、穿着婚纱跑得最快的马拉松参赛者、穿着高尔夫球服跑得最快的马拉松参赛者、穿着骷髅服跑得最快的马拉松参赛者等。

（三）最大的慈善活动

1984 年，伦敦马拉松将体育援助基金会命名为第一个官方慈善机构，并给予该组织一些地方场所，帮助其筹集资金。随着慈善活动的增加，组织者决定为更广泛的慈善机构提供更多的场所。2007年,参赛者筹集了4650万英镑,使伦敦马拉松成为世界上规模最大的单日年度筹款活动,打破了吉尼斯世界纪录。此后,该活动每年都打破这一纪录,比如其在2019年筹集了6640万英镑,使自1981年以来筹集的资金总额超过10亿英镑。截至2021年,官方慈善机构筹集的最高总额是2019年伦敦马拉松年度慈善机构Dementia Revolution筹集的400万英镑。

近年来,大约3/4的伦敦马拉松参赛者参加了为公益事业筹款的慈善活动。不仅许多参赛者承诺为各种慈善事业筹集大量资金,每位参赛者的部分报名费还将捐给伦敦马拉松慈善信托基金会。截至2019年,该基金会已拨款3300余万英镑用于建设英国体育和娱乐设施。为慈善筹款不仅有益于公益事业,还可以对参赛者产生积极影响。比如,为慈善事业筹集资金可以帮助到真实的人,甚至改变其生活。除了筹集资金外,举办伦敦马拉松还有助于人们提高对公益事业的认识,这对小型或新组织的慈善团队尤其重要。在马拉松日,数万人将看到参赛者佩戴的慈善机构徽标,所有想赞助的人都可以通过在线筹款页面了解更多关于该慈善机构的信息及其所做的伟大工作。

为确保慈善活动的有序进行,伦敦马拉松的赛事组织方将慈善公益事业与赛事整合,让大多数慈善机构每年都可以通过金银债券计划获得一定数量的参赛名额,由慈善机构将这些名额分配给跑者,作为回报,跑者要为慈善机构筹集最低金额的资金。所以,想要参赛的跑者可以在慈善机构列表中搜索感兴趣的事业,并与慈善机构联系,看看他们是否可以提供一个机会,而慈善机构通常会根据咨询者与该事业的联系程度以及实际能够筹集到的资金来选择跑者。

不同的慈善机构也会根据其规模和资源提供不同的东西。马拉松赛前,大多数慈善机构会在当天给参赛者一件带有徽标的T恤或背心,如果天气潮湿或寒冷,有些慈善机构会提供防护服,例如防水衣、帽子或雨衣。马拉松比赛期间,大多数慈善机构会在伦敦马拉松赛道周围设置欢呼点,在场外为选手送上欢呼,一些慈善机构也会为前来支持选手的朋友和家人提供帮助,例如帮助他们选择观看比赛的最佳地点,并为他们提供衣服、旗帜、气球等任何有助于促进慈善事业和激励参赛者的东西。马拉松赛后,许多慈善机构会在距离终点仅几米的地方设置一个接待区,提供赛后套餐,

第四章　国外马拉松赛事与城市文化融合发展的经验借鉴

甚至包括按摩、淋浴等，参赛者也可以与慈善机构的其他参赛者进行庆祝性聊天。

此外，伦敦马拉松与慈善活动的联合还是一种激励选手的方式。当参赛者知道他正在为慈善事业筹集资金而奔跑时，他会获得克服困难的额外动力，以至于在寒冷的冬季起床进行跑步训练。为了在马拉松比赛日的众多跑者中脱颖而出，许多慈善参赛者会选择穿着奇装异服或做一些不同的事情来吸引人们对他们筹款活动的关注。同时，参赛者参加慈善机构组织的活动时还能够认识各种各样的人，并结交新朋友，享受社交带来的乐趣。

（四）完善的赛事组织

一场精彩的赛事，必定需要完善的赛事组织。伦敦马拉松在举办前几天就会为公众提供道路封闭和停车限制的信息。每届伦敦马拉松赛前，赛事官网会详细说明受影响道路以及道路封闭和重新开放时间。除了官网的通知外，伦敦马拉松赛事组织方还在多个地区提供包含特定当地信息的居民告知传单，以尽可能地减少对当地居民的不必要打扰。另外，赛事期间停车仅限授权车辆，交通部门会实行一些安全措施以阻止车辆接近比赛路线，为比赛提供交通保障。

伦敦马拉松还与警方密切合作，以确保参赛者的安全，其中包括训练有素的安保人员、搜索行李步骤、嗅探犬和遍布整个伦敦马拉松路线的智能摄像头等。路线上和周围的每个安保人员都可以通过无线电与控制室人员或警察进行交流，甚至还可以使用智能摄像头，以确保参赛者的安全。此外，还有专门的组织人员和警察团队致力于在观众中工作，帮助人们在热门的观赛地点解决困难。

（五）赛事的可持续发展

由于当前世界面临生态环境破坏、全球加速变暖的威胁，伦敦马拉松在近几年高度重视环境保护和赛事的可持续发展。2020年，赛事方发布了首份环境影响报告《留下正确的印象》，[1] 其中列出了2019年所有活动以及总部和仓库产生和使用的废物、排放物和产品。赛事方还认识到集体行动的重要性，加入了联合国体育促进气候行动，积极与世界马拉松主要合作

---

[1] "London Marathon Events Publishes First Environmental Report,"伦敦马拉松官网，https://www.londonmarathonevents.co.uk/london-marathon/article/lme-publishes-first-environmental-report。

伙伴和其他英国大众参与体育组织密切合作，分享气候知识和学习行动经验。

　　伦敦马拉松赛事有限公司是世界领先的大众体育赛事的组织者，它的目标之一就是通过人们的行动来推动环境可持续性的积极变化，并激励利益相关者和合作伙伴也这样做，包括资源利用、材料选择、废物产生和处理、温室气体排放、生物多样性和自然保护。例如，2021年伦敦马拉松在起跑线附近标明衣物捐赠点，使跑者在比赛前能够捐出不需要的衣物，集中收集并打包赠送给慈善机构或回收志愿者。赛事结束后，工作人员会回收整个活动使用的塑料瓶，其中含有葡萄适的杯子将被收集起来用于堆肥，而瓶子将被回收利用。排放方面，尽可能在发电机中使用加氢处理植物油（HVO）燃料而不是红色柴油，从而使其生命周期内具有较低的相关排放。此外，赛事方还对垃圾方面进行严格分类，建立一般垃圾、回收利用垃圾和食物垃圾箱。每位参赛者还将收到垃圾整理袋，该整理袋由甘蔗制成，碳足迹更低。

　　2022年，伦敦马拉松活动中值得关注的其他环保举措有：参赛者报名费为125英镑，其中的26英镑将投资于可持续性项目，以平衡参赛者旅行产生的二氧化碳排放量；通过按需打印跑步者号码和重复使用前几年的标牌和品牌来减少活动中的浪费；与2019年相比，运输途中的瓶子数量减少了约20%；收集废物用于未来活动制作中的里程标识；使用电动领队车辆转移精英运动员；活动结束时将分发的箔毯进行回收；鼓励使用瓶带；等等。

　　伦敦马拉松还会激发和鼓励创新其他大众参与活动。除了马拉松，每年伦敦马拉松赛事方还会组织12场其他世界级的大众参与活动，其不仅关注跑步，还关注自行车和游泳，积极带头展示一种大众参与体育的向善的力量。伦敦马拉松赛事方是组织环伦敦自行车赛的大股东，它还组织了海德公园的公开水域游泳节"英国癌症儿童游泳"活动。2017年，伦敦马拉松赛事方发起了一项名为"伦敦经典"的新大众参与挑战赛，完成伦敦马拉松、环伦敦100英里自行车赛和2英里游泳赛事的每个人都会获得伦敦经典奖牌，并列入伦敦经典名人堂，奖章上刻着，"Et ego Londinium vici"（我也征服了伦敦）。

四 伦敦马拉松赛事营销推广对城市的影响

（一）伦敦马拉松赛事营销

1. 名人效应

明星政要的频繁亮相是伦敦马拉松的一大卖点，参赛的选手包含各行各业的精英，以及体育界、演艺界、政界名流，他们都乐于出现在慈善场合。例如，出演《权力的游戏》《饥饿游戏》的英国女演员娜塔莉·多默尔、网球天王穆雷、F1车手巴顿、足坛名将欧文、新闻播报员苏菲·拉沃尔斯、电台主持人克里斯·埃文斯都曾经参加过比赛，为自己支持的慈善机构募集善款。

英国皇室对伦敦马拉松也极为重视，除英国女王外，其他皇室成员经常参与赛事。2016年，英国王室的哈里王子出席了伦敦马拉松颁奖仪式，获得哈里王子亲自颁奖的是中国脑瘫少年周子恩，周子恩夺得了2016年伦敦马拉松迷你组十四岁以下男子轮椅组冠军，其参赛的目的是给中国的白血病患儿募集五万元人民币，这一笔钱最终于2016年5月初捐赠给了山东省泰安市中心医院的"红烛"账户。

2. 慈善营销

慈善营销的作用之一是吸引参赛者。参加伦敦马拉松就是参与慈善，是高贵慷慨的人间大爱，对参赛者来说，除了在赛道上挑战自我之外，为慈善机构募款也是他们的重要动力。

慈善营销的作用之二是吸引赞助商和慈善机构。伦敦马拉松资金主要来源于市场开发，通过赞助商费用、电视转播费用、运动员报名费来提供资金保障，扣除比赛各种费用，结余资金大部分用于慈善。例如2010~2014年的冠名商维珍集团每年的冠名费为1700万英镑，其中大约有10%可作为结余成为善款。伦敦马拉松赛事方还引入golden bond模式，在此模式下，慈善机构以正常报名费3~5倍（约300英镑）的价格向赛事方购买参赛名额，购买条件是此人必须为慈善机构筹集一定数额的善款。截至2019年，750家慈善机构参与此模式，其中涉及15000个参赛权。此外，冠名商维珍集团还承诺所有慈善机构的善款超值，即每筹集10英镑善款，赞助商支持的慈善机构就再追加2.15英镑。

慈善营销的作用之三是增加赛事宣传渠道。赛事方设置了网上商城和官方论坛，利用网上商城来出售各种专业装备、纪念品、服饰及转让二手物品等，从而筹集善款，而官方论坛则用于及时掌握跑者互动信息，提高马拉松赛事的管理和服务水平。

3. 优秀的赞助商选择

首届伦敦马拉松的冠名赞助商是吉列。1981年，吉列支付了7.5万英镑作为赞助费，由于效果非常好，吉列又赞助了后两届赛事。

1984年，伦敦马拉松的赞助商变为了食品公司玛氏（Mars），双方签订了一份为期两年的合同，合同与指数挂钩，金额为15万英镑，玛氏还为赛事提供食品赞助。1985年，玛氏的赞助合同金额升至21.7万英镑。1986年，这一数字上升到35万英镑。伦敦马拉松的价值得到了市场的认可，因此，玛氏的赞助合作一直签到了1988年。

1989年，有六家公司竞争伦敦马拉松的冠名赞助商席位，最终安防公司安达泰（ADT）胜出。虽然具体金额没有公布，但是这笔赞助款项帮助伦敦马拉松获得了1991年马拉松世界杯的主办权。1993年，冠名赞助商换成了美国营养品公司纽特（Nutra Sweet），该公司主要生产阿斯巴甜。

维珍理财是自2010年起到现在的伦敦马拉松的冠名赞助商。维珍理财与伦敦马拉松结缘始于慈善，伦敦马拉松自创办时就加入了慈善主题，每年一个官方慈善伙伴，也会与众多的慈善组织合作为其提供赛事名额。维珍理财作为冠名赞助商，在赞助期间利用专业的金融知识，帮助赛事方在五年内筹集到2.5亿英镑的善款，并通过互联网的方式，在捐款人和慈善组织之间建立起联系，让善款更加高效地流动起来。所以，自2010年以来伦敦马拉松每年的捐款金额都在打破纪录，甚至在维珍理财的帮助下，赛事引入了威廉王子夫妇和哈里王子发起的"Heads Together"促进心理健康的慈善组织。2017年被英国政府定义为"心理健康年"，伦敦马拉松也把2017年的赛事主题定为"心理健康马拉松"，这样的活动不仅落实了英国政府对运动健康的规划，也积极地引导了公众参与到全民健身的活动中来，帮助公众形成身心健康的生活方式。

（二）伦敦马拉松的营销推广对城市的影响

首先，伦敦马拉松的营销推广极大地宣传了伦敦的标志性建筑。因为伦敦马拉松起点设在格林威治公园，跑者们需要从东半球跨越子午线到西半球，并沿途经过格林威治公园、伦敦塔桥、伦敦塔、圣保罗大教堂、滑铁卢大桥、伦敦眼、大本钟、国会大厦、白金汉宫等多处著名景点，赛道涵盖了伦敦的重要地标。所以，伦敦马拉松使参赛者用奔跑的方式，游览了最特别的伦敦风情。

其次，伦敦马拉松的营销推广促进了当地服务业的发展。由于伦敦马拉松赛事方与马拉松赛道沿途的商家进行合作，所以对于一些沿途的酒吧、咖啡馆和饭馆来说，比赛日当天是他们一年中最忙碌的一天，是一年中难得一次的宣传和盈利机会。比如，在2014年伦敦马拉松官网的观赛指南里，就有一部分专门的内容来介绍沿线的酒吧和咖啡厅（在比赛路线上，同时有49家酒吧参与"最佳装饰酒吧"的竞争活动），很多酒吧会请乐队在马拉松场地附近现场表演，这些都为跑者营造了热烈的气氛和创造了非同一般的消费体验。

最后，伦敦马拉松的营销推广促进着城市精神的发展。自1981年开赛以来，伦敦马拉松一直坚持"向世界展示人类团结"的办赛主题，赛事方也乐于向世界展示自身的这些特色，如今这一主题也被人们称为伦敦精神。正如宣传语中所写，"无论是大众选手、马拉松精英选手，还是观众或伦敦马拉松众多的支持者，每个角色都有着能够诠释伦敦这座城市精神的故事"。参加过伦敦马拉松的选手们在回忆比赛经历时，无不被当时赛场上相伴互助、砥砺前行的故事所感动，都认为"那是改变我生命的一段经历"。例如，2017年伦敦马拉松，世界各地数以百万计的观众被马特·里斯（Matt Rees）帮助戴维·怀斯（David Wyeth）沿着购物中心到达终点线的景象感动了，那一刻推动了伦敦马拉松精神奖的创立。这个奖项表彰了马拉松比赛的独特精神，并展示了参赛者、冠军、志愿者和支持者的非凡故事。里斯和怀斯被评为伦敦马拉松精神奖的第一批获奖者。前拳击手迈克尔·沃森（Michael Watson）在世界冠军争夺战中遭受严重脑损伤，而他在12年后完成了2003年伦敦马拉松比赛，是该奖项的第三个获奖者。总之，伦敦马拉松的营销推广对城市的正面影响巨大而且深远。

五　伦敦马拉松与城市文化

（一）伦敦城市文化特征

1. 贵族精神与绅士文化

绅士文化的起源主要来自两个方面，一个方面是贵族精神，另一个方面是中间阶层的文化价值。中世纪以来，商人、平民等的社会地位较低，而英国贵族和乡绅（绅士）构成社会的上流阶级。在这种阶级分明的社会里，贵族阶级的生活方式很容易成为其他人群模仿的蓝本。因为在英国的历史文化里，贵族不仅是高贵头衔的象征，也是大家趋之若鹜的目标。

归根结底，贵族精神的出发点是骑士精神，它滋生于英雄传奇，荡漾着英国人的理想主义，虽然这是一种破碎式的崇拜，但它富有广泛的信仰基础和乌托邦式的缱绻情结。此外，贵族精神的显著特点还包含强烈的自立精神与主人翁意识，这与当时英国国民对于政治的普遍关注是十分契合的。这种贵族精神是对国王尽忠、勇敢承担社会责任的体现，成为整个社会乃至整个国家的表率。英国贵族对社会的责任感、荣誉感，对自身身份的认同感和自豪感深入骨髓，成了英国社会的基本文化特征。

在近代的英国，成为绅士需要具备四个条件：一是有绅士血统；二是大部分收入来自自己的土地、非工作或高利贷收入；三是担任官职；四是和贵族有亲属或联姻关系。17世纪后期，英国哲学家、政治家、教育家洛克提出"绅士教育"的新概念。他把那种既有贵族气派，又有资产阶级的创业精神和才干，还有强健的体魄的人称为"绅士"，从而体育也被列为绅士教育的一项重要科目。19世纪，公立学校确立了以"绅士教育"为主要内容的教学形式，绅士文化正式成为英国的国民文化。英国有句谚语，"It takes three generations to make a gentleman"（培养一个绅士需要三代人的努力），可见英国人对培育绅士的重视。现代体育中，像马术、斯诺克、网球、高尔夫等体育项目都有绅士文化的内涵，这些体育项目现如今也被称为"绅士运动"。

2. 文化多样性

伦敦是世界上文化最多元的城市之一，同时也是全世界最重要的教育、体育和科技中心。伦敦的博物馆、图书馆、电影院和体育场馆数量位居世界第一，其是世界上唯一一个举办过三届奥运会的城市，拥有世界上最出名的电影节、音乐节、时装周及数量最多的高等教育机构和著名大学。在伦敦，人们可以品尝到世界上几乎所有国家的菜肴，每一天都可以尝试不同的美食。根据《米其林指南英国和爱尔兰》，截至2025年，伦敦有86家米其林星级餐厅，同时它也是英国最大的酒吧集中地，是世界鸡尾酒之都，拥有约7000家酒吧，以提供各种啤酒的老酒吧而闻名。伦敦以宏伟的建筑而闻名，如威斯敏斯特宫、特拉法加广场、伦敦塔、伦敦眼、艺术画廊和大本钟，同时拥有许多著名的博物馆和画廊，其中的收藏品跨越了两千多年历史并包含了许多文物。从博物馆到艺术画廊，从青翠的皇家公园到艺术馆展览，伦敦是世界上为数不多的可以看到这么多文化杰作的城市之一。

根据英国国家统计局公布的数据，大约有21.8%的伦敦居民出生在欧盟以外的地区，所以会有各种身高、肤色和口音的人群走在伦敦的大街小巷，人们对此都习以为常。以前，英国本地人口主要居住在伦敦城市中心，而东伦敦的房价不高，居民们更多是来自印巴和其他地区的移民，主要从事体力工作。后来，他们的后辈接受了教育，从事着更好的职业，有了更多生活保障，便逐渐向城市中心迁移，这些拥有一定经济实力的外来移民家庭在中心城区工作和安家，于是形成了伦敦今天的多元化的人种格局，也就形成了多元化的文化格局。

3. 体育氛围浓厚

伦敦曾经举办过三届奥运会，为现代体育运动及奥林匹克的发展做出了不可磨灭的重大贡献，不少现代竞技项目也起源于英国，如自行车、曲棍球、游泳、田径、赛艇、帆船和马术等项目。伦敦长期以来都是全球顶级体育赛事的首选地，无论是温布尔登网球锦标赛或伦敦马拉松，还是世界最大的骑行盛会——环伦敦自行车赛等，这些都是伦敦一年一度的体育盛会。

伦敦在体育方面的工作有两大特点。一是，伦敦热衷举办大型体育赛事，在举办体育赛事方面有着悠久的历史和传统。近年来，伦敦举办了2012年奥运会和残奥会、2015年橄榄球联盟世界杯、2017年世界田径和残疾人田径赛、2019年板球世界杯等大型赛事。二是，这些赛事和活动为伦敦带来了强大的经济和社会效益，不仅促进了城市国际化，还为伦敦居民提供了大量志愿服务机会和工作岗位。

2020年，伦敦市长发布了伦敦的体育战略草案《为每个人的体育运动》，表明了他对待体育运动的核心态度，他相信体育运动能使人们团结起来，改善其生活。这也是伦敦民众和市长的目标，即伦敦要成为社会融合程度最高、最活跃的城市并成为世界上无可争议的体育之都。在此战略中，同样提到了当前伦敦所面临的挑战，如伦敦38%的成年人不符合首席医疗官推荐的体育活动指南中的要求。因此，伦敦市长提出要利用体育的力量使得各种背景的伦敦人都能过上真正相互关联的生活，人们要充分尊重差异和多样性，通过协调一致的方法来解决伦敦面临的问题，改善伦敦人的生活。

4. 人文主义

人文主义是文艺复兴时期的核心精神，对伦敦城市文化和民众思想产生了巨大影响。文艺复兴的思潮较晚传播到英国，主要通过诗歌和戏剧的方式呈现，其文化思想重点体现为尊重人的价值和尊严、追求人的个性自由、肯定现实人生和世俗生活。最早的传播是在16世纪初，有一批受意大利新学影响的人文主义学者，在伦敦开展了推行人文主义的文化和教育活动，并得到了英国皇室和重臣的大力支持与鼓励。从此，英国便出现了一批又一批人文主义文学创作者，莎士比亚是其中的著名代表人物，他的思想至今还影响着英国文学的发展，乃至整个英国的发展。

（二）伦敦马拉松与伦敦城市文化的耦合共生逻辑

伦敦马拉松与伦敦城市文化的耦合共生不仅是城市文化符号的建构过程，也是城市文化价值和意义的转移过程。伦敦马拉松的繁荣发展除了依靠自身特殊性之外，还因为它符合了伦敦特定的价值观与理念，包括人文主义、贵族精神和绅士文化等。

（三）伦敦马拉松文化符号与伦敦城市文化契合分析

伦敦马拉松的文化符号多承载于器物、赛道或建筑地标，而这些符号的意义大多数来源于伦敦城市文化，并通过伦敦马拉松所展现的精神不断与城市文化相融合（见表4-5）。

表4-5 伦敦马拉松文化符号内涵与伦敦城市文化契合分析

伦敦城市文化	伦马文化符号	符号内涵
	格林威治公园	伦敦马拉松的起点，格林威治公园位于伦敦东南方向、泰晤士河南岸，是地球经线的起始点。本初子午线，将地球划分成东西两半，同时也代表着时间的起点，象征着与时间赛跑的自由精神
贵族精神与绅士文化	伦敦眼	伦敦马拉松所经过的著名景点之一，坐落在英国伦敦泰晤士河畔，是世界上首座，同时也是截至2005年最大的观景摩天轮。伦敦眼在夜间会化成一个巨大的蓝色光环，大大增添了泰晤士河的梦幻气质，象征着伦敦人对浪漫的向往和对美好生活的憧憬
	伦敦塔	伦敦塔位于伦敦泰晤士河北岸、伦敦塔桥附近。它是英国各个时代智慧的结晶，经过两代君主的扩建和整修，反映着英国不同时代的建筑风格。伦敦塔的官方名称是"女王陛下的宫殿与城堡，伦敦塔"，最初是为控制整个伦敦城而建，占地18英亩，曾作为堡垒、军械库、国库、铸币厂、宫殿、刑场、公共档案办公室、天文台、避难所和监狱等，展现了英国皇室的贵族精神，也是伦敦马拉松20公里的标志点

续表

伦敦城市文化	伦马文化符号	符号内涵
贵族精神与绅士文化	金丝雀码头	金丝雀码头是英国首都伦敦一个重要的金融区和购物区，坐落于伦敦道格斯岛。在金丝雀码头众多的摩天大楼中，有许多银行的总部、分部和商业巨头的总公司，如汇丰银行、花旗银行、巴克莱银行以及英格兰银行、渣打银行、摩根大通，以及每日电讯、独立报、路透社和镜报等就在这里落户。金丝雀码头是伦敦的金融中心，与古建筑形成鲜明对比，代表伦敦现代经济的发展之快，也是伦敦马拉松30公里的标志点
	白金汉宫	整个伦敦马拉松的终点，白金汉宫是英国君主在伦敦的主要寝宫及办公处，坐落于威斯敏斯特，是英国国家庆典和王室欢迎礼举行场地之一，也是一处重要的旅游景点，象征着贵族精神与绅士文化
人文主义	伦敦马拉松慈善信托基金	自1981年以来，参赛者筹集的资金总额已超过10亿英镑，该基金会向1470个项目提供了超过9300万英镑的资助。2019年，伦敦马拉松的参赛者为他们选择的慈善机构筹集了创纪录的6640万英镑，该信托基金的目标是激发运动，其愿景是建立一个人人都积极参与体育活动并为他们的健康和福祉做出贡献的社会，体现了伦敦这座城市的人文关怀和善良温情
	芭芭拉的革命者	这是一支来自East Enders的跑步者团队，旨在纪念他们的前演员芭芭拉温莎夫人，她在2014年被诊断出患有阿尔茨海默病。芭芭拉的丈夫斯科特米切尔与八名在East Enders长大的伦敦马拉松参赛者一起，将超过10万英镑捐给年度慈善机构，进行对抗痴呆症的革命
	斯蒂芬·劳伦斯	2020年，伦敦马拉松在第29公里处设置了纪念斯蒂芬·劳伦斯（Stephen Lawrence）的里程标记，以"因为斯蒂芬·劳伦斯，我们可以"的概念来纪念他为争取少数族裔话语权所做出的贡献
	黑人历史月	伦敦马拉松赛事在黑人历史月期间举行，也是对英国黑人历史、成就和贡献的年度纪念活动。在此月，来自不同背景的人们齐聚一堂，庆祝黑人在建设社区方面的积极作用，从而体现了伦敦对于不同种族和文化的尊重
文化多样性	cosplay元素	英国人素来喜欢风趣幽默，伦敦马拉松是第一个融入cosplay元素的马拉松，大部分参赛者希望能够通过奇装异服的打扮吸引更多的关注来筹集善款，如全身涂满水彩画的女跑者，参加伦敦马拉松是为了让大家关注自己的身体，还有人穿上了中世纪骑士的铠甲，有人在脸上涂满了颜料扮成一朵塑料花，有人甚至将自己扮成一个魔方……这些各种名头的cosplay也多次创造过吉尼斯世界纪录，体现了伦敦对追求人的个性自由和对不同文化的包容性

续表

伦敦城市文化	伦马文化符号	符号内涵
文化多样性	参赛者	在伦马拉松的比赛中可以看到来自各种文化背景、不同种族、不同信仰的人,甚至包括身体有障碍的人士,他们都向往超越自我、超越自由、超越极限。这也是伦敦文化发展多样性的成功——真正的全球化又保留自身个性
	名人	皇室成员如威廉王子、凯特王妃和哈里王子都曾前来参与伦敦马拉松,呼吁大家关注心理健康问题。在《饥饿游戏》、《美国队长》、《基本演绎法》和《权力的游戏》中都有精彩演出的英国本土演员娜塔莉·多默尔在伦敦马拉松跑进了全马4小时以内的好成绩。运动员如穆雷、迈克尔·欧文等也都参与过伦敦马拉松
	活力音乐节	为宣传现代多元文化自由的生活,比赛后还有个附加活动——活力音乐节,从而庆祝完赛促进社交,将美食音乐融为一体,该活动将在格林威治公园举行一整天
体育氛围浓厚	伦敦经典赛	伦敦马拉松赛事汇集了世界上最伟大的自行车节和鼓舞人心的公开水域游泳赛事。完成伦敦马拉松、环伦敦自行车赛、蛇形两英里游泳这三项赛事,就可以获得一枚特别设计且令人梦寐以求的伦敦经典奖牌,并将被列入伦敦经典大厅名人堂
	精英运动员资助计划	包括:日常活动(该计划在伦敦的各个学校鼓励学生每天至少参加15分钟的活动)、迷你马拉松(是一项面向青少年跑者的大众参与赛事,到2021年,超过30万名学生跑步、慢跑或步行2.6英里)、人才发展中心(伯明翰大学和利兹贝克特大学两个培训中心的支持旨在为该国最有前途的年轻跑步者提供基地)、国内赛事奖金(为目前未参加英国田径运动支持计划的英国耐力跑者提供的资金)
	坚持不懈的体育精神	2019年伦敦马拉松,一名叫海莉·卡拉瑟斯(Hayley Carruthers)的25岁马拉松运动员在距离终点线不远处因体力不支摔倒,但她没有放弃比赛,手脚并用,膝盖着地,迅速地爬过了终点线。最终以2小时34分3秒的成绩完成比赛,比获得冠军的科斯基仅仅多用了15分43秒,而这也创造了她个人的最好成绩

(四)伦敦马拉松对城市文化的影响

1. 对伦敦城市精神文化的影响

一项赛事展示的体育精神往往是当地城市精神的体现。伦敦马拉松创始人布拉舍和迪斯利在创办这一赛事之初,就意识到体育有着强大的团结人心的力量,在给人们带来欢愉的同时,也能够让人们在充满艰难的现实世界中获得成就感。在伦敦历史上发生过的一系列恐怖事件,是对城市精神的损害和公然践踏,而重拾马拉松精神,是热爱自由和生活的伦敦人对恐怖事件坚决的反击。例如,来自伦敦的马特·里斯,在比赛途中放弃创造个人好成绩的机会,帮助精疲力竭的戴维·怀斯携手到达终点。又如,1993年斯蒂芬·劳伦斯在伦敦巴士站的种族袭击中被刺杀致死,25年后,伦敦马拉松邀请由斯蒂芬·劳伦斯母亲组织的10人跑团参加比赛,为其慈善基金募集善款。还有,在伦敦桥空袭当天一名警察身负重伤,幸好得到国王学院医院(Kings College Hospital)的及时救助才转危为安,于是在伦敦马拉松当天,警察受邀参赛,为国王学院医院基金募集了许多善款。这些在伦敦马拉松赛事中发生的点点滴滴事件,都反映了伦敦这座城市拥有的温情关怀和人文主义的自由精神,无形中也为伦敦的城市文化赋予了更加深刻的社会内涵。

2. 对伦敦社区居民生活文化的影响

为了让更多的人参与到体育运动中,1981年伦敦马拉松创立之初,两位创始人就提出将建设当地的体育休闲设施作为成立赛事的主旨之一,并创造性地将慈善基金设立为伦敦马拉松运营公司的控股公司,以保证伦敦马拉松的所有盈利都进入慈善基金,让基金真正用于鼓励大众体育锻炼,增进社区成员间的友情和互助。这些年,伦敦马拉松慈善基金将一部分拨款给伦敦市以及萨里、南北安普敦郡等社区,用于当地的体育项目。另外的一部分拨款给不同的青少年运动项目资助计划,用于青少年的学习、训练,以及活动器材的购买,为伦敦的体育可持续发展助力人才培养。这些实质性的资助,为伦敦社区居民提供了体育便利,也营造了浓厚的体育运动氛围,进一步为伦敦马拉松赛事奠定了坚实的群众参与基础。

第三节　东京马拉松与城市文化发展经验

世界马拉松大满贯是设立于2006年的顶级马拉松巡回赛,其中包含了6个马拉松赛事:波士顿马拉松、伦敦马拉松、柏林马拉松、芝加哥马拉松、纽约马拉松、东京马拉松。其中东京马拉松创办于2007年,在每年三月举行,于2013年被纳入世界马拉松六大满贯赛事,是世界马拉松大满贯中较为年轻,同时也是成长较快的赛事。

近年来,中国马拉松赛事的关注度逐渐提高,北京马拉松、上海马拉松、厦门马拉松、广州马拉松、兰州国际马拉松等马拉松赛事的影响力也逐渐增大。其中北京马拉松作为中国田径协会主办的最具有代表性的单项赛事，不仅市场化程度高，其规模在国内马拉松赛事中也是最大的，其在近几年逐步发展成为具有一定国际影响力的、国内较高水平的体育赛事。借鉴与吸收世界级赛事的优秀成果，将其转化为北马自身独特的赛事经验，逐渐追赶上世界级赛事的脚步，对北马的发展来说十分关键。

东京马拉松凭借哪些优势使得其在世界众多马拉松赛事中脱颖而出，成为大满贯赛事之一，跻身世界前列；北京马拉松与其他世界级马拉松赛事相比又存在哪些差距、应当如何取长补短？本章将以北京马拉松和东京马拉松为研究对象，针对以上问题进行探讨。

一 东京马拉松跻身大满贯赛事原因分析

（一）雄厚的赛事基础

东京马拉松创办于2007年，相较最早举办于1981年的北京马拉松要年轻许多。但东马却用短短六年的时间成为世界马拉松大满贯赛事之一，这与其雄厚的赛事基础密切相关。

1. 悠久的发展历史

日本最早举行的马拉松大赛是1909年（明治42年）3月21日举行的"马拉松大竞走"。该大赛从兵库县神户市兵库区的凑川埋立地到大阪市的西成大桥（现淀川大桥），距离约32公里，参加者有20人，他们是从在兵库县西宫市鸣尾赛马场举行的408人参加的预选赛中被选出的。冠军是冈山县的士兵金子长之助，用时2小时10分54秒。①

随后，自1912年（明治45年）斯德哥尔摩奥运会上首次派遣运动员以来，日本一直派马拉松运动员参加奥运会。1964年（昭和39年），在东京举办的奥运会上，圆谷幸吉获得铜牌。之后，1968年（昭和43年）的墨西哥奥运会上，君原健二也获得了银牌。日本选手不断在著名的比赛中获得优胜或取得上位奖等好成绩。从20世纪70年代后半期到20世纪90年代前半期，日本马拉松出现可以进入世界历代10强的世界级选手，如宗茂、宗猛、濑古利彦、中山竹通、谷口浩美等都非常活跃。1991年（平成3年）

---

① 「マラソンの歴史」, スポランド, https://www.homemate-research-athletic-field.com/useful/19602_athle_002/。

的世界田径锦标赛上，谷口浩美获得金牌，1992年（平成4年）的巴塞罗那奥运会上，森下广一获得银牌，构筑了日本马拉松的黄金时代。

另外，在女子马拉松比赛中，从20世纪90年代开始，日本女子马拉松选手在奥运会、世界田径锦标赛等世界性比赛中有了活跃表现，在马拉松界也表现出了巨大的存在感。2000年（平成12年）的悉尼奥运会上，高桥尚子获得金牌，在2004年（平成16年）的雅典奥运会上野口水木也获得金牌，日本选手连续获得金牌让女子马拉松的关注度也随之提高。

2. 多部门协调配合

东京马拉松由一般财团法人东京马拉松财团主办，并由公益财团法人日本陆上竞技联盟、东京都、读卖新闻社、日本电视台、富士电视台、产经新闻社、东京新闻等单位合办。同时还有体育厅、国土交通省、观光厅、特别区协会、公益财团法人日本体育协会、公益财团法人日本奥林匹克委员会、公益财团法人日本残疾人体育协会等单位的援助。以2019年东京马拉松为例，有多达30家企业共同赞助，详见表4-6。

表4-6　2019年东京马拉松主办、合办及赞助单位等

类型	单位名称
主办	一般财团法人东京马拉松财团
合办	公益财团法人日本陆上竞技联盟、东京都、读卖新闻社、日本电视台、富士电视台、产经新闻社、东京新闻
后援	体育厅、国土交通省、观光厅、特别区协会、公益财团法人日本体育协会、公益财团法人日本奥林匹克委员会、公益财团法人日本残疾人体育协会、一般社团法人日本经济团体联合会、公益社团法人经济同友会、东京商工会议所、公益社团法人东京都医师会、公益财团法人东京防灾急救协会、东京民间急救呼叫中心注册经营者联络协议会、公益社团法人东京都护理协会、公益财团法人东京观光财团、报知新闻社、日本广播公司、晚报富士、日本放送协会、扶桑社、东京中日体育
主管	公益财团法人东京陆上竞技协会
协力运营	公益社团法人东京都残疾人运动协会、特定非营利活动法人关东帕拉陆上竞技协会
特别赞助	东京地铁株式会社
赞助	山崎制面包株式会社、ASICS日本株式会社、大冢制药株式会社、近畿日本旅游株式会社、第一生命保险株式会社、精工控股株式会社、东丽株式会社、日本麦当劳株式会社、瑞穗银行株式会社、7-11日本株式会社、朝日啤酒株式会社、美国Express国际公司、全日本空输株式会社、照片创造者株式会社、全国劳动者共济生活协同组合联合会、久光制药株式会社、大和证券集团、资生堂株式会社、万代南梦子娱乐株式会社、HJ控股株式会社、日本光电、多尔股份有限公司等

续表

类型	单位名称
协力合作	国士馆大学、首都高速公路株式会社、日比野株式会社、田中控股有限公司、一般社团法人筑地市场协会、一般社团法人新宿淀桥市场协会、一般社团法人道路清扫协会、京王广场酒店等

资料来源:「東京マラソン 2019 募集要項」,东京马拉松网站,https://www.marathon.tokyo/2019/participants/guideline/。

一般财团法人东京马拉松财团多年来以"在通过跑步来支持生活者增进健康的同时,通过跑步来调整生活和城市环境,实现更好的社会"为宗旨,在积极举办东京马拉松赛事的同时,同样致力于使人们了解"跑步生活"的乐趣,创建了"ONE TOKYO"这一由约 62 万人组成的会员制社区,提供了智能手机应用程序,使人们可以及时获取跑步活动信息,并体验虚拟马拉松的乐趣。

2007~2019 年,东京马拉松累计参加人数达到了 461520 人,"ONE TOKYO"的会员数达到 619632 名。2011~2019 年,东京马拉松慈善捐款达到 26.79 亿日元(约合人民币 1.60 亿元)。东京马拉松慈善会收集的捐款主要用于社会贡献,例如体育促进、环境保护、对世界各地难民的支持、对患有顽固性疾病的儿童的支持以及对动物的保护。体育遗产业务捐赠达到 6.80 亿日元(约合人民币 4071.44 万元)。[①]

3. 优质的比赛路线

东京马拉松分为全程马拉松与专门为青少年、视障人士、心智障碍人士、器官移植接受者、轮椅使用者等群体设立的 10 公里比赛。

自 2017 年变更路线后,东京马拉松的全马路线为:东京都厅—饭田桥—神田—日本桥—浅草雷门—两国—门前仲町—银座—田町—日比谷公园—东京站前·行幸大道(全长 42.195 公里)。[②]

10 公里比赛路线为:东京都厅—饭田桥—神田—日本桥。

整条路线高低差比较少,是比较容易跑且可以游览东京市内观光名胜的愉快路线。跑道途经浅草寺、皇居、天空树、银座、东京塔等景点,跑

[①] 「数字で見る 東京マラソン 財団」,一般財団法人 東京マラソン 財団,https://tokyo42195.org/data/。

[②] 《2019 东京马拉松 | 参赛指南》,"世界马拉松大满贯"微信公众号,2019 年 2 月 24 日,https://mp.weixin.qq.com/s/RDdL0TiPDVgxQhg7Q2TDDg。

者在历史悠久的古迹与繁华都市之中穿梭,在欣赏美景的同时见证东京的文化与历史,别具一番风情。

4. 高额的比赛奖励

东京马拉松的优胜奖金从举办至今经历过一次变更。2013~2015年,第一名的优胜奖金为800万日元(约合人民币40万元),第二名至第十名依次为400万日元、200万日元、100万日元、75万日元、50万日元、40万日元、30万日元、20万日元、10万日元。从2016年起,第一名的优胜奖金变更为1100万日元(约合人民币66万元)。①

刷新世界纪录的奖金为3000万日元(约合人民币180万元)。

刷新赛会纪录的奖金为300万日元(约合人民币18万元)。

刷新日本纪录的奖金为500万日元(约合人民币30万元)。②

同时,2020年东京马拉松的奖金在众多世界级马拉松赛事中可以排到第二名(见表4-7)。

表4-7 2020年世界级马拉松赛事优胜奖金

单位:万日元

排名	大赛名称	优胜奖金额	刷新世界纪录	刷新赛会纪录
第一名	波士顿马拉松	1650	550	275
第二名	迪拜马拉松	1100	2200	
第二名	芝加哥马拉松	1100		825
第二名	纽约市马拉松	1100		
第二名	东京马拉松	1100	3000	300
第二名	阿布扎比马拉松	1100		
第七名	首尔国际马拉松	880		
第八名	伦敦马拉松	605		
第九名	柏林马拉松	476	595	
第十名	檀香山马拉松	440		

资料来源:「東京マラソン2020の賞金一覧と他大会との比較!」,ボクシングや格闘技・スポーツマニアによるブログ,2022年3月6日,https://tennismania1.com/tokyo-marathon-2020-prize/。

---

① 《2019东京马拉松|参赛指南》,"世界马拉松大满贯"微信公众号,2019年2月24日,https://mp.weixin.qq.com/s/RDdL0TiPDVgxQhg7Q2TDDg。

② 张晓琳:《基于文化层次理论的中日马拉松赛事文化比较研究》,《沈阳体育学院学报》2020年第6期。

(二) 有力的赛事保障

1. 完备的医疗救援体系

马拉松项目在比赛中会存在一些突发情况。在美国，有报告显示，马拉松期间每10万人中有0.54人发生心肺骤停，也就是说大约185000人中就有1人，其中71%的人因救治无效而死亡。[①]

图4-1为2017~2018年东京马拉松中跑者使用救护所治疗的伤病名称及次数。两年中排名前几的有：肌肉疼痛、关节痛、下肢痉挛、水泡·鞋子摩擦、疲劳。2017~2018年有几乎相同的趋势。

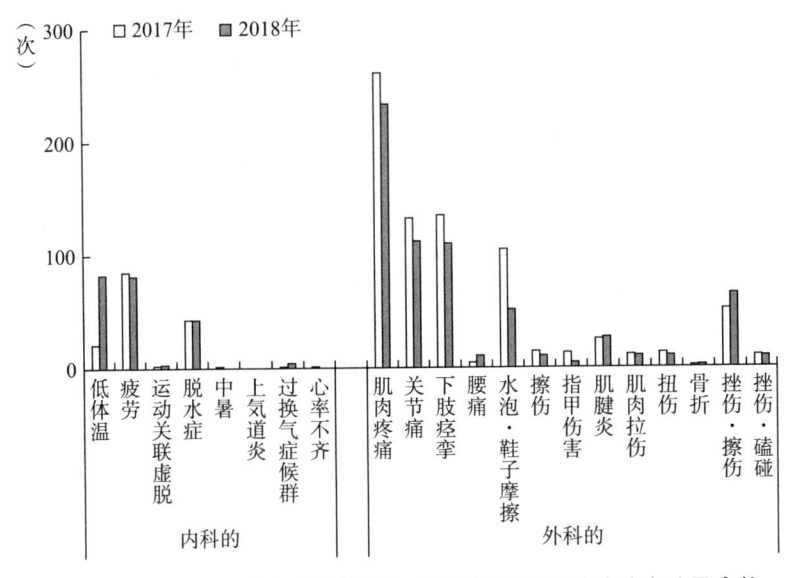

图4-1 2017~2018年东京马拉松跑者使用救护所治疗伤病名称及次数

资料来源：「2018年の救護所利用状況」，东京马拉松网站，https://www.marathon.tokyo/about/medical/medical_health/index04.html。

为了应对突发状况，东京马拉松的救护医疗体制逐年完善。东马建有一支专业急救团队，该团队拥有CPR（心肺复苏）救助方式以及AED（自动心脏除颤仪）设备，可以作用于心脏并实施电击治疗以达到救助效果。比赛时通常会配备医生与专业救护人员，并根据不同的速度将这些救护人员分配在跑者当中。近年来，移动AED队还配备了带有通信功能的GPS、

---

① 《"跑马"不是大众最佳运动选择》，光明网，2022年10月20日，https://health.gmw.cn/2022-10/20/content_36100426.htm。

内置照相机的安全帽等设备。

比赛当天，东京马拉松主办方沿赛道设置多个救护所。赛道前半段每5公里设置一个，赛道后半段每2公里设置一个，并且在从结束后到领取行李归途中的大手町马场前门也设有救护所。每个救护所都设有医生、护士和训练员，主要负责处理急性跑步伤害。

2. 完善的志愿者体系

充满热情的志愿者是东京马拉松的象征。从比赛开始到结束的漫长道路上，志愿者用温暖的心和笑容支持着跑者，对观众等赛事相关的人员都充满了热情，使大会气氛高涨。

VOLUNTAINER 是东京马拉松基金会建立的官方志愿者俱乐部。通过注册VOLUNTAINER，人们可以申请加入志愿者团队并接收志愿者信息。这是一个由志愿者和演艺人员组合而成的团队。在以热情好客和娱乐精神招待参与者和观众的同时，他们同时也能享受到活动的乐趣。

东京马拉松的志愿者体系大致可以看作一个倒三角结构，如图4-2所示。最上层由在现场担任支援的一般志愿者组成。这一部分人数最多，可以达到1.1万人左右，以10~20人组成的小组进行志愿者活动。现场支援的一般志愿者主要负责：接待参加东京马拉松的选手、引导跑步者到起点、行李寄存、供给饮食、给跑完全程的选手分发奖牌、返还行李、整理路线、展示距离、支持跑者、综合介绍等。志愿者的服饰也各有不同：蓝色服装为补给站志愿者，其他志愿者为黄色服装；黄色帽子为普通志愿者，橙色帽子为外语服务志愿者。

第二层是承担"汇总支持"的队长。这一部分的志愿者约600人，需要作为领队进行志愿者活动，并且需要参加VOLUNTAINER队长培训选拔。队长的职责主要有：比赛前确认手册、参加领导说明会；比赛当天出席，进行活动内容说明；活动结束后需要提交名册、活动报告；等等。

最下层的是承担大会工作人员与现场沟通任务的队长助手，约60人，同样需要参加培训与选拔。助手的职责主要有：手册的事前确认、实地检查、各种说明会的准备；活动当天对志愿者队长的工作给予支持，与工作人员及相关人员合作；结束后提交活动报告书；等等。

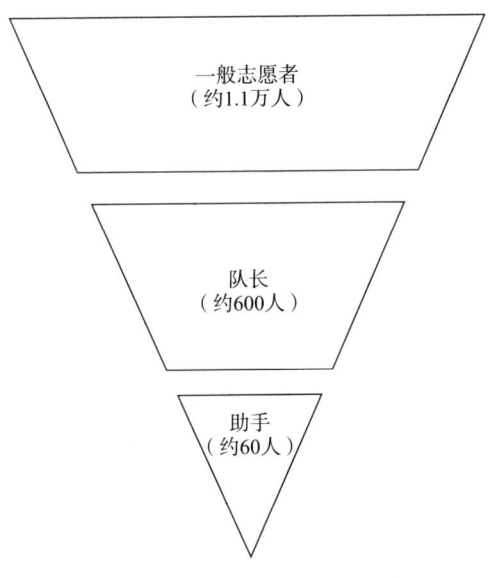

```
        一般志愿者
       （约1.1万人）


         队长
       （约600人）


        助手
       （约60人）
```

图 4-2　东京马拉松志愿者结构

资料来源：「東京マラソンを笑顔で支えるボランティア」，东京马拉松网站，https://www.marathon.tokyo/2021/volunteer/about/。

（三）深入人心的马拉松文化观念

1. 历史悠久的箱根驿传

箱根驿传的全名为"东京箱根间往复大学驿传竞走"，是一项在日本关东地区大学中举办的长跑比赛，于每年1月2日和3日两天举行，是一场驿站接力赛。箱根驿传由日本的马拉松之父金栗四三等人创办于1920年，是日本历史最悠久、深受日本人喜爱的长跑接力比赛，现由关东学生田径联盟主办、读卖新闻社协办。

箱根驿传的路线是从读卖新闻社东京本社前出发，跑至箱根芦之湖后折返，去程与回程各5个区间，合计10个区间，总长约217公里。每支队伍派出10名选手参赛，每人跑一个区间，10人跑完全程217.1公里，每人跑的路程大约等于一个半程马拉松。每个区间的距离、坡度起伏各不相同，选手可以根据自身情况充分发挥优势，力争获得区间冠军。

箱根驿传在日本人气非常高，不但在经济效益和社会效益方面有很大影响，而且为日本马拉松运动培养了一批优秀后备人才。在日本国内，箱根驿传甚至比东京马拉松名气更大。2019 年东京马拉松比赛报名名单中精英选手共有 111 名来自日本，其中有 78 名选手在大学时参加过箱根驿传比赛，占比达到 70.3%，由此可见，箱根驿传是日本马拉松运动重要人才来源。

2. 逐年增加的参赛人数

2019 年东京马拉松的参赛选手类型及参赛条件如表 4-8 所示。

表 4-8 2019 年东京马拉松参赛选手类型及参赛条件

选手类型	参赛条件
精英型选手	年龄在 19 岁以上的日本田径联合会的注册运动员/在日本田径联合会的正式比赛中创造了达到可参赛成绩的男性和女性运动员/日本田径协会推荐和邀请的国内外男女运动员
准精英型选手	根据合作大会的推荐，标准为男子 2 小时 55 分钟以内、女子 3 小时 45 分钟以内
普通选手	大会当天满 19 岁以上，能在 6 小时 40 分钟内跑完全程者
精英轮椅选手	日本田径联合会推荐并邀请的国内外男女运动员。有男子 1 小时 50 分钟以内、女子 2 小时以内的认证纪录者
普通轮椅选手	能在 2 小时 10 分钟以内跑完者

资料来源：「東京マラソン 2019 募集要項」，东京马拉松网站，https://www.marathon.tokyo/2019/participants/guideline/。

同时，2013~2019 年随着东京马拉松的知名度逐渐增加，全程马拉松的参赛人数也总体呈上升趋势。具体参赛情况及完赛率见表 4-9。

表 4-9 2013~2019 年东京马拉松参赛情况及完赛率

单位：人，%

年份	报名人数（全程马拉松/10 公里）	参赛人数（全程马拉松/10 公里）	完赛人数（全程马拉松/10 公里）	完赛率（全程马拉松/10 公里）
2013	303450/1058	36228/448	34819/432	96.1/96.4
2014	302442/944	35556/474	34126/458	96.0/96.6
2015	304825/909	35310/487	34049/478	96.4/98.2
2016	308810/1014	36173/475	34697/468	95.9/98.5
2017	321459/1244	35378/446	33974/439	96.0/98.4
2018	319777/1017	35911/337	34542/329	96.2/97.6
2019	330271/940	37604/348	35460/343	94.3/98.6

资料来源：作者自行整理得出。

3. 东京大马拉松祭

作为与东京马拉松的联动企划，东京大马拉松祭是东马的另一大特色。东京大马拉松祭分为当地应援活动、据点活动、公开募集活动、学生活动等，赛事当天，赛事方在比赛路线沿线的各个地方设置许多活动会场，配合着参赛选手的通过不断声援参赛选手，包括日本鼓和铜管乐队的表演、梦幻之夜巡游节等，人们在东京市内20多个地方举行应援活动。在东京的旅游胜地浅草雷门前，赛事方还会表演"金龙舞""浅草大鼓"等当地的传统节目，让众多的参赛者和声援观赛的人们共同度过这个盛大节日。

除了需要向官网申请的官方应援活动外，日本民众还会自发组织场外应援，也会携带自家的食品、饮品作为补给品招待跑者。群众的热情将赛事转化为节日庆典，吸引了更多当地居民以及游客的目光。东京马拉松也因此享有盛名。

二 东京马拉松与城市文化

东京文化的魅力在于其包容性和开放性。京都、大阪、仙台等城市的文化魅力基于当地积累的生活乐趣和历史遗产。当然，东京也有从江户地区继承下来的寿司、歌舞伎、皇居（江户城）和神社，然而，其现代都市的娱乐、时尚更加引人注目。东京文化的特征并不在于其表面的规模和政治地位，而是扎根于城市的历史中。

东京是日本为数不多的人工城市。这个特征从江户时期开始到现在都没有改变。大约400年前，这个地方虽然住着相当多的人，但还算不上真正的城市，直到德川幕府统治时期，从事灌溉、城堡建设、街道整备等公共事业的人们才从日本各地聚集到江户。与此同时，参勤交代制度要求全日本不同藩的大名及其家臣定期驻留江户，江户才变成现在所说的"多样性"城市。因此东京并没有因一开始就居住在这里和因房子变得陈旧而自豪的风气，每个人都有自己是移居过来的人的意识。这一点与纽约相似。为了进一步发展扩张，从江户开始，东京通过灌溉、填埋继续向大海扩展。就像纽约凭借高层建筑，继续向上延伸一样。东京作为日本的核心城市，曾经从日本列岛吸收了人力，而后又向外开放，从世界各地招揽人才。

（一）历史培育的文化多样性

东京是一座充满丰富多彩文化的城市，近年来，作为尖端的时尚、设计、动画等新文化的发源地而闻名。与新文化并列，东京保留着古老的神社佛阁，还有能乐、歌舞伎、落语、民俗工艺和节日等很多传统文化。一方面，东京软件和信息产业销售额占日本的半数以上；另一方面，东京集中了歌舞伎座、国立能乐堂等传统艺术文化设施。多元文化元素的集聚，也体现在街道的构成上，原宿、秋叶原、浅草这样的文化特色街道大量存在，具有独特的活力。

东京的文化常常被评价为"传统与现代共存"。实际上，在受到世界关注的时尚、设计、流行文化等方面，日本独特的感性是其在自古以来的传统中培养出来的。东京的"传统与现代"在时间和空间上都有连续性。

日本长期遭受着地震、洪水等许多自然灾害的威胁，人们对此不断努力进行顽强的斗争。来自海、山、川、大地的丰富恩惠，也是人们通过对自然的敬畏和不断努力获得的。这种历史性的堆积产生了"极道"的精神性和祈祷五谷丰登的艺术。

东京无论在哪个时代都在多方面接受了外来文化，并将其发展成了自身的文化。这种接受各种各样的文化，对以自然为首的万物抱有敬畏之心，谋求融合和协调的精神，是日本文化创造性的根源。

（二）在历史中建立的文化与市民的联系

东京的文化从中世纪到近代一直在发展，继承了京都、大阪等关西地区的传统。寺院建筑、画卷、茶道、歌舞伎和浮世绘等广为人知。东京的前身江户是武士的城市，但是保持了和平，町人独特的文化得到了显著的发展。

江户时代文化的发展，支撑着广大普通市民的联系。文化的联系，与各种政治制度不同，成为社会形成的巨大力量。这也被称为"美与礼节的羁绊"，是日本人彬彬有礼、真挚、感性细腻等的一个原因。

江户时代，市民中有无数在和歌、俳谐、茶道、花道等方面兴趣相同的人，通过这些兴趣，市民也进行了超越身份的交流。

浮世绘和歌舞伎等都是从江户时代平民的生活，即大众文化中诞生的，而有活力的市场提高了文化的质量。虽然它们在当时并不被称为高级艺术，但是其在江户的顾客们要求更高的技术和更好的内容的情况下发展了起来，产生了世界上罕见的艺术。

（三）"创造者＝消费者"文化的活跃化

东京有着每个人都是艺术家的说法。在明治天皇迁都到东京以后，东京研习花道和茶道等的人口进一步增加。这样的市民创作活动现在也很盛行，例如，日本报纸上有俳句栏，许多读者可以作为诗人刊登自己的作品。从幼年时期开始学习钢琴、小提琴、芭蕾舞、书法等的孩子很多。另外，市民们创作作品的发表活动也非常活跃。现在备受瞩目的漫画、动画等，也可以说是从平民生活中诞生的。东京一直在举办大规模的同人志展销会，这成为有同样兴趣的人们交流的场所，同时也是培养下一代作家的场所。正因为存在着这样深厚的文化基础，所以东京才能不断产生新的作品。

三 东京马拉松对城市文化的影响

由于历史悠久的长跑文化，马拉松运动对于日本人来说已经是一种成熟的文化模式。马拉松所需要的坚韧不拔的精神与日本传统武士道精神相辅相成，对于东京当代的年青一代也起着教育、警醒、传承的作用。这也正对应了东京城市文化中古典与现代相结合的文化多样性。

同时，东京马拉松不仅可以带动旅游业以及相关产业的发展，从而带来经济增长，它还是一种文化间的交流。波士顿马拉松的赛道沿线会经过优美的原野，跑者可以在奔跑的过程中欣赏到美景；伦敦马拉松会跨越子午线，使跑者实现东半球至西半球的跨越；东京马拉松更是因自上而下的志愿服务体系与东京大马拉松祭的浓厚氛围闻名世界。在东京马拉松当天，在路线沿途20余处的活动会场中，参与助威的人员用音乐演奏、舞蹈和太鼓等各种各样的表演为参赛者们加油。无微不至的志愿服务、气氛高昂的助威节目，这些都使得东京马拉松更加受到参赛者们的欢迎。

这种文化交流体现在跑者与跑者之间、跑者与志愿者之间、本地人与外国人之间。跑者与跑者间互帮互助，共同挥洒汗水，志愿者为跑者提供物质支持以及精神鼓励，吸引国际上更多跑者来参加。这无疑体现了日本如今所追求的"城市文化展望"：传统和现代共存、独特性和多样性融合，向世界传播的同时，以城市为轴心促进文化交流，提升国际竞争力。

第四节 国外赛事经验借鉴

一 国内外赛事对比

(一) 国内外马拉松赛事组织体系

由表4-10可知,国际三大马拉松赛事的主办单位主要是社会体育组织,政府只负责宏观上的调控。国际三大马拉松赛事的组织体系相对成熟,社会体育组织拥有更多的权力和空间对赛事进行组织和调控。在西方的宏观体育管理体制下,政府与组织之间并没有直接的关系,二者处于一种合作模式,赛事的组织决策多是由社会体育组织等非官方组织自行决定的。因此国际三大马拉松赛事的市场更为自由,更加符合市场规律,也容易获得更大的经济效益。

表4-10 国际三大马拉松赛事的组织体系

赛事名称	国家	主办单位	性质
波士顿马拉松	美国	波士顿田径协会	社会体育组织
伦敦马拉松	英国	伦敦马拉松有限公司	独立法人资格的公司
东京马拉松	日本	东京田径协会	社会体育组织

资料来源:作者自行整理。

从表4-11可以看出,与国际三大赛事不同,我国的大型马拉松赛事主要是由政府进行调控的,赛事所需要的资金支持、资源协调、权力分配等,也几乎是由政府来发起和主导的。而目前,随着经济的发展、市场化程度的提高,我国马拉松赛事的组织体系也有所改善,更加符合市场的规律,逐渐让市场把握赛事的发展方向。例如,我国顶级马拉松赛事北京马拉松,虽是由当地政府部门发起的,但不提供资金支持,将赛事让渡给企业和公司独立举办。但总的来说,我国大部分马拉松赛事的主办单位依旧是中国田径协会和当地政府,由政府发起、举办和调控,政府给予一定的资金支持再联合赛事赞助商共同举办赛事。

表4-11　我国部分马拉松赛事的组织体系

赛事名称	国家	主办单位	性质
北京马拉松	中国	中国田径协会、 北京市体育局	独立法人资格群众性 体育社会团体、政府部门
厦门马拉松	中国	中国田径协会、 厦门市人民政府	独立法人资格的群众性 体育社会团体、政府部门
广州马拉松	中国	中国田径协会、 广州市人民政府	独立法人资格的群众性 体育社会团体、政府部门
上海马拉松	中国	中国田径协会、上海市体育总会、 上海市各区级政府	独立法人资格的群众性 体育社会团体、政府部门

资料来源：作者自行整理。

(二) 赛道路线与城市文化结合

比赛路线是否合理舒适将会直接影响到参赛选手的参赛体验和比赛成绩，因此马拉松赛事在选择比赛路线时，一般选择起伏不大、平坦、环境优美的道路进行。一般优质的马拉松赛事的比赛路线会途经当地风景优美的名胜古迹或地方标志性建筑物。一方面提高选手的参赛体验感，另一方面也可以突出宣传城市的发展现状、优美风景和文化底蕴（见表4-12）。

一般赛事在选取路线时会着重考量城市风景、风土人情、城市环境、当地特色和城市建筑物，同时也会考虑参赛人数、安保管理、交通系统以及赛事赞助商的意见。马拉松赛事每一年都会根据以上因素重新对比赛路线进行考量，并根据当年的实际情况进行评价和修改，从而实现赛事路线的不断优化。

表4-12　国内外部分马拉松赛事的路线特点

赛事名称	国家	路线特点
北京马拉松	中国	注重体现的是城市建设和人文气息，途经多处景点，如军事博物馆、中央电视台等地标性建筑
厦门马拉松	中国	注重体现的是自然风景环境，从起点开始，途经环岛路、厦门大学、五通灯塔公园等
上海马拉松	中国	注重体现的是现代化的都市和本地与世界各地文化的融合，途经外滩、南京路步行街、静安寺、淮海路等
波士顿马拉松	美国	注重文化特色和历史沉淀，起点为霍普金顿主街，终点为科普利广场，途中经过"尖叫隧道"等著名景点

续表

赛事名称	国家	路线特点
柏林马拉松	德国	参赛选手可以通过勃兰登堡门，贯穿东、西柏林，历史与城市文化结合得相当紧密
纽约马拉松	美国	注重城市特点和参赛体验，不但会穿过城市的五个大区，还能在穿越大桥时震动桥身
东京马拉松	日本	经过东京的著名景点，途经日本桥、浅草、银座、日比谷公园等

资料来源：作者自行整理。

（三）马拉松赛事系列文化活动

从人群来讲，国外的顶级马拉松赛事会设置轮椅组的比赛，这充分展示了一个城市的社会包容性和人文关怀，也更好地体现出马拉松精神。近几年，厦门、大连等地的马拉松赛事也开始尝试加入轮椅组，但我国马拉松赛事在这方面与国外赛事相比仍大有欠缺。

在趣味性与文化性方面，马拉松赛事的开展可以带动一系列其他活动，除去必要的全马半马的核心赛事，还可以围绕必要产品开展相关的系列活动和比赛。这样不但可以开发出新的产品市场，也可以将原有体系进行补充和扩展，形成多层次的市场体系。比如柏林马拉松和波士顿马拉松在办赛期间会设立一些马拉松项目的延伸比赛，如儿童跑、轮滑马拉松等比赛；纽约马拉松在赛事期间开展"纽约马拉松比赛周"；柏林马拉松会开展手摇自行车比赛；波士顿马拉松的团体赛和轮滑比赛；等等。这些趣味性更强的比赛可以扩大马拉松赛事的受众面，让低年龄段的儿童也加入其中，无形中扩大了赛事的宣传范围和提高了影响力。

而目前，我国马拉松赛事相关系列活动较少。我国马拉松赛事的形式相对单一且持续时间不长，部分马拉松赛事也针对这一方面开始提出方法，但在具体实施阶段仍然遇到了许多困难。赛事的开发可以不局限于比赛本身，马拉松系列活动的创办与展开在我国仍有着非常大的潜力。如何吸引多年龄阶段的大众参与我国的马拉松赛事是需要我们探讨的问题。相关活动的开展对于赛事的宣传和举办有非常强的促进作用，丰富的赛事结构可以吸引到各式各样的人参加，马拉松赛事毕竟是一项群体比赛，各类人群的参与很重要，从马拉松赛事的发展趋势看，对于我国来说，如何让更多的普通大众参与马拉松赛事是急需解决的问题。世界顶级马拉松赛事的系列活动有着相对完整的结构，如竞赛表演、马拉松周等方式都非常值得我们借鉴。

(四) 慈善事业与马拉松精神属性

一个好的赛事不应当只局限于赛事本身的发展，还应考虑到如何更好地回报给社会。而国外众多顶级马拉松赛事将慈善与比赛相结合，不但可以很好地升华赛事的价值、提升营销水平，也可以宣传城市形象，同时造福全社会（见表4-13）。

表4-13 2019年国外部分马拉松赛事的慈善收入

赛事名称	国家	金额
波士顿马拉松	美国	3870万美元
纽约马拉松	美国	4500万美元
芝加哥马拉松	美国	2710万美元
伦敦马拉松	英国	6640万英镑

国外城市马拉松赛事大多与城市紧密结合，赛事的举办不仅是对城市文化标识的宣传，同时也是对城市积极进取的精神面貌的发扬。马拉松赛事独有的精神特点包括不断地挑战自我、超越自我，一次次挑战自己的生理极限，到达最后的终点。目前，我国对于马拉松赛事的宣传大多还是集中于城市形象，将路线设置在当地标志性建筑物和城市文化标识之中。但与此同时，团队精神、公平意识、自我挑战等体育精神也应当包含在其中。

马拉松精神文化体现在生活中的许多方面，包括精神面貌、行为准则、意志品质、价值观念、心理素质等，参与马拉松赛事的人形形色色，包含多年龄阶段、不同国家、不同性别、不同肤色，体现了马拉松赛事的包容性。伦敦马拉松有"为公益而跑"的主题口号，东京马拉松有"我们团结的日子"，这样的口号会更加凸显马拉松赛事的精神属性。而我国的赛事，例如太原马拉松的"清凉太原城，激情马拉松"，衡马的"绿色马拉松，美丽衡水湖"，则依旧是将侧重点更多地放在当地的标志性地域特点上，对于马拉松赛事精神属性的关注稍有欠缺。

(五) 环境保护

人们总说跑步是最环保的运动方式，因为跑步不需要借助器械、不会磨损车胎、不会消耗能源资源。马拉松比赛很大一部分会展示城市的健康与活力，但我国很多马拉松赛事带来了大量的垃圾和污染，给当地环境造成了很大的负担。如西安马拉松曾被报道，马拉松比赛结束后，赛道内、出发区、结束区到处都是垃圾，包括穿过的雨衣、一次性纸杯、物资垃圾等。不过，已经有越来越多的赛事主办方和当地政府意识到了这个问题，并且已经开始采取一些措施，努力减轻赛事对环境的负担。

东京马拉松的马拉松博览会展馆出口处有专门的垃圾桶，用来给游客丢放不需要的传单和包装袋，同时垃圾桶旁边会设有专人将扔错的垃圾重新放进正确的垃圾桶内。选手在进入起跑区前，需要先扔掉手里的垃圾和饮料瓶，这样可以避免选手在起跑处为了减轻跑步负担乱丢垃圾。马拉松赛道中间每隔着几十米就会有志愿者拿着垃圾袋，供选手扔掉垃圾。赛道终点处还有志愿者将所有浴巾等物资包装拆开、分堆叠放，避免选手自己拆包装导致垃圾乱丢的情况，放物资的纸箱和包装袋也有很明确的堆放区域，现场打理得非常有序。同时赛道补给点设置了很多简易垃圾桶，位置设置得很巧妙，选手在补给点喝完水吃完补给之后，正好可以走到简易垃圾桶的设置点扔掉手中的垃圾。

二 对国内马拉松赛事的建议

（一）完善马拉松赛事的组织体系

目前，我国的大型马拉松赛事基本由当地政府的下属体育部门和中国田径协会共同组织，一般赛事会有多个协办单位以及一些赛事公司的参与。与国外马拉松赛事相比，我国的马拉松赛事基本上由政府主导出面进行协调和保障。这种运作管理方式一方面可以更好地保障赛事的顺利进行，但另一方面不利于赛事市场的长期发展。

随着市场的不断发展和经济体制的健全，我国马拉松赛事在举办过程中政府的介入越来越少，但还无法完全脱离政府部门的协助和保障。目前，许多国内比赛会选择一些专业体育赛事公司确保赛事的正常运作，由政府和体育赛事公司共同组织比赛。但是二者的分工是不同的，政府部门保证了赛事安全、平稳的举办，而体育赛事公司提供赛事组织的相关专业知识。我国的马拉松赛事还是应当多发挥市场的作用，让更多的体育赛事公司参与赛事的举办。

（二）提高赛事服务质量

马拉松赛事最重要的组成部分就是参加比赛的运动员，因此马拉松组织者不应一味注重追求经济效益的最大化，要更加注重选手的参与感、体验感和需求。目前，我国马拉松赛事正处于品牌建设的关键时期，当务之急就是要提高服务水平和质量。与国外马拉松赛事相比，我国的马拉松赛事没有那么多的趣味及延伸项目。举办方要结合当地参赛选手的情况，确定比赛项目，并创办更多的具有当地特色的比赛。

（三）深化赛事保障工作

马拉松赛事的保障工作做得如何直接影响到比赛的成功与否，许多制度与设定在赛事规范的制定方面发挥着重要作用。国外马拉松赛事由成熟的组织机构进行组织，而国内更多的是临时组织机构。这种情况可能导致的是，与马拉松赛事相关的管理制度存在着很多问题，其中包括角色分配不清、组织体系不完善、原则和制度落实不彻底等方面，这将会直接影响到比赛的进行。

国外马拉松运动的成熟机制基本可以保证为马拉松赛事提供专业的组织者、志愿者、裁判员、医疗队等一系列相关人员，而我国马拉松赛事需要在每一次的比赛前投入大量的时间和精力，对相关的工作人员进行组织和训练。此外，由于培训是临时性的，相关人员的专业性得不到最大的保证。这并不仅仅是数量和质量上的差异，更是组织机构和管理人员的差距。以北京马拉松志愿者为例，据统计，每年的北马会招募7000余名志愿者，其中大多数志愿者来自北京27所高校及中学，[①] 而这类志愿者通常只是一次性地参加此类活动，并不是长期和专业的人员。我国的马拉松志愿者大多只进行临时性的赛前培训，很少有人会连续几年参与同类型志愿者行动。而与之相比，一般国外赛事的志愿者团体是以一种固定的组织进行活动的，它们面对赛事不仅有热情同样也有一定的能力。在目前赛事数量迅速扩张的时期，我们更应该加强后备人才的培养，对志愿者进行相关培训，设立专门的志愿者协会，在保证志愿者专业性的同时减少不必要的人力资源浪费。

---

① 《为什么跑马拉松的大学生比中年人少？》，中国体育新闻网，2018年10月1日，http://www.ctynews.com.cn/news/html/？2178.html。

（四）发掘城市文化内涵

近年来，我国马拉松赛事的举办数量一直在增加，但是其对城市精神和城市文化的发掘还远远不够。如果没有文化元素，马拉松赛事将失去很大一部分的活力。借鉴东京大马拉松祭，如何将城市特点与城市文化和马拉松赛事相结合，是值得探讨的一个问题。将城市马拉松与当地文化特点相结合，可以更好地带动城市的经济发展，更好地将城市文化推向全国，成为推动绿色经济发展的引擎。因此应当打造特有的赛事文化，兼顾专业性、独创性与文化性，利用赛事发展和提升城市经济、城市文化、城市形象与城市知名度，将全民健身的理念融入城市的方方面面。

根据国家政策，开发城市马拉松文化特色。马拉松赛事是一个大型的社会活动，包含了城市的方方面面，如交通、宣传、组织、精神风貌等。马拉松赛事的举办需要当地政府和组织的密切配合与联系，赛事参与人数多、途经线路长，政府可以借此推进城市的发展，展示城市的风貌，将体育精神与核心价值观紧密结合。马拉松赛事的举办不仅符合我国相关政策引导，还可以让城市居民更多地关注健康，建设城市良好形象。我们要坚定文化自信，结合中华民族源远流长的文化历史，将马拉松赛事打造成充满城市故事、城市温情，与城市共呼吸的比赛。

结合城市文化开发赛事。在赛事的路线设计上最大程度地呈现城市的风景、地标和人文景观。将马拉松赛事与城市文化建设相结合，让人们在参加马拉松比赛的同时，也能感受到城市的自然风光、经济发展和生态文明，让选手与观众感受城市的魅力与活力，从而提高城市的知名度。

让马拉松赛事推动城市全民健身新潮流。马拉松由于其包容性高、开放性强、参与度广的特点，可以让城市居民成为跑者广泛地参与其中。与此同时，在马拉松赛事外，各位跑者可以组成不同的社群，相互监督、相互促进、相互交流，让跑步成为民众分享生活的新话题，成为促进城市居民交流的新方式。这样不仅可以促进人们的身体健康，增强城市的运动活力，同时也可以成为推进城市全民健身的助推器。

（五）打造公益慈善活动

慈善主题是伦敦马拉松提升知名度走向世界的很大一部分因素，而我国马拉松赛事针对公益慈善的方面相对较少。一方面，从相关法律法规来看，我国关于赛事与公益结合的政策相对较少，无法助推马拉松公益事业的发展；另一方面，我国的马拉松赛事几乎没有单独设置的慈善或者公益部门，对相关行为的意识还略有欠缺。因此，可以建议我国的马拉松组委会增加慈善组织，专门负责协调对接慈善事务，丰富竞赛的精神内涵，提升竞赛层次，贯彻马拉松精神，让赛事提高更多人的生活质量，促进城市不断发展。

（六）注重环境保护

一方面，可以按照选手补给及运动速度的规律来设置赛道临时垃圾点，一般的马拉松参赛选手会在补给站补充物资和水分，也有选手会选择一边走一边进行补给，可以据此安排临时垃圾桶的数量、间距和摆放位置。最合理的方式是在补给站设置一定数量的垃圾桶，再沿着赛道前进方向逐渐减少，这种方式会更加贴合运动员的行为轨迹。

另一方面，马拉松赛场的物资供给处及垃圾桶可以采用环保的绿色材料，展现绿色环保的精神风貌，降低赛事对环境的污染，使得比赛更加文明有序，维护马拉松赛事的精神初衷。与此同时，赛事主办方以及当地政府可以对环保意识与良好行为不断进行引导和宣传，让良好环境引导良性行为，干净的环境与脏乱的环境相比，更容易促使人群主动维护环境，形成良性循环。

第五章
马拉松赛事与城市文化耦合共生的发展路径

第一节 推动产业升级，城市联动共振

一 树立产业融合思维，推动马拉松旅游化

马拉松赛事通过举办为当地带来"人气"从而推动城市旅游业发展，提高城市的知名度。旅游城市要充分利用特色建筑、历史文化、自然风光以及传统美食等旅游吸引物吸引更多人参与在当地举办的马拉松赛事。马拉松赛事推动旅游产业发展，成为城市经济发展的有效助推剂。

如今马拉松旅游市场的竞争异常激烈，各地要根据市场发展的需求，健全马拉松旅游发展机制，刺激市场生产与马拉松赛事相适应的旅游产品，构建马拉松赛事与旅游产业之间转换、耦合的桥梁。

在打造特色马拉松赛事品牌方面，各地要从旅游目的地形象的角度入手，结合举办地文化特点，合理利用历史文化资源、自然风光景观、传统美食、民俗风情等旅游吸引物，形成独特的马拉松赛事文化，以吸引更多跑者参与其中，打造特色鲜明的旅游目的地形象。

各地要形成丰富的马拉松旅游产品体系。要有深度、有广度地挖掘和总结马拉松赛事中所蕴含的文化价值、情感内涵等，通过策划、包装、宣传等，将自然景观、城市文化、历史底蕴等融入其中，设计出具有当地特色的精品比赛路线。通过联动旅游景点，串联赛事线路，以点带线、以线带面地展示城市旅游形象，让参赛者在"赛与游"中拥有良好的情感体验，同时强化参赛者的地方依恋情怀。

马拉松赛事组织者要不断提高参与者的满意度，树立马拉松赛事的良好口碑。马拉松赛事旅游要坚持把满足参赛者多样化的需求放在首位，做好相应的服务保障。从赛前的报名到领取赛事装备、当地的交通服务与旅

游基础设施建设、比赛过程中的安全保障、赛事补给再到赛后的康复服务、成绩查询等多个方面,即旅游前、旅游中、旅游后三个阶段,都要坚持把参赛者的体验感与满意度放在首位。赛事结束后,要对参与者进行调查,关注他们对赛事服务的评价,提升赛事全阶段的服务水平,打造良好的赛事服务品牌,进而提升城市旅游的美誉度。

马拉松赛事组织者应与旅行社、旅游景区、旅游交通等多种旅游行业和企业开展合作,开发马拉松赛事旅游系列产品,满足不同类型的马拉松赛事参与者的需求,进一步提升赛事旅游综合服务质量。

二 政府市场双发力,发挥"引资作用"

城市想要提高竞争力,以高水平招商引资和高质量产业项目引领经济高质量发展必不可少。打造和培育当地的体育赛事品牌,是提高城市竞争力和影响力的有效途径。举办具有当地特色的高质量马拉松赛事是吸引外地企业、人才、资金流入的新渠道。这些资源具有"乘数效应",它们的流入在推动城市经济高质量发展的同时,也可以反作用于体育赛事,为之后赛事的发展打下坚实的基础。

城市马拉松想要健康持久稳定地运营下去,不能光靠政府部门的扶持,还需要更多有能力的企业鼎力支持。马拉松赛事是城市向外界展示形象的绝佳窗口,同时也是相关企业向外界展示自身品牌形象、提高知名度的有效平台。

第一,当地政府要发挥中间人的作用,积极与培训、装备制造等相关企业进行联系,牵线搭桥,充分发挥相关企业的力量。相关企业也要从长远出发,意识到赞助马拉松赛事是一项长期的且有较好收益的投资行为,通过赞助高质量马拉松赛事,提高企业知名度与影响力。第二,政府应出台对体育赛事运营公司的培育和激励政策,鼓励更多社会实体参与承办运营马拉松赛事,通过相关政策推动形成良好的城市投资环境。第三,要充分发挥马拉松赛事的"引资作用",充分利用马拉松的宣传功能,破除要素流动的壁垒,促进生产要素高效集聚。要将"有为政府"和"有效市场"有机结合起来,创造公平竞争的市场环境,促进本地服务业市场、体育装备制造市场等协调有序发展。

三 延伸产业链条，实现范围经济

如今，多数的马拉松赛事经济效益来自电视转播权销售收入、商业广告费和赛事报名费，而马拉松赛事的衍生产品对马拉松经济的贡献有限。

相关企业要延伸马拉松赛事产业链，发展多元化业务并且进行资源互补合作。要创新赛事衍生产品，改变以往的规模竞争理念，开拓多元化业务市场，促进马拉松路跑赛事产业链上游和下游业务的联动，要找准市场定位，形成特色业务。

一方面，加快发展体育赛事产业，完善赛事产业体系，优化赛事产业环境，改变当前较为单一的体育赛事产业结构。另一方面，通过竞赛表演业的发展来推动举办地体育产业、旅游产业、体育教育培训产业、体育装备制造产业耦合协调发展。积极实施知名旅游城市和高质量赛事的"品牌联合"战略，将城市品牌与赛事品牌结合起来，进一步放大品牌效应，同时在保持原有市场的基础上不断拓展新的市场。鼓励当地的体育赛事运营公司举办除马拉松赛事以外，其他小型的、特色的、创新的赛事。深入探索"赛事+""体育+"模式下的赛事与城市其他产业融合发展方式。以马拉松赛事为交流平台，逐渐融入旅游、文化、经济等不同元素，拓宽体育赛事发展思路，增强体育产业发展活力。

马拉松赛事组织者除了要筹备、策划马拉松赛事，还要积极拓宽业务范围，发展体育培训、装备销售、衍生产品创新等业务，形成"1+1>2"的范围经济。

四 寻求城市联动，推动区域发展

如今，各地的马拉松赛事通常为单一举办地，鲜有多地联合办赛的探索与尝试。然而，城市间的联动，可以打破人为的条块分割，根据资源结合、互惠互利的原则，结合各地资源，形成空间范围优势和专业化部门，进行长期、稳定和全面的办赛合作，有助于打造高质量、高水平的特色马拉松赛事。

多城市、大区域间的联合办赛要发挥区域间交通一体化、经济一体化的优势，进一步打破行政区划壁垒。同时各举办城市要协调对接的机制，优化配置区域内体育赛事可利用资源，塑造区域体育赛事品牌，实现体育赛事效应的最大化，实现体育赛事规模效益和体育产业高质量发展。

各城市要进一步优化区域资源配置，充分协调好、利用好体育人才、体育场馆、体育传播媒介等体育赛事资源。发挥集中力量办大事的优势，致力于举办高质量精品赛事。深化区域间协同发展的交流与合作，使马拉松赛事成为各城市之间交流的纽带与桥梁。

各地要合力打造开放协同的都市圈体育赛事增长极，精益完善国际国内重大赛事体系，打造区域体育发展格局，推动区域间马拉松赛事产业结构转型升级。同时，发挥马拉松赛事规模经济效应，助力区域经济高质量发展。

第二节 推动城市设施建设，彰显城市文化特色

一 完善城市空间结构，推动基础设施建设

城市的基础设施是向外界展现风采与实力最直观的窗口，城市的基本生存功能的实现和赛事的成功举办都需要基础设施的保障，因此要充分利用马拉松赛事来推动举办地的基础设施建设。同时也要推动城市的景观建设，在平时，要加快交通、绿道、惠民设施等城市基础设施建设；在备赛阶段，要充分、合理地对城市景观进行绿色改造；在办赛期间，要充分利用马拉松赛事的宣传作用，将建设成果充分向外界展示，从而树立良好的城市形象。利用举办马拉松赛事的契机，推动城市在空间布局、交通、健身步道、城市绿化等方面的改造、提升。

从宏观层面来看，马拉松赛事的举办有助于城市进一步完善空间结构，同样，完善且合理的空间结构也为办成高质量的马拉松赛事提供了坚实的基础。在办赛期间，来自世界各地的马拉松选手需要乘坐不同交通工具参赛，因此，要持续推动城市机场的改造和建设，加快铁路、高速公路的规划和维护。城市马拉松赛事需要机场、地铁、公交等基础设施建设，这不仅保证了马拉松赛事的顺利举办，同时也助力了城市各种经济社会活动的顺利发展以及城市居民生活水平的提高。

从微观层面来看，为了更好地举办马拉松赛事、打造城市形象，各马拉松举办地要加快健身绿道建设，完善城市绿道体系，加速形成绿道网络

结构。此外,要秉承可持续发展理念,推行城市公园建设,加快公园内体育设施布局与健身步道建设,促进全民健身和马拉松赛事耦合发展,让全民参与体育运动蔚然成风。

二 坚持环境改善,助力"双碳"目标

环境是衡量城市发展程度的重要指标之一,在"绿水青山就是金山银山"的科学理念的指导下,建设资源节约型、环境友好型社会是每个城市发展的应有之义。要坚持从地面和空中双视角来加大对马拉松沿线环境综合整治力度,因地制宜实施城市绿化、美化提升措施。

此外,马拉松赛事为举办地带来了巨大的"人气",同时也带来了大量的碳源。马拉松赛事组委会要坚持绿色低碳办赛,要加快响应大型体育赛事碳中和。要关注赛事低碳减排,积极履行环境社会责任,同时要激励参赛者低碳参赛,促进赛事与环境可持续发展。开展"零碳马拉松"评选机制,鼓励购买碳汇,用来中和办赛产生的碳排放。

要借助赛事筹备的契机,改善当地的生态环境。进一步提高城市绿化率,以绿色低碳的形象迎接八方来客,以健康积极的宜居环境给参赛者与游客带来愉悦舒适的体验,增加城市的亲和力和安全感,增强游客黏性,提高游客重游率。同时利用马拉松赛事开展绿色低碳的宣传活动,大力宣传绿色低碳的生活观念,激发民众对环境治理的积极性并让其广泛参与其中,帮助市民、参赛者、游客树立正确的环境价值观,促进城市的可持续发展。

三 遵循发展规律,深挖文化底蕴

马拉松赛事固然能使城市"名利双收",然而城市在做出举办马拉松赛事的决策时不应忽视马拉松赛事与城市文化耦合发展的客观规律。城市在选择是否举办以及举办何种类型、何种规模的马拉松赛事时,应考虑到城市综合的经济实力、居民素质、对外开放程度、基础设施等能否支撑马拉松赛事的举办。

除了以上硬性条件外,为了打造出特色马拉松赛事,避免同质化问题的出现,赛事的主题选择和文化内涵应与城市文化特点相适应,举办地应将城市文化的各种符号融入赛事中,通过赛事的奖牌、服饰、补给、宣传

传播等彰显城市品牌形象。另外要加强城市文化建设，推进城市基础设施建设。基础设施是展现城市风貌和实力的最直观窗口，城市的基本生存功能的实现和赛事的成功举办都需要基础设施的保障，因此要利用赛事推动城市的基础设施和配套设施建设。同时也要带动城市景观建设水平的提升，无论是在备赛阶段还是在赛时阶段，都需要对城市景观进行改造，从而树立良好的城市形象。要突出居民的主体地位，马拉松赛事举办期间，居民的好客程度、所展现的精神面貌是城市文化的一部分，因此要发挥居民在赛事中的主体作用，充分调动居民的参赛和观赛热情，增强其城市归属感与自豪感。

从赛事一侧而言，赛事方要明确赛事整体战略定位，依托城市的文化资源，打造出与城市形象相符、与城市价值取向相匹配的马拉松赛事品牌，以马拉松赛事带动城市旅游的发展，优化旅游路线，将象征着城市文化底蕴的历史古迹、自然景区融入旅游的方方面面，塑造城市良好形象，加强技术赛事平台推广，这样才能发挥出马拉松赛事与城市文化耦合共生的正面效应。

在非赛事举办时间，为了提高群众参与体育锻炼的参与度，还应该加强引导与宣传，通过纪录片、迷你跑等形式的活动培养和调动群众对体育锻炼的积极性，使更多人对马拉松产生兴趣，从了解、观看、应援到实际参与，感受马拉松赛事的魅力，在增强群众身体素质的同时，使群众对马拉松赛事产生依恋感，进而对举办该赛事的城市产生归属感。

四 完善组织工作，彰显城市特色

高水平的组织管理和服务保障是马拉松赛事得以顺利进行和持续发展的基石，也是马拉松赛事中参赛者最为关注的关键所在。在马拉松赛事的筹备阶段，主办方可以设立专门提高赛事服务质量以及参赛者体验的研讨小组，以保证后续赛事各项工作的有序高效开展。

此外，各马拉松协会、赛事运营方与当地体育院校应充分发挥带头辐射作用，形成校企之间的联动合作机制，加快推进马拉松赛事"产学研"一体化进程，培养专业过硬且敢于创新的"马拉松+旅游"复合型人才，提高赛事专业水平，这对马拉松赛事和城市旅游形象的可持续发展起着至关重要的作用。

赛事组织者应结合城市历史文化、旅游资源丰富赛事营销内容。马拉松赛事对城市形象营销的作用毋庸置疑，因此如何将城市特色文化与马拉松赛事相结合进行赛事营销，在打造赛事品牌的同时塑造城市形象，成为各大马拉松赛事和城市重视的议题。一方面，挖掘马拉松赛道中的城市文化元素，将这些文化元素"可视化"，给赛事的参赛者和观赛者带来强烈的视觉冲击，如制作城市周边等；另一方面，赛事主办方可以依据赛事周期举办赛事文化节，邀请所有参赛选手及家人免费参观当地的旅游景点，体验当地民俗风情，强调一种"体验感"，带动更多的人通过赛事了解城市文化。这样一来，赛事可以借助城市形象营销，同时城市形象又对赛事品牌进行反哺，双方在打造马拉松赛事 IP 的同时，也彰显了城市的办赛特色。

第三节　推动文化融合，打造赛事品牌

一　弘扬赛事体育精神，助力城市文明建设

主办方应把握马拉松赛事"挑战自我，超越极限，坚忍不拔，永不放弃"的精神内核。马拉松跑者在赛场上不断突破自我限制，挑战着自己肉体和意志的极限，在精神和身体的双重考验中不断开发自己的潜力，这就是马拉松精神最直观的体现。赛事主办方应着重展示马拉松赛场上跑者展现出的精神风貌，在进行赛事品牌宣传和丰富城市文化时有所侧重。政府应秉持着"挑战自我，超越极限，坚忍不拔，永不放弃"的马拉松精神打好城市文明建设的"攻坚战"。在马拉松赛事前后，政府应该营造浓厚的体育氛围，将赛事品牌与城市文化的融合展现在居民面前，为马拉松赛事预热，向居民传递积极健康的价值观，增强城市居民对自身城市的认同感和荣誉感。在筹办马拉松赛事的过程中，居民应该专注于提升城市形象，为接纳来自全国各地的参赛选手、观众、媒体等赛事相关方做准备。当收到来自赛事相关方的正面反馈时，居民对城市的认同感和荣誉感便会增强。

举办马拉松赛事有益于增强全民健身意识。在举办大型马拉松赛事前，为了确保赛事安全顺利地举办，主办方应该提前举办一系列规模较小的路跑类赛事，这类赛事具有为大型马拉松"彩排"的性质；在大型马拉松赛事结束后，政府和企业应该举办一系列体育赛事或相关的体育类活动，让

居民在受到大型马拉松赛事的熏陶后更加积极地投入体育锻炼中,借此进一步巩固马拉松赛事带来的浓厚体育氛围,培育当地的体育消费群体。因此,政府、企业和居民都应投入赛前、赛中、赛后的活动中,营造出全民健身的体育氛围,提高全城各个主体参与体育的积极性,积极响应我国全民健身的国家战略。

马拉松赛事吸引的运动员、观众、媒体、赞助商等各个赛事相关方为办赛城市带来了大量的人流,赛事方应合理引导、疏解马拉松带来的巨大流量,使其能够大力促进办赛城市第三产业的发展,如旅游业、餐饮业、住宿业、交通运输业等,助力办赛城市新旧动能转换,为办赛城市注入经济增长的新活力。马拉松赛事不应仅是一场体育赛事,也应该是一场文化盛会。在赛事组织管理时,应注意展示马拉松"挑战自我,超越极限,坚忍不拔,永不放弃"的精神内核,也应注意来自全国各地、世界各地的选手、观众和媒体等群体的文化差异,让赛事成为一场包容不同文化的大型活动。

二 挖掘赛事品牌价值,展现城市文化底蕴

马拉松赛事由于可带动的产业较多、投入成本相对较低已经成为各级地方政府打造城市品牌、提升城市形象的可选项之一。但当前国内的马拉松赛事市场趋于饱和,甚至出现供大于求的现象。在竞争日渐激烈的马拉松赛事市场,赛事方应当创新营销宣传模式,以城市文化赋能赛事。

赛事方应当以科技赋能赛事,将为选手提供更加个性化、智能化的服务作为营销宣传的新要素。例如,在赛前的物资分发和运动员检录环节,赛事方往往通过人工的方式确认运动员信息,这一直是隐形的赛事运营成本,而人脸识别技术不仅可以节约人工成本,提高物资分发与身份验证效率,也可以在比赛过程中智能识别每位运动员的身份,为其拍摄独一无二的赛事照片。赛事方应当考虑通过图像识别技术,快速统计每家赞助商Logo出现在直播镜头中的频率,开展更详细、更有说服力的赞助商权益汇报和服务工作。赛事方也应革新赛事实时决策体系,使用数字大屏指挥系统,更高效地掌握马拉松赛事的实时动态,更快捷精确地做出实时决策,不再依赖于对讲机。马拉松赛事应通过对线上平台的运作,在宣传期更加深入地渗透到目标客户的生活中,赛事方应整合文旅类、短视频类、日常生活

类、健身娱乐类等多种 App 平台，让马拉松在居民生活中不只是一场在比赛日举办的体育竞赛，还是一种生活中习以为常的文化符号。综上，面对科技的快速进步，赛事方应积极尝试运用新技术，找到能够在竞争日益激烈的马拉松市场中建立品牌优势的方法。

赛事方也应该挖掘赛事品牌文化与城市文化的深度融合。"挑战自我，超越极限，坚忍不拔，永不放弃"的马拉松精神应当与举办城市的文化深度融合。为此，赛事方应该充分了解举办城市的历史文化、发展现状和未来规划，充分理解办赛城市的文化特点，把握办赛城市的发展需求，明晰居民对于办赛城市和马拉松赛事的既有印象。针对办赛城市的文化底蕴，设计与城市调性相符的赛事品牌形象；针对办赛城市的发展需求，进行有针对性的赛事策划与宣传；针对办赛城市的未来规划，优化赛事中能够助力城市未来发展的部分要素。赛事方应当将赛事品牌的发展与城市文化的演变深度绑定，才能在市场中站稳脚跟、与城市共同发展。

三 完善赛事保障机制，探索赛事运营模式

我国的马拉松赛事管理制度正在改革初期，仍需要进一步的发展完善。自从国家体育总局下放赛事审批权以后，马拉松赛事迅速攻占了各地的大型体育赛事市场，许多地方性的马拉松赛事尤为亮眼。但实际上我国马拉松赛事备案制度仍不为多数赛事运营公司所知。赛事方应当及时关注我国体育制度的改革动向，与马拉松赛事的行业协会——中国田径协会保持密切的联系，及时掌握马拉松赛事管理制度的最新变化，杜绝"赛后补办手续""违规办赛"等现象发生。政府部门应当起到团结同行、管理监督的作用，确保国内马拉松市场正本清源，避免"劣币驱逐良币"的现象出现。

马拉松赛事想要可持续发展，需要培养大量的复合型人才。举办一场全程马拉松赛事，需要协调的政府部门多、需要统筹协调的资源杂、涉及的受众人群规模大，国内能够安全、顺利地举办一场全程马拉松的赛事方并不多。我国的马拉松赛事市场刚刚打开，赛事方应当培养一批既熟悉当地文化又精通赛事组织管理的团队。参考历史悠久的波士顿马拉松、纽约马拉松等国外老牌赛事，在赛事发展过程中应该积累一批专业人才，并建立可持续发展的人才培养制度，这是国内的马拉松赛事方仍需注意的地方。

马拉松赛事的持续举办离不开办赛地政府的大力支持。结合我国国情，

马拉松赛事与城市文化的耦合共生

各地方体育局往往难以独自协调举办一场马拉松赛事所需要的治安、医疗、媒体、文旅、应急管理等部门的资源。赛事方和地方政府应当在合作中逐渐做到互相信任、互相协调,实现马拉松赛事与城市发展的耦合共生,让赛事助力城市发展,让城市保障赛事成长。

第六章
研究结论与展望

第一节 研究结论

一 国内马拉松赛事与城市文化融合状况

本书运用了内容分析法、结构方程模型等方法对国内马拉松赛事与城市文化进行案例研究,分别对衡马、南马、西马进行了感知形象演进分析,对北马和扬马进行了网络文本分析,从形象类属、构成类目、具体要素、情感形象、总体形象等方面进行了比较研究,之后还对成马和重马进行了感知形象研究。研究得出,成马和重马感知形象的最高频均表现为"赛道",情感形象具有高度相关性,赛事属性形象和城市属性形象是总体感知形象的两大类属。本书还基于结构方程模型对马拉松赛事与城市文化进行了研究。在对成马进行建模时,引入了人地关系变量——地方依恋进行分析,研究发现马拉松赛事不仅要结合目的地形象、深挖赛事特色,还要提高服务水平、建立情感纽带,以及创新宣传手段、提高重游意愿,才能彰显城市文化特色。在研究马拉松参赛者体验对城市旅游形象的认知影响时,以北马和北京市旅游形象为例,研究发现马拉松参赛者的行动体验和情感体验对城市旅游形象认知的影响具有统计学意义的预测关联性,均表现出较强的相关性,这对城市旅游形象的塑造具有建设性的意义。

本书对国内马拉松赛事与城市文化融合的现有问题进行了分析总结,认为马拉松赛事赛道能够展现该地主要的城市文化,但赛道的拥挤等负面感知会影响马拉松参赛者对整个城市文化的形象认知;标识物形象或地标特色的正面感知是凸显城市文化的有效手段,缺乏标识物或其特色不够鲜明,会造成城市文化感知强度弱;赛事的配套服务水平也会影响参赛者对该城市文化的认知水平。在这个问题存在的大背景下,本书也提出了一些发展策略,如在马拉松赛事发展目标的制定过程中,应以完善赛事属性工作为基础目标、以凸显城市文化属性内容为增长目标、以满足参赛者多元化需求为拓展目标。"赛事属性趋优"和"城市属性趋异"是马拉松赛事寻求差异化竞争战略的重要途径。在马拉松赛事的控制反馈阶段，应关注到竞赛组织中的重难点，采取多元化控制手段，引入多元化评价主体、科学评价方法，建立健全我国马拉松赛事的文化评价体系。

二 马拉松赛事与城市文化耦合共生关系

本书结合耦合协调理论、共生理论、系统论和生命周期理论对马拉松赛事与城市文化耦合共生关系进行了逻辑分析。在理论上，首先对耦合共生进行了概念界定，提出了耦合共生是两个或多个系统中的各个要素相互联系并形成共同体进行能量传递、互动创新，以推动自身不断进化发展的过程。其次对马拉松赛事与城市文化耦合共生系统中的共生单元、共生界面、共生环境和共生模式四个构成要素进行了深入分析。同时，详细阐述了该系统中能力产生、能力传输的途径，基于"三生"空间理论视角剖析了该系统的动力循环及互惠机制。最后通过解构马拉松赛事与城市文化耦合共生的生命周期，重新建构出该系统的动态演化过程。

马拉松赛事与城市文化耦合共生系统是一个以赛事组织者、运动员、观众、场地设施、赛事文化、城市制度文化、城市精神文化、城市物质文化为主要共生单元的能量生产系统。马拉松赛事与城市文化的耦合共生单元是一种文化交流与融合的表达，也是一种更高层次的文化形态。在该系统中，赛事文化、场地设施分别为马拉松赛事参与者与城市文化互动的精神场所、物质场所，构成了两个系统的耦合共生界面，扮演着能量传输通道的角色。在城市生产、生活、生态共生环境的动力支持下，能量生产系统为马拉松赛事与城市文化耦合共生系统的各个单元提供能量生产、能量传输的动力。"三生"空间功能与系统的耦合共生环境之间形成了相互作用、相互促进与反哺的交互关系，从而形成了一个联系平面。马拉松赛事与城市文化耦合共生系统随着时间的推进，逐步形成了对称性互惠共生与连续共生的组合模式，这种高关联度的双边双向稳定模式维持了系统的基本稳态，促使马拉松赛事与城市文化耦合共生系统朝着对称性互惠共生与一体化共生组合模式的理想化状态发展，进而推动系统自身的创新发展，实现真正意义上的马拉松赛事与城市文化的耦合共生。

三 马拉松与城市文化耦合协调程度评价

本书通过梳理前人研究成果，确定构建马拉松赛事系统与城市文化系统耦合模型的工作原则，包括科学性、系统性、可行性、动态性与可比性，并完成了模型的构建。在确定耦合模型的指标系统时，使用文献资料法与专家访谈法，分两个轮次筛选出各级指标，即马拉松赛事评价指标通过2个维度的10个具体指标反映，城市文化评价指标通过3个维度的10个具体指标反映。使用熵值法对构建的马拉松赛事系统-城市文化系统耦合模型指标体系进行指标权重分配，以此确定了马拉松赛事与城市文化耦合度及耦合协调度模型与相应的评价标准。最后，选择三个案例进行耦合实证分析，分别是扬州鉴真半程马拉松与扬州市城市文化、上海马拉松与上海市城市文化以及北京马拉松与北京市城市文化。结果显示，三个案例中，马拉松赛事与城市文化的耦合度与耦合协调度发展情况均可用研究构建的评价模型进行解释。

四 国外马拉松赛事与城市文化融合发展的经验

本书研究发现，与国外赛事相比，在组织体系方面，我国的大型马拉松赛事主要是由政府进行调控的，对于赛事所需要的资金支持、资源协调、权力分配等，也几乎是由政府来发起和主导的。从参与人群来讲，国外的顶级马拉松赛事会设置轮椅组比赛，这充分展示了一个城市的社会包容性和人文关怀，也更好地体现出马拉松精神。在趣味性与文化性方面，国外马拉松赛事的开展可以带动一系列其他活动，除去必要的全马半马的核心赛事，其还围绕必要产品开展相关的系列活动和比赛，我国马拉松赛事相关系列活动较少，形式相对单一且持续时间不长。在慈善事业方面，国外众多顶级马拉松赛事将慈善与比赛相结合，不但可以升华赛事的价值、提升营销水平，还可以宣传城市形象，同时造福全社会。在环境保护方面，国外高水平马拉松赛事重视赛事的环保行为培养作用，采取了诸多措施减少马拉松赛事参与的碳足迹。

基于以上国外经验，本书对国内马拉松赛事提出了以下具有针对性的建议：完善马拉松赛事的组织体系、提高赛事服务质量、深化赛事保障工作、发掘城市文化内涵、打造公益慈善活动、注重环境保护。

五 马拉松赛事与城市文化耦合共生的发展路径

本书基于对马拉松赛事与城市文化耦合共生理论的研究与案例分析，提出了马拉松赛事与城市文化耦合共生的发展路径。

在推动产业升级，形成城市联动共振方面。一要树立产业融合思维，推动马拉松旅游化。马拉松赛事组织者应与旅行社、旅游景区、旅游交通等多种旅游行业和企业开展合作，进一步提升赛事旅游综合服务质量。二是政府市场双发力，发挥"引资作用"。要将"有为政府"和"有效市场"有机结合起来。三要延伸产业链条，实现范围经济。马拉松赛事运营者除了要筹备、策划马拉松赛事，还要发展体育培训、装备销售、衍生产品创新等业务，形成"1+1>2"的范围经济。四是要寻求城市联动，推动区域发展。多城市、大区域间的联合办赛要发挥区域间交通一体化、经济一体化的优势，进一步打破行政区划壁垒。同时各举办城市要协调对接机制、优化配置区域内体育赛事可利用资源、塑造区域体育赛事品牌、实现体育赛事效应的最大化。

在推动城市设施建设，彰显城市文化特色方面。一是完善城市空间结构，推动基础设施建设。从宏观层面来看，完善且合理的空间结构为办成高质量的马拉松赛事提供了坚实的基础；从微观层面来看，为了更好地举办马拉松赛事、打造城市形象，各马拉松举办地要加快健身绿道建设，完善城市绿道体系，加速形成绿道网络结构。二是要坚持环境改善，助力"双碳"目标。要进一步提高城市绿化率，以绿色低碳的形象迎接八方来客，以健康积极的宜居环境给参赛者与游客带来愉悦舒适的体验，增加城市的亲和力和安全感。三是要遵循发展规律，深挖文化底蕴。城市在选择是否举办以及举办何种类型、何种规模的马拉松赛事时，应考虑到城市综合的经济实力、居民素质、对外开放程度、基础设施等因素。四是要完善组织工作，彰显城市特色。在马拉松赛事的筹备阶段，主办方可以设立专门提高赛事服务质量以及参赛者体验的研讨小组，以保证后续赛事各项工作的有序高效开展。主办方应挖掘马拉松赛道中的城市文化元素，将这些文化元素"可视化"。赛事主办方可以依据赛事周期举办赛事文化节，强调"体验感"，带动更多的人通过赛事了解城市文化。

在推动文化融合，打造赛事品牌方面。一是要弘扬赛事体育精神，助力城市文明建设。在举办大型马拉松赛事前后,主办城市要营造出良好的体育运动氛围,提高居民参与进行体育活动的积极性。在筹办马拉松赛事的过程中,应专注于提升城市形象,为接纳来自全国各地的参赛选手、观众、媒体等赛事相关方做准备。二是要挖掘赛事品牌价值,展现城市文化底蕴。在竞争日渐激烈的马拉松赛事市场,赛事方应当创新营销宣传模式,以城市文化赋能赛事。针对办赛城市的文化底蕴,设计与城市调性相符的赛事品牌形象;针对办赛城市的发展需求,进行有针对性的赛事策划与宣传;针对办赛城市的未来规划,优化赛事中能够助力城市未来发展的部分要素。三是要完善赛事保障机制,探索赛事运营模式。赛事方应当实时关注马拉松政策,与马拉松赛事的行业协会保持密切的联系,杜绝"赛后补办手续""违规办赛"等现象发生。政府部门要协调好举办一场马拉松赛事所需要的治安、医疗、媒体、文旅、应急管理等部门的资源。马拉松赛事与城市发展的耦合共生需要赛事方和地方政府互相信任、互相协调,这样才能实现长久的互利共赢。

第二节　研究展望

尽管本书在马拉松赛事与城市文化耦合共生方面进行了深入的案例研究和理论探讨,但仍有以下不足之处需要进一步改进。

本书涉及的马拉松赛事和城市文化存在差异性,研究样本的选取也存在一定的主观性,可能影响到研究结论的客观性和适用性。在马拉松赛事与城市文化耦合发展的案例选择中,本书受限于样本数据,只针对国内马拉松赛事进行分析,未进行包括国外马拉松赛事在内的比较分析,对于国外马拉松赛事与城市文化耦合发展的分析存在缺失。在马拉松赛事感知形象研究中未考虑到年龄、性别、教育背景等因素对感知形象的影响,未能探究这些因素对马拉松赛事与城市文化耦合的影响机制。在马拉松赛事与城市文化耦合协调程度评价研究中,未考虑到城市背景、历史文化和参赛规模等因素对马拉松赛事与城市文化耦合模式和耦合协调度的影响,未能做出更加具体的分析和解释。此外,在耦合协调度验证的案例研究中,选取了三个案例进行耦合实证分析,样本数量较少可能影响到结果的可信度和适用性。

马拉松赛事与城市文化的耦合共生

　　本书基于研究的成果与不足之处，提出未来展望。本书在构建耦合共生的评价体系的方法上有待创新，未来研究可以考虑深入挖掘马拉松赛事和城市文化耦合的内在机制和关联，构建更为完整和精细的评价体系，探索马拉松赛事与城市文化的价值共创和创新发展，提升理论的应用性。在马拉松赛事感知形象研究中可以将马拉松参赛者的人口属性、参赛经历等因素纳入研究范围，深入探究这些因素对马拉松赛事感知形象、城市形象认知和情感影响程度的影响机制。在对国内外马拉松赛事与城市文化耦合发展的研究中，可以进一步对国外马拉松赛事和国内不同城市的马拉松赛事进行深入的比较和分析，增强研究案例的多样性和普遍性，从中获取更多的经验借鉴。未来的研究可以结合可持续发展的理念，探讨马拉松赛事与城市文化的耦合共生如何在生产、生活和生态三个方面实现平衡和协调。此外，可以结合大数据分析、网络文本挖掘等新兴方法，深入挖掘参赛者和观众在社交媒体等平台上对马拉松赛事和城市文化的评价和反馈，揭示马拉松赛事和城市文化耦合共生的演化规律和趋势。最后，未来的研究还可以探讨马拉松赛事和城市文化的耦合共生在不同国家和文化背景下的异同之处，拓展研究视野，提升研究的广度和深度。

参考文献

陈德金、李本乾:《文化建设与上海城市文化软实力研究》,《科技管理研究》2011年第24期。

陈尔洁:《中国马拉松赛事对城市发展影响的研究》,硕士学位论文,北京体育大学,2014。

陈丽华:《"文化立市"推动历史文化名城科学发展——桂林市提升城市文化软实力和竞争力的实践与思考》,《社会科学家》2009年第12期。

陈柳钦:《城市文化:城市发展的内驱力》,《理论学习》2011年第1期。

陈添:《我国城市马拉松赛事经济影响评估指标体系构建研究》,硕士学位论文,武汉体育学院,2019。

陈炎:《"文明"与"文化"》,《学术月刊》2002年第2期。

成思危主编《复杂性科学探索(论文集)》,民主与建设出版社,1999。

崔家兴、顾江、孙建伟等:《湖北省三生空间格局演化特征分析》,《中国土地科学》2018年第8期。

代明、周飞媚:《创新型城市文化特质的经济学分析》,《城市问题》2009年第12期。

邓红兵、陈春娣、刘昕等:《区域生态用地的概念及分类》,《生态学报》2009年第3期。

邓明艳:《峨眉山旅游形象定位的探讨》,《西南民族大学学报》(人文社科版)2004年第4期。

董雅文、周雯、周岚等:《城市化地区生态防护研究——以江苏省、南京市为例》,《现代城市研究》1999年第2期。

段杰、龙瑚:《城市创意指数的测度及实证分析》,《深圳大学学报》(理工版)2015年第3期。

樊红岩：《我国城市马拉松问题诊断及优化策略》，《体育文化导刊》2018年第1期。

范周主编《中国城市文化竞争力研究报告（2016）》，知识产权出版社，2017。

付业勤、王新建、郑向敏：《基于网络文本分析的旅游形象研究——以鼓浪屿为例》，《旅游论坛》2012年第4期。

高延利：《加强生态空间保护和用途管制研究》，《中国土地》2017年第12期。

韩顺法、纪小美、陶卓民：《创意城市发展模式类型的适应性评价》，《地理科学》2018年第9期。

黄海燕、康逸琨：《体育赛事与城市形象契合对观众满意度和重游意向的影响》，《中国体育科技》2018年第4期。

黄海燕：《体育赛事与城市旅游业互动发展研究》，社会科学文献出版社，2017。

黄震方、李想：《旅游目的地形象的认知与推广模式》，《旅游学刊》2002年第3期。

贾海涛：《文化软实力的构成及测评公式》，《学术研究》2011年第3期。

贾文山、石俊：《中国城市文化竞争力评价体系的构建——兼论西安文化价值的开发》，《西安交通大学学报》（社会科学版）2019年第5期。

江曼琦、刘勇：《"三生"空间内涵与空间范围的辨析》，《城市发展研究》2020年第4期。

〔美〕理查德·佛罗里达：《创意阶层的崛起》，司徒爱勤译，中信出版社，2010。

蓝照光：《马拉松赛事对城市发展影响的研究——以南宁市为例》，《运动精品》2019年第8期。

李京宇、陈元欣：《国际大型体育赛事对其举办城市国际关注度的影响研究》，《首都体育学院学报》2021年第2期。

李欣：《城市体育赛事与城市发展的时序演化及耦合研究》，《广州体育学院学报》2021年第4期。

李艳茹、蔡哲琛：《马拉松赛事对城市旅游发展的影响——以西安市为例》，载《第一届陕西省体育科学论文报告会优秀论文集》，陕西省体育科学学会，2021。

李祗辉:《大型节事活动对旅游目的地形象影响的实证研究》,《地域研究与开发》2011年第2期。

廖青虎、王瑞文、陈通:《"一带一路"沿线城市的丝路文化竞争力评价——基于CFCS-TOPSIS模型》,《华东经济管理》2017年第8期。

廖卫华:《旅游地形象构成与测量方法》,《江苏商论》2005年第1期。

林丹、洪晓楠:《中国文化软实力综合评价体系研究》,《大连理工大学学报》(社会科学版)2010年第4期。

林立球:《WTA超级精英赛与珠海城市体育文化耦合研究》,《广州体育学院学报》2019年第5期。

刘昌亚、朱卫东、邰崇禧、雍明:《波士顿马拉松赛及其启示》,《体育文化导刊》2017年第5期。

刘晨曦:《中国人群健康素养概念模型及其测量研究》,博士学位论文,华中科技大学,2018。

刘力维、何立军:《重大体育赛事对城市文化软实力建设的影响——以第11届全运会为例》,《中国集体经济》2010年第10期。

刘连发:《大型体育赛事对城市发展影响的指标体系构建》,《体育文化导刊》2015年第9期。

刘润芬:《重庆马拉松赛事与城市发展的耦合研究》,硕士学位论文,武汉体育学院,2017。

刘辛丹、吕兴洋、李惠璠:《基于网络跑记的马拉松赛事形象研究——以北京马拉松为例》,《中国体育科技》2016年第6期。

〔美〕刘易斯·芒福德:《城市发展史——起源、演变和前景》,宋俊岭、倪文彦译,中国建筑工业出版社,2005。

龙花楼、刘永强、李婷婷等:《生态用地分类初步研究》,《生态环境学报》2015年第1期。

陆晨:《大型体育赛事与举办城市形象契合的研究——以上海三大品牌体育赛事为例》,硕士学位论文,上海体育学院,2014。

陆晨、黄海燕:《体育赛事与举办城市的形象契合》,《体育科研》2014年第3期。

吕兴洋、刘丽娟、林爽:《在线信息搜索对旅游者感知形象及决策的影响研究》,《人文地理》2015年第5期。

麻学锋、吕逸翔：《张家界城镇居民幸福水平对旅游城镇化集聚的响应识别及测度》，《自然资源学报》2020年第7期。

马琪：《中国旅游城市马拉松对城市旅游形象的提升机理分析》，《四川旅游学院学报》2020年第6期。

马迎志：《基于共生理论的我国马拉松赛事与举办城市双向选择研究》，《体育成人教育学刊》2016年第6期。

马勇、童昀：《从区域到场域：文化和旅游关系的再认识》，《旅游学刊》2019年第4期。

蒙彩娥：《马拉松与城市文化的契合及优化路径研究》，《体育科研》2015年第5期。

彭利方、张家喜：《关于上海网球大师赛塑造城市文化品牌的研究——基于共生理论的视角》，《山东体育科技》2019年第3期。

彭萌、刘涛、宋超：《共生理论下马拉松赛事与城市文化协同发展研究》，《体育文化导刊》2019年第6期。

〔美〕乔舒亚·库兰齐克：《中国的魅力：中国软实力的影响》，《参考消息》2006年7月6日。

任波：《体育产业与城市化耦合发展机理及其效应研究》，博士学位论文，上海体育学院，2021。

孙高峰、刘燕：《热追捧与冷思考："马拉松现象"对城市文化的影响及理性审视》，《北京体育大学学报》2018年第4期。

汤正刚：《现代城市形象的内涵和塑造》，《长江论坛》1997年第4期。

陶建杰：《十大国际都市文化软实力评析》，《城市问题》2011年第10期。

王芳、韩福文：《关于城市文化和文化城市建设问题的研究综述》，《辽宁科技学院学报》2012年第3期。

王金伟、杨佳旭、郑春晖、王琛琛：《黑色旅游地游客动机对旅游目的地形象的影响研究——以北川地震遗址区为例》，《旅游学刊》2019年第9期。

王靖、张金锁：《综合评价中确定权重向量的几种方法比较》，《河北工业大学学报》2001年第2期。

王克稳、李慧、耿聪聪、林莉：《马拉松赛事旅游的国际研究述评、实践启示与研究展望》，《体育科学》2018年第7期。

王琪延、王博：《世界中心城市文化竞争力核心要素比较研究》，《调研世界》2014年第9期。

王淑佳、孔伟、任亮等：《国内耦合协调度模型的误区及修正》，《自然资源学报》2021年第3期。

王相飞、康益豪、延怡冉：《马拉松赛事对举办地城市形象影响的实证研究——基于马拉松跑者的新视角》，《武汉体育学院学报》2020年第3期。

王亚坤、武传玺：《全域旅游视域下我国体育赛事旅游产业发展研究》，《体育文化导刊》2020年第7期。

王永明、王美霞、李瑞、吴殿廷：《基于网络文本内容分析的凤凰古城旅游地意象感知研究》，《地理与地理信息科学》2015年第1期。

文大山：《城市文化软实力提升的路径及其保障》，《求索》2012年第12期。

武晓甜、王玉侠：《我国体育产业发展历程的研究综述》，《安徽体育科技》2020年第1期。

向勇、白晓晴、李尽沙：《中国城市文化力发展评价指标体系研究》，《福建论坛》（人文社会科学版）2018年第4期。

肖宇翔：《从共生理论管窥美国学校体育与竞技体育的关系》，《南京体育学院学报》（社会科学版）2017年第2期。

许春蕾、周家婷、王苏凯：《波士顿国际马拉松旅游形象建构与意义表达及启示》，《体育文化导刊》2020年第10期。

颜景飞、孙辉、张健等：《我国体育运动生态环境研究：脉络演进、前沿热点与发展趋势》，《武汉体育学院学报》2021年第2期。

杨琳、许秦：《基于场域理论的国际马拉松赛与城市形象传播策略研究》，《湖南大学学报》（社会科学版）2019年第4期。

杨新洪：《关于文化软实力量化指标评价问题研究》，《统计研究》2008年第9期。

余守文：《体育赛事产业与城市竞争力：产业关联·影响机制·实证模型》，复旦大学出版社，2008。

余晓曼：《城市文化软实力的内涵及构成要素》，《当代传播》2011年第2期。

袁书琪、郑耀星：《体育旅游资源的特征、涵义和分类体系》，《体育学刊》2003年第2期。

〔美〕约瑟夫·奈：《软力量——世界政坛成功之道》，吴晓辉、钱程译，东方出版社，2005。

曾文：《转型期城市居民生活空间研究——以南京市为例》，博士学位论文，南京师范大学，2015。

张登峰：《马拉松赛事对城市发展的影响》，《体育文化导刊》2011年第11期。

张高军、李君轶、张柳：《华山风景区旅游形象感知研究——基于游客网络日志的文本分析》，《旅游科学》2011年第4期。

张宏梅、陆林、蔡利平、黄琢玮：《旅游目的地形象结构与游客行为意图——基于潜在消费者的本土化验证研究》，《旅游科学》2011年第1期。

张辉、罗建英、孙天星：《城市马拉松和城市品牌认知的关系调查——基于现场参与者体验的视角》，《北京体育大学学报》2020年第6期。

张建忠：《旅游区形象建设的初步研究》，《泰安师专学报》1997年第2期。

张棉军：《城市马拉松赛对城市形象的影响研究——以南昌马拉松为例》，硕士学位论文，华中师范大学，2018。

张旺、周跃云、胡光伟：《超大城市"新三化"的时空耦合协调性分析——以中国十大城市为例》，《地理科学》2013年第5期。

张卫国、何宛夏：《城市形象设计理论探讨》，《重庆大学学报》（社会科学版）1999年第3期。

张文、顿雪霏：《探讨大陆游客对台湾旅游目的地形象的感知——基于网上游记的内容分析》，《北京第二外国语学院学报》2010年第11期。

张晓琳：《波士顿马拉松文化溯源与启示》，《北京体育大学学报》2020年第4期。

张晓琳：《基于文化层次理论的中日马拉松赛事文化比较研究》，《沈阳体育学院学报》2020年第6期。

赵仁玉、李洪波：《丽江旅游形象感知研究——基于网络文本分析的方法》，《广西经济管理干部学院学报》2013年第1期。

赵振斌、党娇：《基于网络文本内容分析的太白山背包旅游行为研究》，《人文地理》2011年第1期。

《2016-2020年中国体育赛事产业深度调研及投资前景预测报告》，中投顾问产业与政策研究中心，2015。

祝良、黄亚玲：《城市马拉松赛文化特点的研究》，《体育文化导刊》2014年第9期。

Bagby P., *Culture and History: Prolegomena to the Comparative Study of Civiliza-*

tions (Westport: Greenwood Press, 1976), pp. 74-75.

Baloğlu S., McCleary K., "A Model of Destination Image Formation," *Annals of Tourism Research* 4 (1999): 868-897.

Barney J. B., "Organizational Culture: Can It Be a Source of Sustained Competitive Advantage?" *Academy of Management Review* 3 (1986): 656-665.

Beerli A., Martín J. D., "Factors Influencing Destination Image," *Annals of Tourism Research* 3 (2004): 657-681.

Bricker K., Kerstetter D. L., "Level of Specialization and Place Attachment: An Exploratory Study of Whitewater Recreationists," *Leisure Sciences* 4 (2000): 233-257.

Browna G., Smith A., Assaker G., " Revisiting the Host City: An Empirical Examination of Sport Involvement, Place Attachment, Event Satisfaction and Spectator Intentionsat the London Olympics," *Tourism Management* 2 (2016): 160-172.

Chen N., Funk D., " Exploring Destination Image, Experience and Revisit Intention: A Comparison of Sport and Non-sport Tourist Perceptions," *Journal of Sport & Tourism* 3 (2010): 239-259.

Crompton J. L., "Anassessment of the Image of Mexicoas a Vacation Destination and the Influence of Geographical Location upon that Image," *Journal of Travel Research* 4 (1979): 18-23.

Crompton J. L., A Systems Model of the Tourist's Destination Selection Process with Particular Reference to the Role of Image and Perceived Constraints (Ph. D Dissertation, Texas: Texas A & M University , 1991), pp. 51-53.

Echtne C. M., Ritchie J. R. B., "The Meaning and Measurement of Destination-image," *Journal of Tourism Studies* 1 (2003): 37-48.

Echtner C. M., Ritchie J. R. B., "The Measurement of Destination Image: An Empirical Assessment," *Journal of Travel Research* 4 (1993): 3-13.

Embacher J., Buttle F., " A Repertory Grid Analysis of Austria's Image as a Summer Vacation Destination," *Journal of Travel Research* 3 (1989): 3-23.

Fakeye P. C., Crompton J. L., "Imaged Differences between Prospective, First-time, and Repeat Visitors to the Lower Rio Grande Valley," *Journal of*

Travel Research 2 (1991): 10-16.

Gunn C. A., *Vacation Scape: Designing Tourist Regions* (Austin: Bureau of Business Research, University of Texas, 1972), p. 114.

Hallmann K., Kaplanidou K., Breuer C., " Event Image Perceptions among Active and Passive Sports Tourists at Marathon Races," *International Journal of Sports Marketing & Sponsorship* 1 (2010): 37-52.

Hunt J. D., *Image-A Factor in Tourism* (Colorado State University, 1971), pp. 13-15.

Hunt J. D., "Image as a Factor in Tourism Development," *Journal of Travel Research* 3 (2010): 1-7.

Jago L., Chalip L., Brown G., et al., " Building Events into Destination Branding: Insights From Experts," *Event Management* 1 (2003): 3-14.

Kaplanidou K., Jordan J. S., Funk D., Ridinger L. L., "Recurring Sport Events and Destination Image Perceptions: Impact on Active Sport Tourist Behavioral Intentions and Place Attachment," *Journal of Sport Management* 3 (2012): 237-248.

Kaplanidou K., Vogt C., "The Interrelationship between Sport Event and Destination Image and Sport Tourists' Behaviours," *Journal of Sport & Tourism* 12 (2007): 183-206.

King C., Chen N., Funk D. C., " Exploring Destination Image Decay: A Study of Sport Tourists' Destination Image Change after Event Participation," *Journal of Hospitality & Tourism Research* 1 (2015): 3-31.

Klaus R. K., " Creative Cities: A New Paradigm for Urban Development," *International City Plan* 3 (2012): 65-69.

Kotler. O., *Y Marketing Places: Attracting Investment, Industry and Tourism to Cities, States and Nations* (New York: The Free Press, 1993), pp. 27-31.

Kyle G., Graefe A., Manning R., Bacon J., "An Examination of the Relationship between Leisure Activity Involvement and Place Attachment among Hikers along the Appalachian Trail," *Journal of Leisure Research* 3 (2003): 249-273.

Lawson F., Bond-Bovy M., "Tourism and Recreational Development," *Journal of Travel Research* 1 (1997): 46-59.

Linnamaa R., Sautarauta M., Urban Competitiveness and Management of Urban Policynetworks: Some Reflection from Tampere and Oulu (Paper presented in Conference Citiesat the Millennium. London, U. K., 1998), pp. 23-27.

Malchrowicz-Mosko E., Poczta J., "A Small-Scale Event and a Big Impact—Is This Relationship Possible in the World of Sport? The Meaning of Heritage Sporting Events for Sustainable Development of Tourism—Experiences from Poland," *Sustainability* 11 (2018): 1-19.

Milman A., Pizam A., "The Role of Awareness and Familiarity with a Destination: The Central Florida Case," *Journal of Travel Research* 3 (1995): 21-27.

Pearce P. L., "Perceived Changes in Holiday Destinations," *Annals of Tourism Research* 2 (2014): 145-164.

Pike S., "Destination Image Analysis: A Review of 142 Papers from 1973 to 2000," *Tourism Management* 5 (2002): 541-549.

Pike S., Ryan C., "Destination Positioning Analysis through a Comparison of Cognitive, Affective, and Conativepe Rceptions," *Journal of Travel Research* 4 (2004): 333-342.

Ramkissoon H., Weiler B., Smith L., "Place Attachment, Place Satisfaction and Pro-environmental Behaviour: A Comparative Assessment of Multiple Regression and Structural Equation Modelling," *Journal of Policy Research in Tourism Leisure and Events* 3 (2013): 215-232.

Russell J., Ward L. M., Pratt G., "Affective Quality Attributed to Environments," *Environment and Behavior* 3 (1981): 120-126.

Shonk D. J., Chelladurai P., "Service Quality, Satisfaction, and Intent to Return in Event Sport Tourism," *Journal of Sport Management* 5 (2008): 587-602.

Tsai S., "Place Attachment, Tourism Marketing: Investigating International Tourists in Singapore," *International Journal of Tourism Research* 2 (2012): 139-152.

Webster D., Muller L., *Urban Competitiveness Assessment in Developing Country Urban Regions: The Road Forward* (John Wiley & Sons Inc, 2000).

Wirth L., "Urbanism as a Way of Life," *The American Journal of Sociology* 1 (1938): 1-2.

Zhuo L., Guan X., "Quantitative Evaluation and Prediction Analysis of the Healthy and Sustainable Development of China's Sports Industry," *Sustainability* 6 (2020): 2184.

"Boston Marathon Fundraising Surpasses $400 Million Milestone," 波士顿马拉松网站, 2021年10月22日, https://www.baa.org/boston-marathon-fundraising-surpasses-400-million-milestone。

「マラソンの歴史」, スポランド, https://www.homemate-research-athletic-field.com/useful/19602_athle_002/。

《国务院印发〈关于加快发展体育产业促进体育消费的若干意见〉》, 中国政府网, 2014年10月20日, http://www.gov.cn/xinwen/2014-10/20/content_2767791.htm。

刘博:《水上运动引领海南体育旅游消费》, "新华社"百家号, 2019年12月15日, https://baijiahao.baidu.com/s?id=1652989100437722671&wfr=spider&for=pc。

《马拉松不是刚需, 它是比刚需更重要的信心与希望》, 搜狐, 2020年5月20日, https://www.sohu.com/a/396432955_114613。

《美国爱国主义基地成为众矢之的》, "环球网"百家号, 2020年7月13日, https://baijiahao.baidu.com/s?id=1672062049860034461。

《2020年全国体育产业总规模与增加值数据公告》, 国家统计局网站, 2021年12月30日, https://www.stats.gov.cn/sj/zxfb/202302/t20230203_1901324.html。

「数字で見る東京マラソン財団」, 一般財団法人东京マラソン財団, https://tokyo42195.org/data/。

《体育总局关于印发〈"十四五"体育发展规划〉的通知》, 国家体育总局网站, 2021年10月25日, https://www.sport.gov.cn/n315/n9041/n9042/n9168/n9178/c23655706/content.html。

《我国体育产业蓬勃发展前景广阔——第四次全国经济普查系列报告之十五》, 国家统计局网站, 2020年1月20日, https://www.stats.gov.cn/sj/zxfb/202302/t20230203_1900617.html。

《这场绿道上的嘉年华,收官!你去了吗?》,澎湃新闻网,2021年10月18日,https://www.thepaper.cn/newsDetail-forward_14959317。

《2019中国跑者调查报告·关于你的一切跑步秘密》,知乎,2020年4月9日,https://zhuanlan.zhihu.com/p/127772778。

附 录

附录A　成都·都江堰双遗马拉松赛参赛者行为意向研究调查问卷

尊敬的女士/先生：

您好！我是"马拉松赛事与城市文化的耦合共生关系与发展路径研究"课题组的成员，现为收集课题研究所需数据，需对参加过成都·都江堰双遗马拉松赛的跑者进行调查，旨在了解参赛者的行为意向。本问卷预计花费5分钟左右，主要询问您对都江堰地区的目的地形象、地方依恋程度以及对赛事的满意度及行为意向。本次调查结果仅供学术研究所用，绝不会泄露您的个人隐私。再次对您的理解和支持表达诚挚的谢意！

第一部分：个人基础信息（该部分为个人基本信息调查，请您根据自身真实情况填写）

1. 您是否参加过成都双遗马拉松赛事

A. 是　　　　B. 否

2. 您的性别

A. 男　　　　B. 女

3. 您的年龄

A. 18岁以下　B. 19～30岁　C. 31～44岁　D. 45岁及以上

4. 您参加马拉松的次数

A. 1次　　　 B. 2～4次　　C. 5～9次　　D. 10次及以上

5. 您每年参加跑步项目的次数

A. 0~1 次　　　B. 2~4 次　　　C. 5~9 次　　　D. 10 次及以上

6. 您参加马拉松项目至今的时长

A. 少于 1 年　　B. 1~2 年　　　C. 2~5 年　　　D. 5~9 年

E. 10 年及以上

7. 您每个月跑步的天数

A. 少于 5 天　　B. 6~10 天　　C. 11~15 天　　D. 16~20 天

E. 21~25 天　　F. 26~31 天

8. 您每个月跑步的距离

A. 0~50 公里　　　　　　　　B. 51~100 公里

C. 101~150 公里　　　　　　D. 151 公里及以上

9. 您参与的为第几届马拉松赛

A. 2015 年　　B. 2016 年　　　C. 2017 年　　　D. 2018 年

E. 2019 年　　F. 2021 年

10. 您参与的项目为

A. 全程马拉松　B. 半程马拉松　C. 欢乐跑

第二部分：目的地形象调查

请您根据自身真实情况，回答以下问题（见表1）。（认同程度由非常同意、同意、一般、不同意、非常不同意五个等级组成）

表 1　目的地形象调查

题项	非常同意 5	同意 4	一般 3	不同意 2	非常不同意 1
旅游目的地形象					
城市维度					
1. 都江堰城市化程度高					
2. 都江堰有发达的商业产业					
3. 都江堰有现代化的街道和建筑					
4. 都江堰的城市化程度是我选择在都江堰跑马拉松的重要依据					

续表

题项	非常同意 5	同意 4	一般 3	不同意 2	非常不同意 1
自然维度					
5. 在成都跑马拉松有许多享受自然的机会					
6. 都江堰有美丽的自然风光					
7. 都江堰有许多自然景观					
8. 自然是我选择在都江堰跑马拉松的重要依据					
文化维度					
9. 都江堰有丰富的文化遗产					
10. 都江堰有独特的文化					
11. 都江堰有著名的历史遗迹					
12. 在都江堰跑马拉可以充分感受当地文化					
13. 都江堰的文化是我选择在都江堰跑马拉松的重要依据					
价值维度					
14. 都江堰的旅行费用合理					
15. 都江堰的住宿费用合理					
16. 都江堰的设施和景点门票价格合理					
17. 费用合理是我选择在都江堰跑马拉松的重要依据					
安全维度					
18. 在都江堰旅行很安全					
19. 都江堰的城市和旅游景点都很干净					
20. 我认为在都江堰跑马拉松很安全					
21. 安全是我选择在都江堰跑马拉松的重要依据					
气候维度					
22. 都江堰气候宜人					
23. 都江堰的气候适宜跑步					
24. 气候是我选择在都江堰跑马拉松的重要依据					

续表

题项	非常同意 5	同意 4	一般 3	不同意 2	非常不同意 1
便利维度					
25. 都江堰交通发达					
26. 都江堰有许多便利的购物设施					
27. 都江堰住宿条件好					
28. 在都江堰跑马拉松出行非常方便					
29. 便利程度是我选择在都江堰跑马拉松的重要依据					
服务维度					
30. 都江堰提供优质的服务					
31. 都江堰有许多美食餐馆					
32. 都江堰有许多娱乐和休闲的基础设施					
33. 优质服务是我选择在都江堰跑马拉松的重要依据					
地方依恋					
地方认同维度					
34. 到都江堰参赛对我来说很重要					
35. 我非常喜欢都江堰					
36. 我非常认同都江堰					
37. 我与都江堰有特殊的关系					
地方依赖维度					
38. 比起其他地方，我更喜欢在都江堰参赛					
39. 比起其他地方，在都江堰参观游览可以得到更多满足					
40. 在都江堰跑步比在其他任何地方跑步都重要					
41. 除了都江堰，我不会在其他任何地方跑马拉松					
参赛者满意度					
42. 对都江堰马拉松赛事总体服务满意					
43. 与期望相比，对都江堰马拉松赛事总体服务满意					

续表

题项	非常同意 5	同意 4	一般 3	不同意 2	非常不同意 1
44. 与其他赛事相比,对都江堰马拉松赛事总体服务满意					
再参赛及推荐意愿					
45. 我非常期待再次参加这项赛事					
46. 若有机会我会再次参加这项赛事					
47. 我会认真准备再次参加这项赛事					
48. 我会引荐他人报名参赛					
49. 我会持续关注都江堰马拉松赛事动态					

附录 B 城市马拉松参赛者体验和城市旅游形象认知关系的调查问卷

尊敬的先生/女士:

您好!我是"马拉松赛事与城市文化的耦合共生关系与发展路径研究"课题组的成员,现为收集课题研究所需数据,需要您填写北京马拉松参赛者体验和城市旅游形象认知关系的研究问卷,本问卷仅供毕业设计所用,对您所填写的信息绝对保密,感谢您的支持与配合!

提问项:

1. 您是否参加过北京马拉松赛?(1)是 (2)否

第一部分:城市马拉松参赛者体验

请根据您的北京马拉松参赛经历描述出最真实的感受。3 表示中立,数字越往两侧表示您对该侧的感受越深刻(见表1)。

表1 城市马拉松参赛者体验

维度	题项	强烈不同意	不同意	中立	同意	强烈同意
情感体验	A1. 北京马拉松赛的比赛路线沿途风景美	1	2	3	4	5
	A2. 整体的赛事氛围给予我良好的感官享受	1	2	3	4	5

续表

维度	题项	强烈不同意	不同意	中立	同意	强烈同意
情感体验	A3. 我对北京马拉松的赛事服务感到满意	1	2	3	4	5
	A4. 北京马拉松赛的各个环节让人流连忘返、难以忘怀	1	2	3	4	5
行动体验	A5. 当我听到或看到北京马拉松比赛的有关事宜时，就会产生强烈的兴趣	1	2	3	4	5
	A6. 参加北京马拉松赛让我更加了解马拉松的竞赛规则和相关知识	1	2	3	4	5
	A7. 参加北京马拉松赛让我觉得可以尝试提高自己的参赛水平	1	2	3	4	5
	A8. 我会因为参加了北京马拉松比赛，而愿意改变自己的生活方式	1	2	3	4	5

第二部分：城市旅游形象认知

1. 认知形象：您对北京这座城市旅游形象的认知和评价

请根据实际感受描述您对本项北京市旅游形象的肯定程度。3 表示中立，数字越往两侧表示您对该侧的印象越深刻（见表2）。

表2 城市旅游形象认知形象

维度	题项	强烈不同意	不同意	中立	同意	强烈同意
体验质量	B1. 符合标准的卫生清洁设施	1	2	3	4	5
	B2. 高质量的基础设施（交通、通信等）	1	2	3	4	5
	B3. 保障游客安全	1	2	3	4	5
	B4. 良好的夜生活和娱乐设施	1	2	3	4	5
吸引物	B5. 使人感兴趣的文化景观	1	2	3	4	5
	B6. 使人感兴趣的历史景观	1	2	3	4	5
	B7. 美丽的风景/自然景观					
价值/环境	B8. 适宜的住宿设施	1	2	3	4	5
	B9. 地方特色美食	1	2	3	4	5
	B10. 有趣和友好的居民	1	2	3	4	5
	B11. 物有所值的旅游价格	1	2	3	4	5

续表

维度	题项	强烈不同意	不同意	中立	同意	强烈同意
价值/环境	B12. 未污染/未破坏的环境	1	2	3	4	5
	B13. 好的气候	1	2	3	4	5

2. 情感形象：您对北京这座城市的主观感受和情感评价

请根据实际感受描述您对本项北京市旅游形象的肯定程度。3 表示中立，数字越往两侧表示您对该侧的印象越深刻（见表3）。

表 3　城市旅游形象情感形象

题项	强烈不同意	不同意	中立	同意	强烈同意	
B14. 枯燥乏味的	1	2	3	4	5	激动人心的
B15. 忧郁沉闷的	1	2	3	4	5	令人兴奋的
B16. 令人压抑的	1	2	3	4	5	令人放松的
B17. 令人不愉快的	1	2	3	4	5	令人愉快的

第三部分：个人信息

C1. 您的性别：（1）男　（2）女

C2. 您的年龄：

（1）18~29 岁

（2）30~44 岁

（3）45~59 岁

（4）60 岁及以上

C3. 您目前的职业：

（1）个体户/自由职业者/私营公司老板

（2）企业职工

（3）事业单位职工

（4）政府工作人员

（5）学生

（6）退休

（7）无业

（8）其他

C4. 您受教育的程度：

（1）初中及以下

（2）高中及中专

（3）大专及本科

（4）研究生及以上

C5. 您目前的家庭成员平均月收入（家庭成员月总收入/家庭人口数）：

（1）3000 元以下

（2）3001~5000 元

（3）5001~7000 元

（4）7001~9000 元

（5）9001~11000 元

（6）11001~13000 元

（7）13001~15000 元

（8）15001~20000 元

（9）20001 元及以上

C6. 您所在的地区（省市）：

（1）东北地区：黑龙江、吉林、辽宁

（2）华北地区：北京、天津、河北、山西、内蒙古

（3）华中地区：河南、湖北、湖南

（4）华东地区：江苏、安徽、浙江、江西、上海、福建、山东、台湾

（5）华南地区：广东、广西、海南、香港、澳门

（6）西北地区：陕西、甘肃、宁夏、青海、新疆

（7）西南地区：四川、贵州、云南、重庆、西藏

C7. 您参加北京马拉松赛的次数为：

（1）1 次

（2）2~3 次

（3）4~5 次

（4）5 次以上

C8：您是：

（1）北京本地参赛者

（2）外地参赛者

C9. 您还参加过其他城市的马拉松吗？

（1）参加过

（2）未参加过

附录 C　专家访谈提纲

一　专家基本情况

【填写说明】：此调查只用于本书咨询专家整体情况调查分析，并严格遵守保密原则。

1. 姓名：____　2. 性别：____　3. 年龄：____　4. 工作单位：____
5. 行政职务：____　6. 文化程度：____　7. 职称：____

二　专家访谈内容

1. 请问您对于近年来马拉松赛事发展的态势有何看法？
2. 请问您认为近年来马拉松赛事发展过程中存在哪些问题？
3. 请问您认为越来越多的城市热衷于举办马拉松赛事的原因是什么？
4. 请问您认为城市文化在城市发展中的地位是什么？
5. 请问您认为马拉松赛事与城市文化的发展关系是什么？
6. 请问您认为马拉松赛事与城市文化耦合的指标体系建立的原则和依据是什么？
7. 请问您认为哪些指标能够纳入马拉松赛事体系和城市文化体系？
8. 请问您认为今后城市应该如何选择马拉松赛事？办赛标准是什么？
9. 请问您对本书的研究有何建议？

附录 D　德尔菲问卷

尊敬的专家：

您好！

真诚感谢您在百忙之中抽出时间，参加此次函询。为探索马拉松赛事和城市文化的互动关系，建立一套科学、合理、有效的指标体系，我们初步建立了指标体系，包括5个一级指标、41个二级指标。为使该指标体系更具科学性、合理性、有效性，真诚地邀请您作为专家咨询小组成员，对指标体系进行评估。您宝贵的意见对该套指标体系的形成十分重要。希望您能在2021年10月30日24时前将咨询表发送至工作人员邮箱。

您对本次研究的任何意见与建议均可通过工作人员与我们联系。再次向您表示感谢，并真诚地期待您的反馈。

一 专家权威性考量

【填表说明】

1. "指标熟悉程度"。根据您对本指标体系的熟悉程度，在相应的空格中打"√"。

2. "判断依据及影响程度"。对指标进行判断时，通常不同程度上受到四个方面因素的影响：理论分析、实践经验、同行了解、直觉。请您根据这四个方面因素影响您做出判断的程度大小，在表1相应空格中打"√"，谢谢您！

表1 指标熟悉程度、判断依据及影响程度量化

自我评价	指标熟悉程度					判断依据及影响程度											
	很熟悉	熟悉	一般	较不熟悉	很不熟悉	理论分析			实践经验			对国内外同行的了解			个人直观感受		
						大	中	小	大	中	小	大	中	小	大	中	小

二 专家评分

【填表说明】

请根据您的判断，对每一项指标的重要性、可操作性和敏感性，按照李克特5分等级进行量化赋值（见表2~4）。谢谢您！

指标的重要性：表示在评价指标体系中，该指标的重要程度和代表性。

指标的可操作性：表示在实际评价工作中获取该指标的难易程度和可信程度。

指标的敏感性：表示指标对于纵向（时间）和横向（地区）变化具有

较好的区别能力，即灵敏度。

表2 指标的重要性、可操作性、敏感性等级

单位：分

评价项目	等级	分值
重要性	很重要	5
	较重要	4
重要性	一般	3
	较不重要	2
	很不重要	1

表3 一级指标专家评分

系统	一级指标（5）	重要性	增减及理由
马拉松赛事	直接效益		
	间接效益		
城市文化	文化生产		
	文化生活		
	文化生态		
增补/删减			

表4 二级指标专家评分

系统	一级指标	二级指标	指标内涵	指标计算	重要性	增减及理由
马拉松赛事	直接效益	a1：赛事总收入				
		a2：赛事总支出				
		a3：媒体宣传价值				
		a4：电视转播率				
		a5：衍生品收入总额				
		a6：赞助贡献率				
		a7：外省市地区参与人数				
		a8：赛事品牌价值				
		a9：境外参与人数				
		a10：选手人数与志愿者人数的比例				

续表

系统	一级指标	二级指标	指标内涵	指标计算	重要性	增减及理由
马拉松赛事	间接效益	b1：批发和零售业的间接经济效益				
		b2：体育项目投资情况				
		b3：各级别选手参赛数量				
		b4：固定资产投资增长额				
		b5：参与报道的媒体数量				
		b6：旅游总收入				
		b7：住宿和餐饮业的间接经济效益				
		b8：旅客周转量				
		b9：教育、文化、体育和娱乐业劳动力人口				
		b10：绿地与广场用地占比				
城市文化	文化生产	c1：科教文体媒财政支出				
		c2：文化投入年度规模				
		c3：文化产品出口额				
		c4：第三产业占GDP比重				
		c5：公共电视广播节目套数				
		c6：专利授权量				
		c7：展会数量				
	文化生活	d1：电影院入场人次				
		d2：居民人均教育、文化、娱乐支出				
		d3：国内旅游人次				
		d4：人均公共图书馆书刊文献借阅次数				
		d5：旅行社数量				
		d6：人均通过互联网购买的商品和服务				
		d7：图书馆藏书量				
	文化生态	e1：人均绿地面积				
		e2：公共图书馆数量				
		e3：世界文化遗产数量				
		e4：境外旅游人次				
		e5：在校大学生数量				
		e6：人均教育文化娱乐生活消费支出				

图书在版编目(CIP)数据

马拉松赛事与城市文化的耦合共生/杨占东著.
北京：社会科学文献出版社，2025.5. -- ISBN 978-7
-5228-5027-6

Ⅰ. G822.87；C912.81

中国国家版本馆 CIP 数据核字第 2025CU4614 号

马拉松赛事与城市文化的耦合共生

著　　者 / 杨占东

出 版 人 / 冀祥德
组稿编辑 / 祝得彬
责任编辑 / 张　萍
文稿编辑 / 李瑶娜
责任印制 / 岳　阳

出　　版 / 社会科学文献出版社·文化传媒分社（010）59367156
　　　　　 地址：北京市北三环中路甲29号院华龙大厦　邮编：100029
　　　　　 网址：www.ssap.com.cn
发　　行 / 社会科学文献出版社（010）59367028
印　　装 / 三河市尚艺印装有限公司

规　　格 / 开　本：787mm×1092mm　1/16
　　　　　 印　张：19.5　字　数：318千字
版　　次 / 2025年5月第1版　2025年5月第1次印刷
书　　号 / ISBN 978-7-5228-5027-6
定　　价 / 118.00元

读者服务电话：4008918866

▲ 版权所有 翻印必究